DEVOCIONAL DIÁRIO

CHAMADOS PARA FORA

REACENDENDO A CHAMA DA ESPERANÇA

Publicações
Pão Diário

Chamados para fora — devocional diário
© Publicações Pão Diário, 2022
Todos os direitos reservados.

Coordenação editorial: Adolfo A. Hickmann
Revisão: Dayse Fontoura, J. Ricardo Morais, Rita Rosário
Coordenação gráfica: Audrey Novac Ribeiro
Projeto gráfico e capa: Rebeka Werner

Dados Internacionais de Catalogação na Publicação (CIP)

SILVA, Natanael; DIAS, Jader Galhardo (Organizadores)
Chamados para fora — devocional diário
Curitiba/PR, Publicações Pão Diário
1. Evangelismo   2. Vida cristã   3. Estudo bíblico   4. Devocional diário

Proibida a reprodução total ou parcial, sem prévia autorização, por escrito, da editora.
Todos os direitos reservados e protegidos pela Lei 9.610, de 19/02/1998.
Permissão para reprodução: permissao@paodiario.com

Exceto quando indicado o contrário, os trechos bíblicos mencionados são da edição Almeida Revista e Corrigida, de João F. de Almeida © 2009 Sociedade Bíblica do Brasil.

Publicações Pão Diário
Caixa Postal 4190
82501-970 Curitiba/PR, Brasil
publicacoes@paodiario.org
www.publicacoespaodiario.com.br
Telefone: (41) 3257-4028

Código: YK079
ISBN: 978-65-87506-89-0

1.ª edição 2022
Impresso no Brasil

DEDICATÓRIA

Aos JOVENS da Igreja Evangélica Assembleia de Deus em Curitiba – IEADC, a geração **"Chamados para fora"**!

APRESENTAÇÃO

A UMADC é a União da Mocidade da Assembleia de Deus em Curitiba, composta pelos jovens das 160 congregações da Igreja Evangélica Assembleia de Deus em Curitiba, sob a presidência e o apoio incondicional do Pastor Wagner Gaby, renomado escritor, com diversas obras publicadas, membro da Academia Evangélica de Letras do Brasil e membro fundador da Casa de Letras Emílio Conde. Vale dizer em alto e bom som que, seu exemplo inspira e influencia essa geração de jovens à valorização dos livros, incentiva-os aos estudos acadêmicos e ao cultivo da leitura.

A UMADC externaliza gratidão pelo apoio manifesto da Diretoria Executiva, Superintendência da Família, Dirigentes de Congregações da IEADC, membros de sua atual Diretoria, Coordenadores Regionais, Líderes de Jovens e aos escritores participantes do projeto que ora se materializa por meio da presente obra.

A UMADC externaliza gratidão ao Ministérios Pão Diário pela parceria, incentivo e amizade. Uma aliança que espalhará a Palavra de Deus para milhões.

A edição desse projeto literário é fruto da participação dos jovens assembleianos, com o objetivo de levar a mensagem da Palavra de Deus na forma escrita, ferramenta de edificação espiritual e instrumento de evangelização pessoal. Ademais, coroa a gestão temática "Chamados para Fora", no ano da Conscientização da Obra Missionária.

Reiteramos o que temos ensinado, profetizado e declarado, com toda a força de nossa alma e com todos os recursos que possuímos:

Jovens! Somos os agentes de transformação e influenciadores dessa geração. Aprendamos a valorizar e amar o que temos e o que somos. Somos gigantes e é só nos colocarmos na posição de disponibilidade e rendição à Vontade do Senhor. Sobretudo, deixem-se ser usados por Deus para abençoar vidas, influenciar essa geração, quebrar paradigmas, transformar cenários, mudar ciclos e renovar mentes!

SEJA A DIFERENÇA, NUM MUNDO INDIFERENTE!
ISTO É UMADC!
CHAMADOS PARA FORA!
Novembro, 2021.

Coordenação Geral
Pastor NATANAEL SILVA
Presbítero JADER GALHARDO DIAS

ANO DE GRANDES VITÓRIAS

DIA 1

"Esquecendo-me das coisas que para trás ficam e avançando para as que estão adiante de mim, prossigo para o alvo." Filipenses 3.13-14

Um novo ano traz consigo expectativas e esperanças. Todos querem ter um ano novo próspero, de vitória. Como devemos agir para que seja assim?

Não reviva as glórias passadas. A Bíblia recomenda esquecer as coisas que ficaram para trás. Não chore as oportunidades perdidas, não pense em como as coisas deveriam ter sido, esqueça as decepções, os ressentimentos e as impossibilidades.

Corte os laços que o prendem ao passado! Eliseu foi chamado por Deus para ser profeta. Ele tinha um novo caminho a percorrer, mas lembrava da junta de bois que recebera por herança. Então, para não ser tentado a voltar atrás, queimou a sua junta de bois. Depois foi servir ao Senhor livremente (1 Rs 19.19-21).

Peça a Deus que o ajude a investir em uma vida cristã mais abundante, com mais qualidade neste novo ano.

Mais qualidade na família (Ef 5.22-33). Tenha mais prazer na sua vida conjugal, mais diálogo, mais alegria e tempo para os filhos, mais compreensão e amor.

Mais qualidade no trabalho (Ef 6.5,6). Mais pontualidade; mais dedicação e produtividade.

Mais qualidade na vida acadêmica (Sl 111.10). Mais dedicação ao estudo, atenção e testemunho de vida.

Mais qualidade nos relacionamentos (Ef 5.19-21). Mais cordialidade, fidelidade, paciência, compreensão.

Mais qualidade no trato com a Palavra de Deus (Os 6.3a; Sl 1.1,2; 119.9,105). Mais leitura e meditação da Bíblia, mais exame e obediência a ela, que ela seja guardada e praticada, pregada com mais qualidade para a edificação da Igreja.

Mais qualidade nas nossas orações (1 Ts 5.17; Lc 11.1). Mais tempo a sós com Deus, mais oração em grupo, mais oração segundo a vontade de Deus, mais perseverança na oração, mais oração de perdão e em fé.

Para refletir:

Nesse novo ano, você está preparado para viver o mais de Deus?

POR PASTOR WAGNER TADEU DOS SANTOS GABY

DIA 2

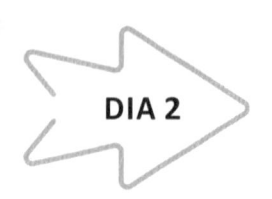

ESPERANÇA EM DEUS

"Eis que eu sou o Senhor, o Deus de toda a carne. Acaso, seria qualquer coisa maravilhosa demais para mim?" Jeremias 32.27

Jeremias foi um homem de Deus punido por profetizar a verdade. Mas enquanto estava na guarda do pátio, Deus lhe trouxe instruções para comprar um campo. Fechada a negociação, suas escrituras foram lavradas e entregues para Baruque. O profeta não tinha dúvidas de que havia um propósito nisso. Assim ele buscou esclarecimentos e orou reconhecendo a soberania e poder do Criador, mas que encerrou afirmando a realidade daquele povo: "embora já esteja a cidade entregue nas mãos dos caldeus." A resposta de Deus foi linda! Outra tradução diz: "acaso, haveria coisa demasiadamente difícil para mim?" (ACF). Nos versículos seguintes vemos que mesmo Ele sendo um Pai amoroso, a Sua ira e castigo recairiam sobre o Seu povo rebelde. Porém Ele também anuncia Seu plano de restauração, uma nova aliança e traz uma palavra de esperança.

Hoje não é diferente, pois muitos trocaram a verdade pela mentira. Ser honesto, sincero, ético e moralmente correto significa andar na contramão da sociedade. A corrupção e a ganância por poder tomaram conta de nossos governantes e até das igrejas, onde se observa a falta de temor, amor e de obediência à sã doutrina. No entanto, ainda há esperança! A vontade do nosso Redentor é motivo de alegria, boa expectativa, a certeza de que a paz e o amor reinarão eternamente. Mas, enquanto aguardamos esse grande dia, teremos momentos de aflição e, quanto mais íntimos dele estivermos, maior será a pressão. Em contrapartida, a manifestação do Seu poder, as bênçãos e a paz que excede todo entendimento nos acompanharão.

Jesus prometeu estar conosco todos os dias até a consumação dos séculos, e isso é maravilhoso! Portanto, creia que num futuro não muito distante as promessas do Senhor se cumprirão na sua vida e de toda família. Apenas obedeça, espere e confie.

Para refletir:

Sofrer a realidade ou viver a esperança. Qual a sua escolha? Jeremias 29.11-13

POR GIZELE CAMARGO

FÉ PARA RECEBER E FÉ PARA ENTREGAR

DIA 3

"...Pelo que também ao SENHOR eu o entreguei, por todos os dias que viver." 1 Samuel 1.28

Os grandes atos de fé podem dar um novo rumo ao seu destino, podem revogar sentenças e até mesmo remover montanhas.

Enquanto Ana perseverava em oração perante o Senhor, mal sabia que a vitória dela estava bem próxima de acontecer (1Sm 1.12). Diariamente somos forçados a exercitar a fé para receber alguma bênção, uma vitória, uma porta de emprego aberta, ou abrir a própria empresa. Muitas vezes, no desespero da situação, queremos tanto alcançar a nossa bênção, que fazemos um voto a Deus em troca daquele favor e não medimos as consequências que isso poderá ter em nosso futuro. E, se tem uma coisa que o Céu é especialista, é em ouvir a oração de um justo. Por isso pense bem antes de pedir algo ao Deus em oração e lembre-se do que o profeta Jeremias falou: "Clama a mim, e responder-te ei e anunciar-te-ei coisas *grandes* e *firmes*, que não sabes" (Jr 33.3).

Ana alcançou a sua grande vitória de ser mãe, agora o desafio era cumprir o seu voto. É igual eu e você quando pedimos a Deus uma porta de emprego e lhe prometemos que, assim recebermos nosso primeiro salário, levaremos o dízimo ou ajudaremos alguma família necessitada. De uma coisa eu tenho certeza: Deus ainda ouve as nossas orações, Ele ainda cumpre o desejo do nosso coração. Se Ele foi fiel a você, siga o exemplo e seja fiel a Ele também.

Para refletir:

"Se você tem fé para receber, tenha fé para entregar também."

POR FELIPE LUÍS

DIA 4

O TEMPO É UM FUNCIONÁRIO DE DEUS

"Tudo tem o seu tempo determinado, e há tempo para todo propósito debaixo do céu..." Eclesiastes 3.1

Uma das maiores frustrações da vida do ser humano é tentar lutar contra um tempo que já está determinado — é como lutar contra um funcionário que já recebeu uma ordem. Infelizmente algumas pessoas se desgastam na tentativa frustrante de avançar antes do tempo. Além do desgaste, isso oferece risco ao caráter.

Você já deve ter ouvido por aí alguém usar aquela expressão: "é apenas uma questão de tempo". Porque o tempo nos prepara, o tempo nos amadurece, nos faz compreender, aceitar, enxergar. O tempo é um dos tópicos mais importantes na história, é um processo.

Pois bem, o tempo trabalha para Deus, e ele é um funcionário fiel. Ainda que você lute na tentativa de as coisas acontecerem mais rápido, irá se frustrar. Nada interfere naquilo que está nos cuidados e no controle de Deus.

Quando Deus faz promessas, Ele se encarrega de que elas se cumpram. Porque o tempo é funcionário de Deus, e ele trabalha certinho. Não tenha pressa. Com o tempo as coisas acontecem, se encaixam, e as promessas se cumprem. Não tente corromper aquele que trabalha fielmente para o nosso Senhor. Na Bíblia, todas as tentativas de viver algo antes do tempo resultaram em consequências pessoais. Não é culpa do tempo, nem de Deus.

Para refletir:

O tempo é um funcionário fiel de Deus.

POR SHELDON SANTOS

VENCENDO A APATIA

DIA 5

"Nem ainda as trevas me escondem de ti."
Salmo 139:12

No final de minha adolescência fui diagnosticada com depressão. Não sei dizer com precisão quando todos os meus questionamentos, tristezas e angústias se tornaram um quadro clínico de apatia — de sentir tudo, passei a não sentir nada.

Aos olhos humanos não havia mais solução: eu não conseguia me alegrar, não conseguia me socializar, vivia uma vida tomada pela indiferença. Em uma madrugada, sem conseguir dormir, acabei pegando a Bíblia. Fazia um bom tempo que eu não a lia. Abri na página que o marcador indicava e li aquelas palavras como uma pessoa bebe um copo de água depois de horas andando sob o sol quente. As lágrimas vieram com força, meu coração queimava de uma forma que nunca havia queimado antes. Naquele momento, senti toda a apatia, toda a indiferença indo embora, eu sentia um vazio que apenas aquelas palavras podiam preencher e ouvia a voz que me dizia: "Nem mesmo as trevas a escondem de mim".

Essa mesma voz me guiou durante todo o caminho de volta e tem me sustentado até hoje. Diariamente sinto o cuidar de Deus, a Sua onipresença e onipotência, sinto o vazio de minha mente e alma sendo preenchidos pela Sua presença. Quando fecho os olhos, me vêm à mente as palavras do salmista Davi: "Se disser: decerto que as trevas me encobrirão; então, a noite será luz à roda de mim. Nem ainda as trevas me escondem de ti; mas a noite resplandece como o dia; as trevas e a luz são para ti a mesma coisa. Pois possuíste o meu interior; entreteceste-me no ventre de minha mãe" (Salmo 139.11-13).

Para refletir:

Nem mesmo a apatia consegue nos separar do amor de Deus.

POR BEATRIZ MELO

DIA 6

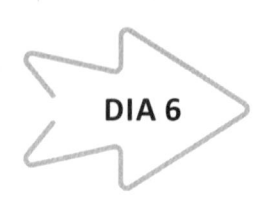

"VOCÊ SÓ FALA COM O SEU CACHORRO?"

"...orando em todo o tempo..."
Efésios 6.18-20

Certa vez, ao cortar a grama, tive uma experiência que impactou a minha vida de comunhão com Deus. Ao dar início a tal atividade, meu cachorro, Lulu, se aproximou animado como que querendo conversar. Entrei na onda: "E aí Lulu. Como está essa força?", "o que está achando da grama?" e, "ela está ficando boa?", foram as minhas perguntas.

Nesse momento, Deus falou forte no meu coração: "Você fala com o seu cachorro e não fala comigo?". Quase perdi o jeito de andar. "Senhor, me perdoa!", balbuciei. A cena se repetiu na próxima vez que exerci a mesma atividade. Fiquei envergonhado pelo esquecimento e desatenção. Bateu uma vontade de ajoelhar, chorar e orar. Já numa terceira vez, arrumando o jardim, meu filho perguntou: "Pai, você está falando com Deus?". "Sim, filho", respondi. Com aquela observação, confesso que fiquei muito feliz. Quando a Bíblia diz: "orai sem cessar" e "andou Enoque com Deus" é disto que está se tratando.

Para refletir:

Você já experimentou falar com Deus enquanto caminha na estrada da vida?

POR ELIEZER KOTESKI

PROCURA-SE MARDOQUEU

DIA 7

"...e assim irei ter com o rei, ainda que não é segundo a lei; e, perecendo, pereço." Ester 4.15-16

Decisões sábias, santas e frutíferas não são aleatórias. Mais do que isso elas, geralmente, começam a ser plantadas por quem não vai colher diretamente delas. Você já percebeu isso? Boas decisões na vida requerem muita oração, muito ensino e muito cuidado. Vou explicar. Vamos pensar sobre a Decisão de Ester: "...e, perecendo, pereço".

A menina Hadassa, foi recrutada para o palácio, teve seu nome trocado para Ester. Um tempo depois, ela foi escolhida como a nova rainha da Pérsia. Estava em contexto estranho, longe de casa e dos seus costumes. Não bastasse isso, foi colocada em situação de decidir entre a sua vida e a de seu povo, e escolheu pela chance de salvá-lo. Não se julga caráter pela idade, mas convenhamos que isso pode ser muito para um jovem. Será que a história seria a mesma sem a oração, o ensino e a sensibilidade de seu primo Mardoqueu?

Por vezes, ele passa despercebido na história. Mas só há uma Ester tomando a decisão certa no palácio, porque fora dele, existe um Mardoqueu vestindo-se de pano saco, importando-se com a nova vida dela e não a deixando esquecer o que é importante. Vemos na figura de Mardoqueu essas três características: o cuidado, o ensino e a intercessão.

Sabe, procuram-se pessoas como Mardoqueu. Procuram-se intercessores, mestres e amigos. Você pode ser um deles. Hoje mesmo, interceda por alguém, ensine algo que você saiba e demonstre cuidado. Essa pessoa pode não saber, nem você, mas talvez a boa decisão dela no futuro esteja dependendo disso.

Para refletir:

Bora, plantar boas decisões?

POR THAMIRES HADASSA

DIA 8

ÁGUAS PROFUNDAS

"...faze-te ao mar alto..."
Lucas 5.4

Essa é uma ordem que Jesus deu depois de um dia de trabalho frustrado. Infelizmente, quem já não passou por isto? Deus nos ensina muito nessas nossas frustrações — lições que nos fazem crescer. Mas, sobretudo, Ele tem nos ensinado que o sucesso e a Sua prosperidade vêm pela força do trabalho do homem e pelo agir de Deus! O trabalho do homem e a ação de Deus. É o que a Palavra de Deus afirma: "Se o Senhor não edificar a casa, em vão trabalham os que edificam" (Sl 127.1).

Jesus determina o caminho das mudanças e recomeços. Ciclos diferentes e novos horizontes sempre advêm dos Seus conselhos e palavras. Ele sempre sabe o melhor lugar para nós! Jesus orienta as atitudes que provocarão nova história. Tudo o que já vivemos foi uma dádiva de Deus que ficou no passado. A novidade de Deus é a dinâmica de vida que Ele tem para nós!

"Faze-te ao mar alto" significa ir para onde as águas são mais profundas. Por isso, não se acostume com as "águas rasas". Os melhores peixes estão nas águas mais profundas. As melhores colheitas da vida estão nas sementes plantadas com sacrifício e dedicação.

"Águas profundas" significa entrega total à vontade de Jesus. Não há o que temer. É só ir e ir adiante. A vontade dele é boa, perfeita e agradável. "Águas profundas" significa ir até o seu limite. Caminhe um pouco mais. Faça mais. Seja melhor.

"Águas profundas" pode representar a plenitude do que Ele tem para nós. Não pense pequeno, não sonhe pequeno, não admita só viver em águas rasas... não seja medíocre, não seja pequeno de alma. Creia! Você pode avançar e navegar o barco da sua vida por águas profundas!

Para refletir:

Você está pronto para mergulhar em águas profundas?

POR NATANAEL SILVA

EU USO UM PEQUENO VASO

DIA 9

"Nós somos o barro; tu és o oleiro. Todos nós somos obra das tuas mãos." Isaías 64.8

Quando leio passagens bíblicas que nos comparam ao barro, penso que o barro nada mais é do que argila que se origina das fragmentações das rochas. Sendo mais clara: no sentido figurado, algo que não tem muito valor, nem muita importância. Quem olharia para o barro e daria algum valor? Assim sou eu, assim é você: o que seria de nós se não existisse o oleiro?

Ah, esse Oleiro! Sabe nos olhar e, mesmo que para muitos sejamos insignificantes, Ele com Seu amor e Sua sensibilidade nos vê e, como bom artista que é, Ele sabe que depois que passar esse barro por Suas mãos, ele nunca mais será o mesmo. As suas fortes mãos, que ao mesmo tempo são delicadas, sabem nos moldar de dentro para fora, tocando em todos os sentimentos, retirando nossos excessos e colocando aquilo que nos falta. Ele vai ali, aos poucos, colocando nesse barro as Suas digitais, moldando-nos com o Seu amor, Sua compaixão e nos preparando para sermos finalmente um vaso em Suas mãos. Como é maravilhoso ser moldado por esse Oleiro sublime, magnífico, perfeito, incomparável, extraordinário, que com amor buscou-nos para si!

Sem Ele somos apenas barro! Mas, se nos permitirmos ser obras em Suas mãos, Ele nos moldará e dará sentido à vida, forjando um novo caráter, por Sua graça e misericórdia. Ainda que sejamos pequenos aos olhos humanos, Ele nos olha e nos diz: Ei! Eu uso um pequeno vaso.

Para refletir:

Deus lhe diz:
"Ei! Eu uso um pequeno vaso".

POR ANDRESSA SANTOS

DIA 10 — JESUS ACALMA A TEMPESTADE

"E, quando subiram para o barco, acalmou o vento." Mateus 14.32

Uma das tempestades que Jesus acalmou, não foi através de uma palavra dita à tempestade. A simples atitude de Jesus subir no barco fez com que o vento se acalmasse. É como se o vento entendesse que a presença de Jesus no barco já era suficiente para ele se acalmar. Como se ele compreendesse que Jesus era diferente de todos os outros que estavam dentro daquela embarcação.

Nos dias de hoje não é diferente, existem muitas tempestades que se acalmam pelo simples fato de Jesus se fazer presente em nossa vida. Algumas delas, nós nem percebemos, só reparamos quando elas já haviam passado.

Devemos ter sempre em mente que Jesus sempre irá nos socorrer em meio às tempestades.

Erik Janson, transmitiu esse sentimento em uma de suas belas canções:

> Trevas vêm te assustar
> Tempestades no mar?
> Da montanha o Mestre te vê
> E na tribulação
> Ele vem socorrer
> Sua mão bem te pode suster (HCC 467).

Para refletir:

Continue navegando com fé em Jesus, pois a presença dele no barco de sua vida é a maior garantia de que a tempestade vai passar!

POR EVERTON RODRIGUES DOS SANTOS

SEJA A CANÇÃO QUE O MUNDO PRECISA OUVIR

DIA 11

"Então, orou Ana e disse: O meu coração exulta no Senhor, o meu poder está exaltado no Senhor; [...] me alegro na tua salvação."
1 Samuel 2.1

A canção de Ana foi uma resposta ao Senhor, uma resposta em forma de adoração, emocional e espiritual diante de um Deus grandioso que tem prazer em responder a oração dos que a Ele recorrem.

Finalmente, Ana estava grávida! Deus respondeu ao seu clamor. Ana se alegrou, cantou em voz alta. Ela era vencedora, é vitoriosa! Era impossível conter essa alegria. O maior encanto da sua canção é que não é somente sobre Ana, ela é capaz traduzir o seu triunfo em vitória para todos os que estão vivendo alguma opressão, sofrimento ou angústia. Com sua canção Ana reaviva a fé de todos que estão esperando em Deus uma provisão.

Ana não recebe sua bênção e, em silêncio, volta à sua vida normal. Não! Ela canta sobre uma oração respondida, vibra e, por meio do seu louvor, compartilha com todos os que estão ao seu redor uma viva esperança em Deus.

Meu coração se enche de esperança quando leio a canção de Ana! Quem sabe eu não seja o único que precisa de uma canção para ser levado até as mais profundas memórias, lembranças de promessas respondidas, realizações alcançadas, sonhos vividos e da possibilidade de viver tudo quanto Deus prometeu que viveríamos.

Hoje o Senhor nos chama para cantar uma nova canção, uma canção de vida, esperança, confiança e fé. Somos chamados por Deus para cantar a nossa história para todo o mundo ouvir. Quantas são as bênçãos que Deus tem nos concedido através do Seu grande amor, quantos são os livramentos, e as inúmeras orações respondidas, promessas concretizadas? Quem será capaz de quantificar?

Johnson Oatman Junior escreveu: "Conta as bênçãos, conta quantas são, recebidas da Divina Mão, uma a uma, dize-as de uma vez, e verás, surpreso quanto Deus já fez" (HCC 444).

Para refletir:

Em um mundo marcado pela dúvida, medo e falta de fé, seja a música que despertará a esperança nos corações. Comece hoje a contar e a cantar as bênçãos do Senhor em sua vida.

POR EVERTON RODRIGUES

DIA 12

SER A DIFERENÇA E NÃO OUVIR OS FALSOS MESTRES

"Despojai-vos também de tudo: da ira, da cólera, da malícia, da maledicência, das palavras torpes da vossa boca." Colossenses 3.8

Paulo, mesmo sem conhecer pessoalmente os irmãos de Colossos, soube, por meio de Epafras, o que estava acontecendo naquela cidade: alguns filósofos e "profetas", conhecido como gnósticos, ensinavam uma mistura de crenças, costumes e leis que divergiam daquele evangelho pregado por nosso Senhor Jesus Cristo. Paulo explica e ensina, guiado pelo Espírito Santo, como o povo santo deveria se portar, pensando nas "coisas que são de cima" (Cl 3.1), bem como diversos ensinamentos.

O que me chama a atenção são os pontos trazidos por Paulo sobre as coisas das quais devemos nos despojar "da ira, da cólera, da malícia, da maledicência, das palavras torpes da vossa boca" (Col 3:8). Nós temos, a todo momento, falsos mestres e filósofos tentando nos ensinar um evangelho diferenciado ou uma ideologia, um evangelho fácil demais ou pesado. Um evangelho no qual você não precisa mudar absolutamente nada em você, ou deve seguir um padrão religioso sem fundamento.

Isso tem confundido e desfocado uma geração inteira que não vê problema em se irar contra o seu próximo, até porque ele "fez por merecer". Tem transformado comportamentos cristãos que não se importam em maliciar tudo o que veem e escutam, que proferem palavras de maldição e reclamam de tudo, maldizendo a si mesmo, à sua família e o seu próximo.

Seja a diferença, pois VOCÊ é eleito de Deus e será revestido de "misericórdia, de benignidade, humildade, mansidão, longanimidade" (Cl 3.12).

Para refletir:

Viva o padrão bíblico, não importa quem o questiona, e seja exemplo para os demais cristãos.

POR LUCAS DIOGO PEREIRA

SER JUSTO É UMA ESCOLHA PESSOAL

DIA 13

"...A alma que pecar, essa morrerá; o filho não levará a maldade do pai, nem o pai levará a maldade do filho..." Ezequiel 18.20

A responsabilidade é pessoal, é o que diz Ezequiel 18. Além dessa profecia, há inúmeras passagens bíblicas em que um pai justo não era o bastante para superar as iniquidades dos filhos (1 Samuel 3.12-14) e um filho justo não herdaria as iniquidades dos pais (Rute 1.14-16). Eli tinha uma vida agraciada aos olhos de Deus até que colocou os filhos acima da Lei, e foi, por isso, condenado. Rute deixou sua terra e os deuses de seus pais para unir-se à sua sogra e à sua fé. A condenação de Eli não estava nas ações de seus filhos, mas em sua própria; e a honra de Rute esteva em deixar sua herança.

Estar na presença do Senhor é tão bom que desejamos que nosso próximo compartilhe dessa experiência. Pregar o evangelho, ajudar outras pessoas a encontrar seu propósito em Deus, inspirar e orar para outros aceitarem e crerem na Palavra do Senhor é maravilhoso, porém não é sinônimo de salvação para a outra pessoa, é somente um degrau.

Quando oramos, às vezes, pedimos que nossos parentes e amigos sejam salvos. Posso pedir para Deus tocar um coração, mas não posso carregar ninguém para o Céu comigo. Nem ao menos sei qual o peso das minhas escolhas e como elas vão influenciar na outra vida. Em todo o capítulo 18 de Ezequiel há exemplos de como ser um justo homem e também um iníquo, e que não há herança de justiça ou iniquidade, pois cada um carrega o peso de suas próprias ações

"Portanto, eu vos julgarei, a cada um conforme seus caminhos[...]; vinde e converter-vos de todas as vossas transgressões, e a iniquidade não vos servirá de tropeço" (Ezequiel 18.30).

Para refletir:

Será que temos cuidado tanto da salvação de outros que nos esquecemos da nossa?

POR MONIQUE TEILO LOPES

DIA 14

OS IMPERATIVOS DE JESUS

"Portanto ide, fazei discípulos de todas as nações, batizando-os em nome do Pai, e do Filho, e do Espírito Santo." Mateus 28.19

Na língua portuguesa aprendemos que um imperativo é um modo verbal que expressa uma ordem ou um convite. Quando falamos de uma ordem na Bíblia, lembramos sempre do "Ide" feito pelo nosso Senhor Jesus Cristo nos evangelhos. Porém, é interessante notar que, em todos os casos, esse imperativo está no fim do livro, concluindo um raciocínio. Ou seja, antes do "Ide" existem outros convites de Cristo feitos para nós.

Antes do "ide", existe o "vinde", que é feito a todo discípulo e seguidor de Jesus. "Vinde a mim, todos os que estais cansados e oprimidos, e eu vos aliviarei" (Mt 11.28). Esse é um convite para o alívio ao cansado, para a troca de fardos. A correria do dia a dia e as diversas atividades que temos que cumprir têm nos dificultado o "sim" para esse convite. Antes de irmos, Cristo quer nos tratar, assim como um pastor cuida das feridas de uma ovelha.

Antes do ide, existe o ficai: "...ficai, porém, na cidade de Jerusalém, até que do alto sejais revestidos de poder" (Lc 24.49). O convite é para permanecer e não desistir, até que sejamos revestidos do poder do Espírito Santo. Esse revestimento nos capacitará para cumprirmos o "ide" do Senhor.

Cristo nos convida a nos aproximarmos dele, a permanecermos nEele e só depois nos diz para irmos, em cumprimento ao chamado que nos foi proposto: pregar o evangelho a todos.

Para refletir:

Você tem aceitado os convites que o Senhor lhe faz?

POR JADER GALHARDO DIAS

Chamados para Fora

VIDA ABUNDANTE EM DEUS

DIA 15

"Por que estás abatida, ó minha alma, e por que te perturbas em mim? Espera em Deus, pois ainda o louvarei na salvação da sua presença." Salmo 42.5

Uma pessoa é considerada mentalmente saudável quando está em paz consigo mesma. A ausência de paz é responsável por abrir a porta da alma para as perturbações da vida. Em geral, o sentimento de tristeza, a amargura, a ansiedade, o estresse, a aflição, a agonia, a angústia e a depressão são verificados em quem não consegue mais viver a plenitude desta paz.

Em Lamentações 3 temos um exemplo do que um homem de Deus pode enfrentar. Neste texto, Jeremias experimenta aflição em sua alma. Ele expressa assim a sua dor: "Eu sou o homem que viu a aflição pela vara do seu furor"(v.1, NTLH). Nos versículos 12 ao 20, ele considerou-se como: alvo ferido por flechas, objeto de escárnio, amargurado, reduzido a cinzas, sem paz e sem força.

Em sua aflição, Jeremias trouxe à sua mente algo que experimentara com o Senhor: "Mas a esperança volta quando penso no seguinte: O amor do SENHOR Deus não se acaba, e a sua bondade não tem fim. Esse amor e essa bondade são novos todas as manhãs; e como é grande a fidelidade do SENHOR! Deus é tudo o que eu tenho; por isso, confio nele" (Lm 3.21-24, NTLH).

Jeremias determinou-se em trazer à sua memória a realidade da intervenção divina em favor dos Seus servos. Quando em desespero, devemos lembrar que servimos a um Deus que nos ouve e nos socorre. Devemos buscar a Sua presença, crendo que Ele é poderoso para reverter a dor do sofrimento em paz para nossa alma. "Buscai ao SENHOR e a sua força; buscai a sua face continuamente. Lembrai-vos das maravilhas que fez, dos seus prodígios e dos juízos da sua boca" (Sl 105.4-5). Precisamos ter em mente que o Deus que realizou grandes feitos no passado é o mesmo que servimos hoje.

Para refletir:

Você experimentado a paz de Deus em meio ao sofrimento?

POR ELIEL GABY

DIA 16

SOBRE TER DIAS FELIZES

"Porque quem quer amar a vida e ver os dias bons, refreie a sua língua do mal..." 1 Pedro 3.10

Não é uma escolha, somos seres que se relacionam. Somos mais felizes assim. Então, para que complicar a vida e estragar nosso dia e o das pessoas? O sábio observou, certa vez, que se uma mosca cai em um frasco de perfume, embora seja muito pequena comparada à porção de líquido, não é ela que fica cheirosa. Na verdade, o perfume é que estraga. Sobre isso, Salomão escreveu em Ec 10.1: "Assim como a mosca morta faz exalar mau cheiro e inutilizar o unguento do perfumador, assim é para o famoso em sabedoria e em honra um pouco de estultícia".

Assim também, no cotidiano, coisas pequenas, talvez num momento de bobeira, podem comprometer tudo o que construímos. Coisas pequenas, como as palavras, por exemplo. Principalmente, quando as usamos precipitadamente para demonstrar nosso aborrecimento. "O insensato revela de imediato o seu aborrecimento, mas o homem prudente ignora o insulto" (Pv 12.16, NVI).

No entanto, ainda que nosso insulto seja ignorado, nós não deixamos de ofender as pessoas só porque elas aprenderam a lidar com o nosso jeito, sabia? Uma ofensa é sempre uma ofensa. Ela tem o poder de destruir um dia e, pouco a pouco, nos afastar de quem amamos. Então, sobre amar a vida e ver dias felizes, 1Pe 3.10-11 nos ensina que é essencial cuidar das nossas palavras, sermos bondosos e pacificadores. "Porque quem quer amar a vida e ver os dias bons, refreie a sua língua do mal, e os seus lábios não falem engano; aparte-se do mal e faça o bem; busque a paz e siga-a."

Para refletir:

Vamos viver de forma a ver dias felizes?

POR THAMIRES HADASSA LEITE PEREIRA COSTA

SOMOS O TEMPLO

DIA 17

"Ou não sabeis que o nosso corpo é o templo do Espírito Santo, que habita em vós, proveniente de Deus, e que não sois de vós mesmos?" 1 Coríntios 6.19

Na antiga aliança, Deus revelou a Moisés os detalhes do Tabernáculo, seus utensílios e todas as suas características. Ele determinou a forma como desejava a sua edificação, pois representaria a presença de Deus no meio do povo. Assim, Moisés conduziu os artesãos para a construção do Tabernáculo de modo que o Senhor se fizesse presente no meio deles.

Na nova aliança, Deus deixou de estar presente no meio do povo para viver *em Seu povo*, conforme nos descreve Paulo em 1 Co 6.19, em que se diz que o nosso corpo é santuário do Espírito Santo, que *habita em nós*. Dessa forma, podemos observar que, como seres tricotômicos, isto é, compostos por corpo, alma e espírito, é necessário que tenhamos cuidado de todo esse *conjunto*, pois uma substância está ligada à outra e elas dependem entre si para que todo o contexto esteja saudável e em harmonia.

Desse modo, é necessário cuidar do nosso corpo físico, que é sagrado (1 Co 3.16-17), e que tanto o nosso corpo quanto a nossa alma são interligados, ambos necessitando de cuidados (3 Jo 1.2 e Pv 16.24). Por outro lado, temos o nosso espírito, a substância que se comunica com o Pai, sintonizado com Ele (1 Co 6.17 e Jo 4.23), adorando-o em *espírito* e em *verdade*, e somente essa comunhão é capaz de nos dar entendimento (Jó 32.8).

Assim sendo, a composição da tricotomia requer equilíbrio e cuidado, tendo cada parte sua devida importância, nos tornando pessoas saudáveis em todos os aspectos, sejam eles físicos, emocionais e espirituais.

Para refletir:

Em um mundo repleto de aflições, devemos ter bom ânimo, pois Aquele que habita em nosso ser venceu o mundo.

POR ANDRÉ LUÍS SILVA DA COSTA

DIA 18

SONHE!

"E sonhou [José] ainda outro sonho, e o contou a seus irmãos, e disse: Eis que ainda sonhei um sonho; e eis que o sol, e a lua, e onze estrelas se inclinavam a mim." Gênesis 37:9

José foi um dos maiores exemplos de homem de Deus. Em sua juventude teve sonhos dados pelo próprio Senhor que lhe mostraram até onde ele poderia chegar, contanto que se mantivesse firme no desígnio de sua vida.

A partir daí a vida de José literalmente virou de cabeça para baixo, mas isso não o impediu de seguir firme em direção ao seu propósito. Antes que José passasse de um mero sonhador a governador do Egito muita coisa aconteceu, muito preparo, injustiças e situações que fariam qualquer um desistir. No entanto, a certeza de que ele estava caminhando em direção ao plano de Deus lhe deu a certeza de que permanecer firme valeria muito mais a pena do que fraquejar ou desistir em meio às provações.

No momento certo, José agiu. Deus lhe deu um dom que, quando usado na hora certa, o levou diretamente à presença de faraó. Então, toda a experiência adquirida pelo trabalho que ele exercia para seu pai e pelo tempo de escravidão o tornou capaz de se destacar e desenvolver um plano que fascinou até os olhos do homem mais poderoso daquelas terras.

A certeza de que Deus vai direcionar os seus sonhos e que você estará pronto para ser usado por Ele na hora certa serão a garantia de que você vai, sim, experimentar tudo o que Ele tem preparado para a sua vida!

Para refletir:

José sonhou, entendeu, e na hora certa agiu, e assim Deus o honrou. Na nossa vida não será diferente!

POR LEONARDO RIBEIRO

CHAMADOS PARA FORA

DIA 19

"Apareceu João Batista no deserto, pregando batismo de arrependimento para remissão de pecados. Saíam a ter com ele toda a província da Judeia e todos os habitantes de Jerusalém; e, confessando os seus pecados, eram batizados por ele no rio Jordão." Marcos 1:4-5

João Batista era filho de um sacerdote, vinha de linhagem sacerdotal. Na época em que viviam, a profissão dos pais era transmitida aos filhos. Dessa forma, João Batista deveria ter sido sacerdote, oferecendo incenso, vivendo em função do Templo. No entanto, ele entendeu o propósito de sua vida, compreendeu que seu lugar não era no Templo, mas sim no deserto.

Assim, ele se dirigiu ao o deserto, e foi lá que o ministério dele se desenvolveu. Não havia agenda lotada, não havia microfone, mas havia o Espírito Santo e muita unção. As pessoas corriam para o deserto para ouvir a Palavra por meio de João, e o resultado era o batismo de arrependimento.

Não se limite ao templo. Deus quer usá-lo no ambiente em que você estiver. Então se permita ser usado! Há pessoas, nos ambientes mais improváveis, que precisam ouvir aquilo que Deus colocou em você!

Para refletir:

Não se limite ao templo, você foi chamado para fora!

POR MIRIAN FAGUNDES

DIA 20 — SUA SORTE NÃO É ALEATÓRIA

> *"...Tu és o arrimo da minha sorte."*
> Salmo 16:5 (ARA)

Você sabe o que é um arrimo? O extrato acima faz parte do Salmo 16, também intitulado o Hino de Davi. Esse é um salmo lindo! Encorajo-o a ler depois. Por enquanto, vamos falar sobre este verbo: arrimar.

A palavra arrimo é geralmente definida como sustento, encosto, amparo, a base para alguma coisa. Arrimar, por consequência, seria promover tudo isso. Contudo, segundo o dicionário *Priberam*, esse verbo também quer dizer pôr em ordem, arrumar.

Então, embora entendamos entenda a sorte como algo aleatório, o Senhor é aquele que põe em ordem até o que é aleatório em nossa vida. O apóstolo Paulo disse algo semelhante em Romanos 8.28: "Sabemos que todas as coisas cooperam para o bem daqueles que amam a Deus, daqueles que são chamados segundo o seu propósito" (ARA).

Assim é o nosso Deus! Certa vez, Ele disse a Ciro, um rei pagão: "Eu irei adiante de ti, e endireitarei os caminhos tortuosos; quebrarei as portas de bronze, e despedaçarei os ferrolhos de ferro" (Is 45.2). Imagina o que Ele não faria por você, que é filho dele? O Senhor é quem sustenta nossos sonhos, quem põe em ordem a nossa sorte e faz com que até a maldição se torne em bênção. Por isso, como diz Salmo 125:1: "Os que confiam no SENHOR serão como o monte de Sião, que não se abala, mas permanece para sempre."

Quero lhe lembrar hoje sobre como é grande o poder do Deus em quem você confia. Nunca pense que você é azarado ou que algo conspira contra você. Isso não é verdade!

Para refletir:
Você sabe que o dono do Universo o ama e cuida de você?

POR THAMIRES HADASSA

SUPER VITORIOSOS

DIA 21

"Mas em todas estas coisas somos mais do que vencedores, por aquele que nos amou." Romanos 8:37

E não é que tem dias que a gente se sente um zero à esquerda? Sem importância? Uma palha? Se você já se sentiu (ou se sente assim), ou conhece alguém com essa baixa autoestima, afirmo tranquilamente que não seria o único que passa por isso.

Porém tenho ótimas notícias para refrescar a sua memória! O versículo tema já afirma que *somos mais que vencedores* por meio *daquele que nos amou*! Sim, você é mais que vencedor: um sábio pastor uma vez ministrou para a igreja que a expressão "mais que vencedores" é sinônimo para *super vitoriosos*! E sim, você é amado: O Senhor cuida de você (Lucas 12.27- 29), o Senhor o incentiva a prosseguir e não lhe deixa só (Deuteronômio 31.6) e, se preciso for, até água da rocha Ele tira para você (Êxodo 17.6).

Reconheçamos a grandeza de Deus, o Seu amor inefável, o Seu cuidado e a solução para todo o problema! E você e eu... somos Super Vitoriosos, por meio daquele que nos amou!

Caso você conheça alguém com baixa autoestima, meio desanimado, aproveite para compartilhar este simples devocional. Seja canal de bênção, seja super vitorioso e vamos juntos compartilhar as boas-novas do evangelho que salva, cura e reanima corações enchendo-os de esperança!

Para refletir:

Você é mais que vencedor!

POR SERGIO GUILHERME RODRIGUES DE SOUZA

DIA 22

HÁ MEDALHA PARA TODOS

"...corramos, com paciência, a carreira que nos está proposta..." Hebreus 12:1-2

Você já observou uma maratona ou uma corrida de atletismo? Nesses esportes, quando o executante corre profissionalmente existe uma meta, que é estar entre os primeiros colocados. Em contrapartida, para os amadores a meta é diminuir o tempo de corrida, cujo objetivo é se autodesafiar sempre. Contudo, na corrida relatada aos Hebreus existe medalha para todos, o objetivo é chegar na meta proposta. É uma corrida sem competição, sem objetivos de recordes. Aparentemente é simples, porém, com barreiras e embaraços que estão para tirar o foco, esses são os pecados que temos que contornar. Eles querem nos tirar o foco, a ponto de desistimos da medalha a ser conquistada.

A Epístola aos Hebreus mostra um caminho de constância nesse prosseguir. E a motivação são as testemunhas (v.1). Homens usados por Deus que demonstravam ser atletas na perseverança, caminhando em meio a tantas lutas. A outra motivação é Cristo (v.2), pois nas lutas e afrontas, Ele triunfou sobre a morte, dando motivação de continuarmos a carreira que nos está proposta, que é perseverar na corrida que enfrentamos. Sendo assim, não é o tempo e nem sua colocação na chegada. Simplesmente é correr com paciência, pois há medalhas para todos: a vinda daquele que nos motiva, Cristo.

Que possamos prosseguir na caminhada proposta, sabendo que as provações que muitos homens passaram, inclusive Cristo, fazem o ser humano neste tempo olhar somente para Ele. Pois Jesus venceu o mundo.

Para refletir:

Não desistamos da corrida até a vinda de Cristo, e conquistaremos a medalha guardada para todos.

POR ANDRÉ SILVA NETO

TEM RAZÃO ESSA SUA RAIVA?

DIA 23

"O Senhor lhe respondeu: "Você tem alguma razão para essa fúria?" Jonas 4.4 (NVI)

Você deve conhecer Jonas, pelo menos a parte em que ele é engolido por um peixe. Depois que isso aconteceu, Jonas decidiu, finalmente, ir para Nínive e pregar como Deus havia ordenado. É costume pensar que Jonas não quis ir para Nínive por medo de ser morto. Pode até ser verdade, mas se você ler atentamente o capítulo 4 deste livro, vai perceber que havia pelo menos um outro motivo: o amor dele não alcançava os Ninivitas.

No versículo 3 ele fica com tanta raiva, por perceber que Deus não mais destruiria a cidade, que quis morrer. Então, Deus pergunta: faz sentido essa fúria? Mas Jonas, ainda não tinha caído em si. Ele ainda fica ali, esperando para ver o que ia acontecer com a cidade. Deus, então, fala com ele de outro modo. O Senhor fez crescer uma planta para lhe dar um pouco de sombra e conforto, mas no dia seguinte, mandou que um bicho atacasse a planta para que ela secasse. Depois mandou um vento muito quente. Jonas quase desmaiou de calor e quis morrer mais uma vez. Assim, Deus pergunta novamente se as razões dele eram coerentes. Ele lamentava mais a morte daquela planta, por ela lhe oferecer conforto, do que lamentava a possível morte de "mais de cento e vinte mil pessoas que não sabem discernir entre a mão direita e a mão esquerda, e também muitos animais" (v.11).

Sabe, muitas vezes, ao olhar para o nosso coração, vamos perceber que as nossas razões nem sempre fazem sentido. Talvez, nossos valores estejam invertidos e a nossa raiva seja, na verdade, uma grande falta de amor.

Para refletir:

Tem razão essa sua raiva?

POR THAMIRES HADASSA

DIA 24

TEMOS QUE SER UM

"...para que todos sejam um, como tu, ó Pai, o és em mim, e eu, em ti." João 17.21

"**S**er um" nos lembra de casamento, onde duas pessoas de famílias diferentes se unem por meio do matrimônio. Porém "ser um" vai muito além e é justamente isso que Cristo espera de nós. Cristo poderia, nessa oração feita ao Pai, pedir tantas outras coisas, mas pediu que a Sua igreja fosse unida, assim como Ele é com Deus e o Espírito Santo. A trindade divina é um só, e trabalham juntos no mesmo propósito. É exatamente dessa maneira que a Igreja precisa ser. A Palavra de Deus nos diz que: "Ora, vós sois o corpo de Cristo" (1Co. 12.27). Assim sendo, se somos corpo de Cristo, então compartilhamos do mesmo sentimento, das mesmas aflições e das mesmas alegrias. Jesus espera de Sua Igreja um funcionamento como do corpo, que se una para combater os vírus que o adoecem, que cuidem daquela ferida que ainda não cicatrizou e que zelem pela saúde mental, espiritual e física. "Ser um" é estar em sintonia como uma orquestra, é se alegrar das conquistas, mas também chorar junto quando necessário, e é estar conectado um com o outro e ambos com o Pai. Se não formos um com o outro, como poderemos ser um em Deus?

É tempo de deixarmos o egoísmo de lado e de sermos Igreja, de sermos corpo, de sermos um, nos preocuparmos com o nosso próximo e o ajudar. Agindo dessa maneira estaremos atendendo à oração de Jesus e glorificando ao Pai em nossa vida. Seja um com seu irmão, seja um em Cristo, para que assim o mundo creia que Jesus Cristo é o Senhor para glória de Deus, o Pai.

Para refletir:
Como podemos ser um, se formos indiferentes com o nosso irmão?

POR ARIANE GONÇALVES SILVA

SORRIA, DEUS TEM UM NOVO TEMPO PARA VOCÊ!

DIA 25

"Mas os que esperam no SENHOR renovarão as suas forças..."
Isaías 40.31

Quando lemos o relato bíblico sobre a criação, podemos perceber que foi Deus quem estabeleceu as estações. O desejo de Deus é que você experimente um novo tempo, marcado pelo favor do Senhor sobre a sua vida. Deus sempre nos permite recomeçar, o Senhor fez tudo perfeito na natureza e as estações nos mostram isso: são ciclos, que começam e terminam e da mesma maneira, nossa vida é marcada por fases. É importante estarmos preparados e dispostos para encerrar uma etapa e viver o novo de Deus, e, por mais que seja difícil o processo, o Senhor nos surpreende com o Seu melhor!

Então decida hoje mesmo, viver o novo tempo na sua vida! E, quando permanecemos esperançosos, apesar de nossa espera, Deus nos recompensa com força renovada. Podemos voar acima da impaciência, inseguranças e medos, e esse relacionamento com Cristo é a nossa confiança de que Seu tempo será sempre perfeito!

Viver um novo tempo é deixar de viver como antigamente quando éramos governados pelo pecado. Mas, agora que a graça nos alcançou, é necessário adotar novos hábitos, postura e fé. Entre no quarto e feche a porta, organize seu tempo para que você tenha mais qualidade de vida, tanto espiritual quanto física. Busque a vontade do Senhor e tenha certeza de que Ele o surpreenderá!

Para refletir:

Quando as aflições tentarem abatê-lo, respire fundo, e lembre-se da Cruz, por que foi por meio dela que você alcançou a maravilhosa graça.

POR CAMILA A. ALVES

DIA 26

TENHO SEDE

"...para que a Escritura se cumprisse, [Jesus] disse: Tenho sede." João 19.28

A frase "tenho sede", segundo os estudiosos das Sagradas Escrituras, faz parte do compêndio de sete frases ditas por Jesus durante a Sua crucificação. Peguei-me questionando sobre ela: é chocante como Aquele que é o criador dos oceanos, o projetista dos grandes rios e mares, submeteu-se, a tudo, inclusive à sede.

Podemos nos identificar com essa sensação. Uma vez que, sabemos o que é sentir sede. Para além disso, metaforicamente, sempre temos sede de algo em algum estágio da vida. Um desejo profundo ou falta de algo. Jesus compreende isso tudo porque Ele também sentiu tudo isso. Jesus passou por tudo aquilo que eu e você passamos nesta vida. Havia sim um propósito para o que Ele estava fazendo e, por pior que o sofrimento fosse, valeria a pena.

Quando Deus permitiu que Seu Filho morresse numa cruz e que abrisse um túmulo para enterrar Seu corpo, na verdade Ele estava cavando um estuário de muitas águas para novas civilizações. Essas águas são provenientes do rio que emana do trono de Deus!

Seja lá qual necessidade ou o tipo de sede que você venha passar na vida, não se esqueça de que Jesus sentiu sede para lhe oferecer água viva hoje. Essas águas podem suprir qualquer necessidade e estão disponíveis para você! Finalmente, em João 7.37 é narrado que, certa vez, Jesus, em uma grande celebração de Páscoa, brindou os integrantes da festa com convite salutar: "Se alguém tem sede, que venha a mim e beba". Hoje, esse convite se estende a você. Em tempo de grande mistura, Jesus tem água pura para você.

Para refletir:

Do que você tem sede?
Qual é a água que necessita?

PAULO PEREIRA COSTA

TOCAR CORAÇÕES

DIA 27

"...porque dele procedem as saídas da vida."
Provérbios 4.23

Não sei se já se deu conta, mas você, mesmo sem querer, age sobre algo do qual a vida das pessoas depende. Você desperta emoções, sabia? E fazendo isso, está tocando o coração delas. Muitas vezes, nos esquecemos dessa nossa habilidade e, com isso, nos esquecemos também da responsabilidade sobre ela.

Em Filipenses 2.3-4, diz: "Nada façais por contenda ou por vanglória, mas por humildade; cada um considere os outros superiores a si mesmo. Não atente cada um para o que é propriamente seu, mas cada qual também para o que é dos outros". Em Provérbios 4.23, Salomão diz que do nosso coração depende a vida, por isso devemos guardá-lo acima de tudo. Podemos entender o coração como os nossos sentimentos, de onde saem as cores com as quais enxergamos o mundo.

Será que a nossa vida vale mais do que a das outras pessoas? Creio que não. Então, de nada vale guardar os nossos sentimentos, se não nos preocupamos em como tocamos o sentimento dos outros. Como será que estamos tocando o coração das pessoas? Que emoções e sentimentos despertamos ao nosso redor? Eles edificam? Eles consolam? Engrandecem e glorificam ao nome do Senhor?

Não se esqueça de que do coração depende a vida e a vida das pessoas, é de Deus. Então, que você toque muitos corações por onde passar. Mas, acima de tudo, que faça isso, com muito temor e sabedoria, buscando conhecer a vontade de Deus para cada situação.

Para refletir:

Como você tem tocado corações?

POR THAMIRES HADASSA

DIA 28

TODA ESPERA TEM UMA RECOMPENSA

"Por este menino orava eu; e o Senhor me concedeu a minha petição que eu lhe tinha pedido." Samuel 1.27

A té que ponto uma pessoa se submete em favor um sonho? Quais os tipos de privações, apertos ou até mesmo humilhações que alguém se sujeitaria por algo ou alguém que tanto deseja?

Imagino que Ana, a esposa mui amada, havia chegado em seu limite de desgosto, desespero e humilhação. Ano após ano, lá está ela perseverante, convivendo com outra mulher que lhe espezinhava por não poder gerar filhos, caminhando com filhos que não eram seus e, como se não bastasse tudo isso, foi tida como embriagada por aquele que deveria ser o mais humano e espiritual de todos, o sacerdote Eli. Não há palavras que expressem tamanha amargura na alma. No entanto, quem se comunica conosco quando nos faltam palavras e sobram lágrimas? É Aquele que pode distinguir e definir até gemidos e que permitiu tanto sofrimento por um propósito maior.

O cenário e o contexto em que aquele povo vivia era caótico, pois havia uma depravação moral e prostituição religiosa gigante em Israel. A fim de reverter esse quadro, o Senhor permitiu que um ventre estéril gerasse um projeto dele. Nasceu, após intensa oração e como cumprimento de um voto, Samuel, o último juiz e um legítimo profeta. Junto com ele surgiram um novo tempo e uma nova história para aquela nação.

Agora reflita comigo: o que tem feito você tanto chorar a ponto de querer desistir ou desanimar? Qual é a pressão que vivencia hoje e que o força a orar, se humilhar e suplicar pelo agir de Deus? Percebeu que isso tudo está o aproximando mais de Jesus e promovendo um relacionamento mais intenso, íntimo, sincero, puro e verdadeiro com Ele? Boa notícia: você está no caminho certo! Portanto, como Ana, aguente firme o processo, suporte esse deserto, pois seu milagre está sendo gerado e quem lhe prometeu garante vitória! Não pare agora. Persevere na oração. Toda espera tem uma recompensa, e a sua recompensa virá em abundância.

Para refletir:

Quem espera em Deus não perde tempo, faz investimento!

POR GIZELE CAMARGOS

Chamados para Fora

TRANSFORMANDO OS OBSTÁCULOS EM OPORTUNIDADES

DIA 29

"Ora, a fé é o firme fundamento das coisas que se esperam e a prova das coisas que se não veem." Hebreus 11.1

Confiar em Deus diante das circunstâncias é um desafio para todo cristão. Há momentos em que as dúvidas e as incertezas deixam-nos amedrontados, e a insegurança traz indagações e pensamentos contraditórios.

Quando os meus irmãos gêmeos receberam o diagnóstico de Transtorno do Espectro Autista (TEA), a notícia causou impacto à minha mãe. Estávamos vivendo um tempo difícil, de bastante dificuldade, mas essa experiência fez minha mãe voltar a Cristo. E diante dessa caminhada, percebemos que aquilo que pensávamos ser um obstáculo se transformou em uma oportunidade. Que por meio da nossa experiência, muitas vidas foram alcançadas com o testemunho dos meus irmãos autistas, Kelvyn e o Krygor. Atualmente eles têm 22 anos, são bem alegres, por mais que o grau de autismo seja severo, gostam de ler a Bíblia e, antes de dormir, oram e pedem para a minha mãe ler o Salmo 91. Sem dúvidas, é inspiração e motivação para minha vida que, por intermédio de meus irmãos, sempre permaneci confiando em Deus, esperando e tendo fé.

Portanto, devemos a cada dia lembrar o quanto Deus nos ama, e que Jesus está em todas as circunstâncias. Basta você exercitar sua fé e aquilo que aos seus olhos parece ser um obstáculo talvez possa uma oportunidade na plena vontade de Deus.

Acredite que tudo o que acontece é sempre dentro da vontade de Deus (Ec 3.1). Confie em Deus em todo tempo (Sl 27.1). Nunca deixe sua fé desfalecer (Fp 4.13) e, quando estiver em uma situação difícil, leia a Bíblia.

Para refletir:

Esteja atento para transformar os seus obstáculos diários em bênçãos.

POR EVYLIN DA SILVA SANTOS VAZ

DIA 30

UMA CONSTRUÇÃO QUE VALE A PENA

"Respondeu Jesus: O meu Reino não é deste mundo..."
João 18:36

Os debates nos campos acadêmico, científico e ideológico estão cada dia mais cruéis. O verdadeiro cristão não se agarra a nenhuma narrativa.

Jesus seria odiado por todos os lados. Ele ama o ser humano, oferece-lhe perdão, mas não impede a consequência (lembra do ladrão na cruz?). Jesus perdoa o pecado, qualquer pecado, levou-o sobre si na cruz inclusive, mas como resposta a esse perdão, pede-lhe que não peque mais.

Quando Jesus foi questionado no Sinédrio, fico imaginando perguntas do tipo: "você é de esquerda ou direita?". E Jesus respondendo: "Nem um nem outro, meu reino não é daqui!". O reino que Jesus inaugurou se opõe a todo esse debate.

Paremos de ficar tomando lado em discursos, narrativas, que estão dentro do sistema que se opõe à sabedoria de Deus. Quando há um edifício torto, você não fica apontando para o que está errado. Você derruba o torto e constrói algo reto de novo. E aí acabam-se as discussões.

Devemos nos arrependermos de não estar fazendo, construindo, aquilo que o Senhor Jesus já alicerçou na Sua Palavra e que, inclusive, Ele mesmo é a própria pedra angular.

Para refletir:

O que temos construído?

POR FERNANDO HENRIQUE DINIZ MIRANDA

O ECO DO AMOR

DIA 31

"...para que ao nome de Jesus se dobre todo joelho dos que estão nos céus, e na terra, e debaixo da terra..." Filipenses 2.10

Diante de todos, era exposto à vergonha e dor Aquele que há pouco andava pelas ruas da cidade movendo multidões em fé e esperança. A mesma multidão que antes presenciava milagres e maravilhas agora se agitava em acusação e morte.

Não havia mais nada a ser feito. Seus pulmões já não suportavam o fôlego da vida. Entretanto, foi em um último suspiro, uma inspiração dolorosa e, talvez, quase como num sussurro que a palavra mais importante da história seria proferida. *"Tetelestai"*, Ele disse. "Está consumado".

Os fundamentos da Terra estremeceram com a intensidade da voz daquele homem, o simples carpinteiro crescido em Nazaré. Foi o som dessa voz que deu a todos a chance de chegarmos a Deus. A morte, ensurdecida, se rendeu à vida. A misericórdia abriu as portas da salvação, e Aquele que, mesmo em forma de Deus, não ousou ser igual a Deus, foi condecorado com um nome que é excelso. Jesus, o Filho de Deus. O próprio amor.

Hoje este som está em nossas palavras e canções, sempre intenso. O eco do amor ressoa em nossa língua ao declararmos quem Jesus é e o que Ele fez por nós na cruz. Ao som do nome de Jesus nenhum mal subsistirá. Há cura, transformação e libertação na menção do nome dele. E este é nosso chamado: Reconhecê-lo como o Cristo e fazê-lo conhecido em tudo o que fizermos, ecoando-O no pensar, no agir e no falar, conforme sua vontade nos permite, tanto no querer quanto no efetuar.

Para refletir:

Que som a sua vida está emitindo?

POR PEDRO SILVA

DIA 32

TODOS, ALGUÉM, NINGUÉM OU QUALQUER UM

"Depois disto ouvi a voz do Senhor, que dizia: A quem enviarei, e quem há de ir por nós? Então disse eu: Eis-me aqui, envia-me a mim." Isaías 6.8

Era uma vez, quatro pessoas chamadas "Todos", "Alguém", "Qualquer um" e "Ninguém". Havia uma coisa importante para lidar, e "Todos" foi convidado a fazer isso.

Mas "Todos" pensou que "Alguém" faria o trabalho. Era algo que "Qualquer um" poderia fazer. Mas "Ninguém" fez isso. "Alguém" estava com raiva porque isso era negócio de "Todos". "Todos" não vai fazer isso!

O trabalho foi cancelado porque "Todos" foi criticado por "Alguém", e "Ninguém" faz o que "Qualquer um" poderia ter feito desde o começo. Os quatro ainda estão argumentando que a culpa é um do outro, e a última notícia que tive é que o assunto ainda não foi resolvido.

Diante da ilustração começo a refletir: é inequívoco que há uma urgência entre nós. Na visão de Isaías 6.8, há um clamor profundo: "A quem enviarei, e quem há de ir por nós?". Posso sentir a urgência contida nesse questionamento.

Amado leitor, hoje Deus o convida à gloriosa missão de anunciar as boas-novas de Salvação. Ele não está chamando "qualquer um" ou "ninguém", Ele chama por você. A missão é urgentíssima, não dá tempo de esperar por "alguém" ou "qualquer um". Pertinho de você há uma alma esperando pela palavra de vida, que reina em seu coração. Essa missão é sua, e Deus o chama.

Para refletir:

Hoje Deus lhe pergunta, "A quem enviarei?". Não hesite e responda: "Eis-me aqui Senhor, envia-me a mim!".

POR EVERTON RODRIGUES

O GRANDE AMOR DE DEUS

DIA 33

"Aquele que não ama não conhece a Deus, porque Deus é amor." 1 João 4.8

O amor de Deus é Sua essência, Deus é o próprio amor. Tudo que Deus cria, executa, fala, estabelece, faz parte da Sua essência. Dizer que Deus é Amor, é compreender que tudo que Ele fez, tudo que Ele faz, e ainda vai fazer é por Amor.

João nos afirma que Deus é amor. Será que nós o amamos? Estamos diretamente conectados no Senhor? Estamos conectados ao amor? Talvez você se pergunte: "como faço para estar conectado com Deus"? 1 João 4:7 diz: "Amemo-nos uns aos outros; porque o amor é de Deus".

Quando amamos o outro nos conectamos com Deus, e passamos a conhecê-lo cada vez mais. Essa revelação, embora limitada (1 Coríntios 13:12), produz em nós a confiança da salvação, nos mostrando o que Deus tem feito por nós em Cristo.

Sendo assim, sem o conhecimento da obra de Deus, através da morte de Jesus e da ressurreição, dificilmente conheceríamos o Seu amor.

Para refletir:

O amor de Deus nos inspira a perseverar.

POR CARLOS FERREIRA

DIA 34

O LEGADO DE ELIAS

"...E disse Eliseu para Elias: Peço-te que haja porção dobrada de teu espírito sobre mim." 2 Reis 2.9

Após sete ou oito anos de convivência diária entre o profeta Elias e seu servo Eliseu, havia chegado o dia em que o ministério Elias na Terra estava terminando. Em uma de suas últimas conversas, Elias disse a Eliseu para fazer um último pedido e ele então declarou o texto que lemos em 2 Reis 2:9. Esse pedido revelou a admiração e o respeito que Eliseu tinha por Elias ao declarar seu desejo de seguir seus passos e seu ministério.

Durante os anos de convivência diária, Eliseu conheceu Elias melhor do que ninguém. Conhecia não apenas o profeta usado por Deus para fazer grandes coisas, mas o homem por trás disso, suas limitações e fraquezas. E ainda assim, ele queria seguir seus passos. Elias deixou um legado impactante no coração de Eliseu, provando ser não apenas um profeta, mas um homem que servia a Deus de maneira íntegra, de todo o coração e não como uma profissão.

Alguns cristãos fazem das suas atividades na igreja uma profissão que não condiz com seu comportamento na vida pessoal. Elas esquecem que as pessoas que convivem conosco em nossa intimidade são aquelas que realmente nos conhecem e podem declarar quem realmente somos.

E no seu caso, as pessoas que convivem com você querem seguir seu exemplo de vida? Qual o legado você está deixando para as pessoas do seu convívio? Você é um exemplo a ser seguido ou a ser rejeitado? Todos nós temos alguma influência sobre as pessoas ao nosso redor. Cabe a nós decidirmos que tipo de exemplo, de legado, deixaremos.

Para refletir:

Qual legado você tem deixado para as pessoas ao seu redor?

POR FILIPE DUARTE

O MAIOR HOMEM DA HISTÓRIA

DIA 35

"...o seu nome será Maravilhoso Conselheiro, Deus Forte, Pai da Eternidade, Príncipe da Paz". Isaías 9.6

Nasceu o maior homem da história. No mais módico cenário, porém, logo acima, o céu foi preenchido com as mais belas canções dos anjos celestiais. Nasceu em uma estrebaria, mas uma reluzente estrela trouxe nobres de milhares de quilômetros apenas para adorá-lo.

Ele não possuía plantações de trigo e nem era dono de um barco de pesca, mas serviu mais de 5.000 pessoas com abundância de pães e peixes. Não caminhava em tapetes caros, porém andava sobre as águas, e elas não o submergiam.

Sua morte foi o crime dos crimes. Caminhou pela via dolorosa, um sofrimento descomunal o aguardava, mas na ótica do Altíssimo nada, além da morte do Seu Filho, poderia nos livrar da condenação eterna. Sim Ele morreu, morte de cruz, onde morreu o maior homem da história: Jesus!

Poucos sentiram a Sua morte. Alguns choravam, outros lamentavam, porém Deus estendeu um manto preto sobre o sol, e ele escureceu; a terra estremeceu, a criação sentiu.

A maldade e iniquidade não se apoderaram do Seu corpo, o pecado jamais o tocou. Por mais de três anos, Ele pregou somente o amor. Não escreveu nenhum livro, não liderou nenhuma organização. No entanto, 2 mil anos depois Ele continua sendo a figura central da humanidade, o tema de toda pregação, o Pai da eterna redenção, aquele a quem até as estrelas adoram.

Ernesto Wootton, em um ato de adoração, escreveu:

> *Adorai o Rei do Universo! Terra e céus, cantai o Seu louvor! Todo o ser no grande mar submerso. Louve ao Dominador! Todos juntos O louvemos! Grande Salvador e Redentor! Todos O louvemos! Régio Dominador! Adorai-O, anjos poderosos, Vós que Sua glória contemplais! Vós, remidos, já vitoriosos; Graças, rendei-Lhe mais!* (HC 124)

Uma homenagem à Luciano Ferreira In memoriam.

Para refletir:

Cantemos em alta voz hinos de adoração, pois o maior homem da história nasceu. Nasceu JESUS!

POR EVERTON RODRIGUES

DIA 36

O MELHOR CULTO DA MINHA VIDA

"...e eu e o moço iremos até ali; e, havendo adorado, tornaremos a vós..." Gênesis 22.5

A adoração aparece na Bíblia pela primeira vez justamente quando um homem resolve obedecer e honrar a Deus. E o contexto não é o de que ele vai cantar um hino, mas sim que Ele colocará nas mãos do Senhor aquilo que mais ama.

Um culto verdadeiro é aquele em que entendemos a razão de estarmos ali, e, uma vez que isso fique entendido, teremos os melhores cultos da nossa vida. Veja o que acontece quando você entende que o culto não é para você, e sim para Deus:

Não se preocupa mais com o que receberá, mas sim no que oferecerá;

Não se trata de se gostará do hino cantado, mas sim que louvará com qualquer hino que glorifique a Ele;

Não se importará com quem prega, mas sim se a palavra é cristocêntrica, e caso seja, reagirá a ela glorificando a Deus;

Não será mais sobre o quanto de bênção financeira receberá, mas sim o quanto seu coração está grato a Deus na forma como oferta e dizima;

Não será mais sobre quais pessoas estarão lá, mas sim sobre se Deus estará, e nisso sua expectativa já foi atendida, pois ELE estará;

Não é mais sobre sentir algo primeiro, para então glorificar e realmente ser um participante ativo, mas sim sobre ter fé, para adorar sem antes ter sentido nada;

Não pensará mais que a festa que acontece no Céu é em honra ao pecador, mas sim em honra a Deus que salvou mais um perdido.

Para refletir:

Temos oferecido a Deus o culto que lhe é devido?

POR FERNANDO HENRIQUE DINIZ MIRANDA

O MEU PROCESSO

DIA 37

"Tudo tem o seu tempo determinado, e há tempo para todo o propósito debaixo do céu." Eclesiastes 3.1

Todos somos instrumentos de Deus, prontos para sermos usados e sabemos que tudo na vida tem um tempo determinado. Mas será que realmente compreendemos o tempo de Deus quando é conosco e não com outras pessoas? Quando lemos Eclesiastes 3, vemos como tudo na vida tem um tempo, cada processo, cada luta, cada tempestade, cada ciclo. Infelizmente nem sempre entendemos quando é conosco, é muito mais fácil quando aconselhamos alguém em seu processo, do que quando o processo é nosso.

Deus usa uma situação ruim a nosso favor quando é para um propósito se cumprir, se estivermos dispostos a abrir mão do nosso querer para que o dele se realize em nós. O problema é que o tempo de Deus não é o nosso: para Ele um dia é como mil anos e mil anos como um dia. Nós somos imediatistas e, muitas vezes, ao lermos as histórias dos profetas, juízes, reis e outros na Bíblia Sagrada, imaginamos que eles oraram hoje e a resposta deles veio no dia seguinte ou até mesmo quando finalizaram suas orações. E esquecemos que eles são pessoas como nós, que nem sempre estavam preparadas para ouvir a resposta de Deus naquele momento.

Algumas situações são inevitáveis, imprevisíveis, imparciais, a tal ponto que nós precisaremos ter firmeza no que cremos, ter confiança em Deus e estarmos dispostos a aprender com elas. Em meio às lutas precisamos estar perto de Deus e com os ouvidos abertos para ouvi-lo em todas as formas que Ele se manifestar, seja pela Palavra, pelos louvores ou pelas orações.

Para refletir:

Você tem parado para ouvir a voz de Deus no seu dia a dia?

POR GLEICE KETTELEN SCHOLZ

DIA 38
O NUTRIENTE PARA O NASCIMENTO DO CHAMADO

"E converterá muitos dos filhos de Israel ao Senhor..."
Lucas 1.16

Do mesmo modo em que uma criança está em formação no ventre materno, assim é o desenvolver de um chamado dentro de nós. No processo de nove meses de gestação existe alimentação, cuidado, planejamento. E, no processo do nascimento do chamado, os nove meses não são literais e sim simbólicos, pois cada um tem seu tempo de desenvolver a vocação, sendo necessário apenas que seja nutrido.

A história narrada por Lucas, mostra no Antigo Testamento o surgimento de uma promessa, abordando o nascimento de João Batista. Promessa que não era para aquele tempo, e sim para um outro tempo que estava por vir: João prepararia o caminho para Jesus. E assim veio a palavra de que essa vida exerceria um chamado para converter muitos (v.16).

Nota-se que antes do nascimento de uma criança, o pai e a mãe planejam sonhos para o futuro membro da família. Assim é o cuidado do Pai celestial. Contudo, Ele tem um chamado destinado a cada um, de sermos uma geração de jovens que mostre a Palavra da verdade a corações sedentos, e sermos a voz que clama em desertos, a voz que clama em vidas secas pela falta da Palavra. Existe em todos o embrião desse chamado, só precisamos desenvolvê-lo constantemente, nutri-lo constantemente, para fazê-lo nascer em nós e depois em outras vidas.

Nosso chamado não é definido só por ser uma voz que clama em desertos, se esses resultados não estiverem atrelados a renúncias que devemos fazer. Assim sendo ele deve ser nutrido constantemente não com mel silvestre e gafanhotos, mais pela Palavra de Deus.

Para refletir:
Que possamos nutrir o nosso chamado com a Verdade.

POR ANDRÉ SILVA NETO

O PREÇO DA ENTREGA

DIA 39

"...não oferecerei ao SENHOR, meu Deus, holocaustos que me não custem nada." 2 Samuel 24.24

No capítulo 24 de 2 Samuel, vemos o reinado de Davi sendo punido pela grande mão do Senhor como fruto da decisão do rei de ordenar a contagem dos homens de guerra em Israel, depositando sua esperança de vencer o exército contrário com a força dos seus soldados, e não pela confiança no General de todas as batalhas.

Já no versículo 18 vemos Davi, se arrependendo de seu pecado e decidindo obedecer a palavra do Senhor vinda sobre Gade, direcionado a levantar um altar na eira de Araúna. Estando próximo ao lugar do holocausto, Araúna oferece gratuitamente todo espaço e materiais necessários para o sacrifício. Essa decisão pode parecer agradável aos nossos olhos, vindo de um servo do rei, mas Davi disse: "...Não, porém por certo preço to comprarei, porque não oferecerei ao SENHOR, meu Deus, holocaustos que me não custem nada" (v.24).

Diante da correria diária com compromissos terrenos, optamos em oferecer ao Senhor pequenos minutos em oração, ou até mesmo não oramos. Nossas ofertas em muitos dias são entregues sem esforços, sem valor. Será que o Senhor teria cessado o castigo sobre Israel se Davi escolhesse os materiais gratuitos de Araúna?

Não se contente em entregar migalhas ao Senhor. Ele é o dono de todo banquete. Mas entregue sacrifícios que custem preço. Entregue seu melhor. Que nossa vida seja uma dedicação ao Senhor.

Para refletir:

Sua vida tem sido uma oferta agradável a Deus?

POR ALEXIA SANTANA DE OLIVEIRA

DIA 40 — O QUE EU TENHO DE MELHOR

"...Não tenho prata nem ouro; mas o que tenho, isso te dou." Atos 3.6

Nós só podemos oferecer aquilo que temos, e hoje as pessoas deste mundo olham para nós esperando receber alguma coisa. Elas olham na esperança de receber o que elas querem e não o que de fato precisam. A realidade é que todos nós temos algo de bom para oferecer, mas o que você tem oferecido?

Vivemos em uma sociedade em que o que mais as pessoas querem receber está relacionado ao dinheiro, achando que ele pode suprir o seu vazio interior ou que é a solução para todos os seus problemas. Isso é um grande engano, pois tudo neste mundo é passageiro e, por mais enriquecidas elas estejam, ainda sentirão o vazio que somente Jesus pode preencher. Ouvimos com bastante frequência aquela frase que diz "dinheiro não traz felicidade", porém mesmo muitas pessoas sabendo disso ainda depositam sua esperança em algo tão momentâneo.

Como só podemos oferecer aquilo que temos, então ofereça Aquele que não é momentâneo, que não muda e que é eterno. Oferecendo Jesus e falando dele, você estará dando amor, vida, paz, alegria, saúde, alimento, salvação, esperança, perdão, entre tantas outras bênçãos. Precisamos entender que ter Jesus é ter exatamente tudo, sem falta, é ter em plenitude. Oferecer Jesus é mais do que fazer o bem, é pregar o evangelho e cumprir o "ide" que Cristo deixou para a Sua Igreja. O mundo está sedento por Jesus, só não sabe ainda. Por isso, quando for oferecer algo para as pessoas, antes de ofertar as coisas passageiras desse mundo, ofereça Jesus.

Para refletir:

Se você tem Jesus, por que não o oferecer as pessoas?

POR ARIANE GONÇALVES SILVA

O SACRIFÍCIO SOU EU

DIA 41

"E disse: Toma agora teu filho, o teu único filho... e oferece-o ali em holocausto." Gênesis 22.2

Mateus era um jovem que morava em uma cidade no interior do Pará. Sua vida era repleta de desafios. Ele era um milagre de Deus em meio a tantas dificuldades que passou antes de aceitar ao Senhor. Contudo, ao ler sobre Abraão disposto a entregar o seu filho, fez a seguinte pergunta: O que Deus deu, Ele pode pedir de volta? Observou que deveria ser a entrega mais difícil para um pai, pois estava para depositar o que mais amava como sacrifício ao Senhor (v.2). Mateus pensou em si, na sua vida, principalmente por Deus conceder a dádiva da vida. E fez a seguinte indagação no coração de que aquilo que o Senhor concede aos Seus é dele, é para honrar a Ele, e, para ser sacrificado, às vezes, se necessário.

Então percebeu que a sua vida deveria ser como um "sacrifício de entrega", "sacrifício de mudança de vida", de atitude, de estar disposto a depositar no altar o seu "eu", os seus sonhos, os seus projetos como ato de fé, porque Deus lhe dera vida. E notou que a atitude de sacrificar estava atrelada à entrega daquilo que o próprio Deus concedeu ao ser humano. Sendo o "eu", um sacrifício.

Sobre essa entrega vem à nossa mente um sentido mais abrangente do sacrificar, pois aquilo que recebemos como promessa, em todas as áreas, pode ser o sacrifício que temos que fazer como ato de fé para Aquele que concede a promessa.

Para refletir:

Sacrificar é reconhecer que tudo é dele, até o ponto de entrega completa como ato de fé.

POR ANDRÉ SILVA NETO

DIA 42

O VALOR DA SABEDORIA

"Para ser sábio, é preciso temer ao Senhor, para ter compreensão, é necessário afastar-se do mal." Jó 28.28 (NTLH)

Nós não conhecemos o valor da sabedoria e não a encontramos neste mundo. Até as pessoas mais ricas não conseguem comprá-la. Não podemos vê-la; muitos apenas ouvem falar dela. Alguns adquirem conhecimento através de livros e pesquisas, mas nada se compara à sabedoria que é adquirida na Bíblia.

E de onde ela vem; onde a encontramos? Em Jó 28.12, está escrito: "O homem não conhece o caminho e não se encontra na terra dos mortais..." (NTLH). Então podemos entender que nenhum homem pode seguir, por si só, o caminho da sabedoria. O único caminho que temos é Deus. Somente Ele sabe onde está a sabedoria.

Diante disso, por que passar todos os anos da sua vida correndo atrás do conhecimento mundano e de riquezas até a sua velhice? Passar toda a vida adquirindo bens que ficarão aqui na Terra? Você pode ter a sabedoria vinda do Senhor Todo-poderoso. Ela está disponível para aqueles que temem ao Senhor, arrependem-se de seus pecados, verdadeiramente, e se afastam dos pensamentos maus. Afaste-se de seus pecados de "estimação"!

A mudança vem de dentro para fora, se tentarmos mudar alguém que não quer ser transformado, acabamos quebrando essa pessoa em pedaços. Por isso, devemos fazer nossas escolhas pessoais, sendo transformados pela sabedoria que Deus usou quando regulou a força dos ventos e marcou o tamanho do mar; quando decidiu onde a chuva deveria cair e por onde a tempestade devia passar. Ele a viu, examinou e aprovou. Assim obteremos a vida eterna que vale muito mais do que anos perdidos correndo atrás de desejos momentâneos.

Para refletir:

O temor do Senhor é o princípio da sabedoria.

POR ABDIEL VITOR BATISTA

OLARIA

DIA 43

"Não poderei eu fazer de vós como fez este oleiro, ó casa de Israel? — diz o SENHOR; eis que, como o barro na mão do oleiro, assim sois vós na minha mão, ó casa de Israel." Jeremias 18.6

Deus deu uma visão ao profeta sobre um oleiro fazendo um vaso e moldando-o conforme a Sua vontade. Após essa visão, fez uma comparação de como a nação de Israel era em Suas mãos.

Na nossa vida precisamos entender que estamos colocados nas mãos de Deus para que Ele cumpra a Sua vontade em nós. Nem sempre o trabalhar dele vai ser algo bom para a nossa carne, muitas vezes seremos amassados, apertados, esticados e até mesmo lapidados, mas, precisamos ter a certeza que o Oleiro usa as ferramentas certas para moldar o vaso conforme a Sua vontade. Entender que todo esse processo é necessário na nossa vida faz parte de um crescimento que nos direcionará para a vontade dele. Nem sempre a vontade de Deus se encaixa naquilo que achamos que é o melhor para nós, o que precisamos ter em mente é que essa vontade é boa, perfeita e agradável, e que naquele que nos chamou somos mais do que vencedores.

Para refletir:

Ser chamado e moldado pelo Oleiro é a certeza que você estará caminhando em direção ao seu propósito.

POR LEONARDO RIBEIRO

DIA 44 — OS 4 PILARES DO PARALÍTICO

"E vieram ter com ele, conduzindo um paralítico, trazido por quatro." Marcos 2.3

Quando Jesus volta à Cafarnaum, atrai muitos curiosos. Entre estes, 5 jovens, sendo um deles paralítico, que era carregado pelos outros 4 até a casa onde Jesus pregava.

Quando chegam, a multidão de curiosos torna-se um obstáculo para que consigam entrar, a ponto de haver a possibilidade de até mesmo desistir de ver e ouvir Jesus. Contudo, insistiram de tal forma que adentraram à casa pelo telhado, algo completamente inusitado, tamanha era a vontade de estar ante à face do Senhor.

Ao ver a cena, Jesus perdoa os pecados do paralítico, possibilitando-lhe a salvação e finaliza Sua ação curando-o da enfermidade que o tornava incapaz de se locomover. Numa linguagem de aplicação figurada, podemos simbolicamente admitir que os 4 homens que o carregaram representam 4 pilares fundamentais que permitiram o jovem paralítico chegar à presença de Jesus: Família, o nosso alicerce e base que nos dá suporte espiritual e físico; Pastoreio, pois somos ovelhas e precisamos de uma referência espiritual fora do ambiente familiar para nos orientar, exortar e aconselhar, e também, por ter o ponto de vista externo, que nenhum familiar poderia enxergar; Líder, como representação do pastor, devendo agir semelhantemente como discípulo e auxiliador do mesmo, vez que possui grande responsabilidade e pode delegar algumas atribuições, entre elas, ser seu grande auxiliador na obra; Igreja, o corpo completo.

Toda Igreja bem ajustada, tendo CRISTO como cabeça, fará seu papel e debaixo da graça de Deus, nada poderá impedir. A sincronia desses 4 jovens (pilares), levarão o paralítico (alma doente) à presença de Jesus, o único capaz de Libertar, curar e salvar!

Para refletir:

Quando Deus é o centro, tudo acontece.

POR ANDRÉ LUÍS SILVA DA COSTA

POR QUE DEUS LHE DARIA UMA LIMA?

DIA 45

"...a qualquer que tiver será dado, e terá em abundância; mas ao que não tiver, até o que tem ser- lhe-á tirado." Mateus 25.29

Quando Deus mostrou qual seria meu ministério, o fez através de um lindo sonho: eu estava na fazenda de Deus, quando vi Jesus vindo em minha direção. Ele estava todo de branco; me deu uma enxada e disse: "vá carpir". Imediatamente iniciei meu serviço. Foram umas seis enxadadas quando o vi vir novamente; apontou em outra direção e a orientação foi a mesma. O Senhor fez isso por umas três vezes; então acordei.

Quando Deus nos dá uma enxada e a usamos bem, Ele terá prazer em nos conceder mais ferramentas que nos auxiliem em nossas tarefas. Após a enxada, Ele nos dará uma lima para afiá-la, um rastelo para amontoar o que carpimos, um cesto para jogarmos o mato e algumas plantas para cultivo. Agora, se não usarmos a enxada, por que Deus nos daria uma lima?

Na parábola dos talentos, a um o Senhor deu cinco, a outro dois e a outro um, a cada um segundo a sua capacidade esperando que granjeassem outros talentos. Ao servo que não fez nada, foi lhe tirado o que tinha e dado ao que mais tinha trabalhado.

Para refletir:

Deus ainda tem muito para nos dar em Seu reino, mas estamos dispostos a sermos fiéis no que Ele já nos deu?

POR ELIEZER KOTESKI

DIA 46

PARE DE CONSUMIR

"Nisto é glorificado meu Pai, que deis muito fruto."
João 15:8

Temos um hábito incrível: de consumir! Vivemos em uma sociedade consumista! Consumo no shopping, consumo no mercado, consumo nas lojas, consumo em sites de compra, consumo de conteúdo em redes sociais. O problema é que nossa mentalidade está tanto em consumir, que acabamos por consumir naquilo não deveríamos! Entramos em relacionamentos só para consumir, o mesmo acontece na igreja, entramos em todo lugar com essa mentalidade de: "O que esse lugar ou essa pessoa tem para me oferecer?". E se aquele lugar ou pessoa não o satisfizer, você simplesmente sai ou rompe com o relacionamento! Misericórdia! Mas a realidade do cristão definitivamente não deve ser essa, mas sim de produzir, de dar frutos, de oferecer algo, e temos dentro de nós algo incrível para oferecer: CRISTO!

Cristo nos ensina a servir, a amar, a produzir frutos, a fazer coisas maiores do que Ele mesmo fez, e Ele não saiu por aí consumindo, pelo contrário, Ele ofereceu algo, Sua própria vida inclusive. Jesus é um produtor e não um consumidor.

E, se somos à imagem e semelhança dele, onde estamos com a cabeça, de que devemos apenas consumir?

- ☞ Vamos para o culto para ser a oferta, para ser o sacrifício;
- ☞ Que entremos em relacionamentos para doar, dar, amar, servir, e não o contrário;
- ☞ Que as pessoas a nossa volta consumam o Cristo e a verdade que habita em nós. Somos vasos de barro e há um tesouro dentro de nós;
- ☞ Chegou a hora de frutificar e não somente se alimentar;
- ☞ Vamos produzir ao invés de consumir!

Para refletir:

Para refletir: Quando se trata de frutos, temos apenas nos servido, ou servimos?

POR FERNANDO HENRIQUE DINIZ MIRANDA

52 | **Chamados para Fora**

PERDÃO:
UM ATO DE OBEDIÊNCIA

DIA 47

"...viu-o seu pai, e se moveu de íntima compaixão, e, correndo, lançou-se lhe ao pescoço, e o beijou." Lucas 15.20

A parábola do filho pródigo nos ensina uma valiosa lição, que também aprendemos em nossa caminhada com Deus: perdoar é conectar-se novamente. O filho pródigo saiu da casa do pai, e sim, o pai tinha vários motivos para não o receber novamente. Mas em vez disso, sua chegada foi comemorada como a de um filho que havia vencido uma batalha e estava sendo honrado ao voltar para casa.

Quando erramos e caímos durante nossa caminhada cristã, nosso Pai Celestial nos recebe de braços abertos, e a Palavra nos diz que há grande festa no Céu quando nos arrependemos, pois nosso relacionamento é restaurado por completo. Por que então nos recusamos a agir assim com alguém que nos ofende?

A convivência com quem nos ofendeu pode ser difícil, mas olhemos para nossa própria situação. Ofendemos ao Senhor todos os dias e, mesmo assim, Ele insiste em conviver conosco. Quando decidimos perdoar, é necessário ter em mente que o ofensor também é alvo do perdão e da graça de Deus, e nós devemos demonstrar o nosso amor ao Senhor obedecendo à Sua orientação de perdoar quem nos ofende.

Para refletir:

Você precisa perdoar alguém?

POR REBEKAH LAIS OLIVEIRA DA SILVA

DIA 48

POR QUE NÃO OLHAR PARA TRÁS?

"E Jesus lhe disse: Ninguém que lança mão do arado e olha para trás é apto para o Reino de Deus." Lucas 9.62

Nessa passagem de Lucas, olhar para trás é deixar de trabalhar para Deus ou ser descuidado enquanto faz isso, por considerar outras coisas mais urgentes. Jesus usa a metáfora do arado, então, vamos pensar um pouco sobre ela. Arar a terra é prepará-la para o plantio. Durante esse período de preparo, é feita a organização da terra, pode ser em grandes faixas, você já deve ter visto. Isso facilita a distribuição das sementes. Se você está arando e olha para trás, pode ser que fique torto e na hora de distribuir as sementes, elas se concentrem mais em determinadas regiões do que em outras.

Além da organização, arar a terra é também revirá-la, assim trazemos a porção mais profunda e rica em nutrientes para a superfície. Enquanto reviramos, também desfazemos fragmentos mais duros, "os torrões", onde não nasce nada, e retiramos as ervas daninhas. Mas se olharmos para trás, em vez de olhar para o que estamos fazendo, pode ser que deixemos passar torrões, raízes de plantas daninhas ou pode ser que a terra não fique rica o bastante. Entendeu o porquê de não se poder olhar para trás enquanto a terra é preparada?

A Palavra de Deus é uma semente e o coração das pessoas é a terra. A todo tempo, seu testemunho precisa ser como um arado, para que os corações das pessoas estejam receptivos a conhecer a Deus. É importante lembrar que a qualidade do seu serviço depende, antes, da prioridade do seu coração, para que nada seja mais urgente e o faça olhar para trás.

Para refletir:

Como está sua aptidão para o reino?

POR THAMIRES HADASSA

QUEM ME SEGUE, NUNCA ANDARÁ EM TREVAS

DIA 49

"... Eu sou a luz do mundo; quem me segue não andará em trevas, mas terá a luz da vida." João 8.12

Todos buscam ser um templo bonito, bem-acabado, mobiliário novo, estrutura nova, com material de última geração e da mais alta qualidade e agradável, principalmente. Porém, só é possível observar todos os seus utensílios quando há iluminação no templo. Somente a luz nos permite enxergar as qualidades ou benfeitorias de um templo novo ou transformado, bonito e agradável. Um templo escuro, sem luz, apresenta apenas incertezas, não se enxerga nada, e, além de ser totalmente desconfortável, traz temor.

Em certa oportunidade, Jesus nos disse: "Eu sou a luz do mundo; quem me segue, não andará em trevas; pelo contrário, terá a luz da vida" (Jo 8.12). Ele nos apresenta uma forma de sermos um templo com todas as qualidades mencionadas, onde a luz é totalmente indispensável, sendo Ele, o nosso norteador. Caso contrário, ainda que possamos ter tudo que há de melhor, sem luz, seremos um lugar totalmente desagradável e atemorizante.

A luz é prioridade, e desta forma, é preferível ser um templo "simples", mas, iluminado, do que um santuário repleto de "itens" luxuosos, porém, encobertos pela escuridão. Somente em Jesus podemos caminhar, por meio de Sua Palavra, que é a lâmpada que ilumina os nossos passos e luz que clareia nosso caminho (Sl 119.105)

Para refletir:

Por onde você tem andado, o que tem buscado e a quem tem seguido?

POR ELIEZER KOTESKI

DIA 50

QUAL A SUA RESPOSTA PARA DEUS?

"Disse, então, Maria: Eis aqui a serva do Senhor; cumpra-se em mim segundo a tua palavra. E o anjo ausentou-se dela." Lucas 1.38

Bom é receber um chamado de Deus, melhor ainda quando dizemos: "Eis me aqui Senhor; cumpra-se em mim o Teu querer!". Difícil é quando estamos passando pelo processo. Como uma gestação, onde ocorrem várias transformações durante o processo, crescimento e desenvolvimento, para que enfim, a criança seja gerada perfeita. Não há como pular etapas, o processo pode ser lento e doloroso, mas é necessário. Tudo tem o seu tempo, você precisa apenas crer, confiar e esperar, pois Deus não se prende aos nossos padrões. Ainda que para você seja improvável, tudo pareça impossível, não lhe resta outra coisa a não ser permanecer forte e suportar, porque vai valer a pena.

Maria talvez se sentisse incapaz, porém o Espírito desceria sobre ela. Você se acha incapaz? Saiba que o Espírito Santo o capacita. Onde vemos limitações, Deus vê capacidade. Quando Ele confia algo em nossas mãos, temos também que confiar que Ele é fiel para cumprir. Maria se entregou ao seu chamado. Sua resposta ao anjo nos mostra sua humildade, temor, obediência e confiança no Senhor. Será que reagiríamos do mesmo modo, nos entregaríamos renunciando nossa vida e atendendo ao chamado? Quando dizemos sim para Deus, tem início um processo em nós que começa pela entrega, muitas vezes requerendo renúncia, paciência, fé. Não dá para abortar o seu chamado, não desista na primeira adversidade, espere o seu tempo; passe pelo processo aprendendo e crescendo, tendo fé e confiança naquele que confiou em você e o chamou!

Para refletir:
Qual é a sua resposta para o chamado de Deus para a sua vida: confiança ou incredulidade?

POR ANDRESSA SANTOS

QUE SOM É ESSE?

DIA 51

"...chamou como das outras vezes: Samuel, Samuel. E disse Samuel: Fala, porque o teu servo ouve." 1 Samuel 3.10

Uma brincadeira de criança, que a maioria dos jovens vivenciou, foi o de identificar sons. Muito usado por educadores para mostrar sons diferentes, ou sons já ouvidos pela criança, justamente para avaliar a percepção dos sons que estão à sua volta. E quando o educador executa, ou coloca para tocar um som. Ele faz a seguinte pergunta: Que som é esse?

Samuel, apesar de estar em um meio propício para influenciá-lo, estava aprendendo a identificar o som da voz do Senhor, e o primeiro passo tomado foi não compactuar com as ações dos filhos de Eli (v.13). Em contrapartida, ele estava adquirindo conhecimento por estar próximo da presença do Senhor (v.19). E ao ler que a voz do Senhor veio até ele, ganha-se a percepção de que o Senhor fala no contexto em que estou inserido, pois, em meio a tantos sons, o Senhor está disposto a falar e a se sobressair em meio a outras vozes que nos rodeiam.

A história de Samuel demonstra uma dificuldade que muito dos jovens têm: em identificar a voz do Senhor. Para isso, deve-se ter conhecimento desse som, deve-se ter intimidade. Assim como uma criança que está identificando sons em uma brincadeira, o jovem da atualidade deve saber, em meio ao seu contexto, identificar a voz do Senhor.

Somos como Samuel, aprendendo a identificar a voz do Senhor no trabalho, na faculdade, na escola e na rua. O Senhor nos convida a ter mais intimidade e sensibilidade de perceber a Sua voz e ter a certeza do som que vem dele.

Para refletir:

Aproximemo-nos do Senhor para poder identificar a voz que vem dele.

POR ANDRÉ SILVA NETO

DIA 52

EU SOU LIVRE
EM CRISTO JESUS

"...o Senhor é Espírito; e onde está o Espírito do Senhor, aí há liberdade." 2 Coríntios 3.17

Muitas vezes se torna difícil deixar o passado para trás, principalmente quando há pessoas nos julgando pelos erros cometidos. Mas lembre-se de que, ao aceitar Jesus como Senhor e Salvador de sua vida, Ele perdoa todos os seus pecados, quebra todas as correntes malignas que o aprisionavam e o torna livre dos pecados e das opressões que o cercam. As coisas velhas ficaram para trás e tudo se fez novo. É exatamente como lemos em 1 Coríntios 7.22: "Porque o que é chamado pelo Senhor, sendo servo, é liberto do Senhor...".

Mas o que é estar livre em Cristo? É deixar o pecado e toda bagagem que outrora carregava no passado. É estar com o coração limpo e desejoso de seguir os caminhos preparados por Deus. É se firmar no Espírito Santo e não voltar a cometer os mesmos erros. É se perdoar e aceitar que Deus já o perdoou por tudo que você fez um dia. Parafraseando, é como a Bíblia nos diz em Gálatas 5.1: "estar livre e não se submeter novamente à escravidão do pecado e se firmar em Cristo".

A liberdade que mencionamos não é fazer o que bem entendemos, e sim uma liberdade Espiritual, uma liberdade da alma. É saber que você tem uma vida íntegra com Deus. O passado e o pecado não o definem e não o prendem mais, pois agora, você está livre do que o aprisionava.

Para refletir:

Você está livre em Cristo Jesus? Se não, o que está o impedindo de alcançar essa liberdade?

POR FRANCYELLE NASCIMENTO

REMOVENDO O VÉU

DIA 53

"Tendo, pois, irmãos, ousadia para entrar no Santuário, pelo sangue de Jesus." Hebreus 10.19

A Bíblia nos relata que uma vez ao ano o sumo sacerdote, fazendo papel de mediador entre Deus e os homens, adentrava ao Santo dos Santos para levar o pedido de perdão pelos pecados do povo. Aquele era um local restrito, separado do Lugar Santo por um véu, apenas o sumo sacerdote tinha permissão de entrar ali, pois aquele local representava a presença viva de Deus. Após a morte de Jesus, esse véu é rasgado e o acesso à presença de Deus é aberto (Hebreus 9.1-28).

Com o acesso à presença de Deus livre, e tendo Cristo como nosso mediador, não necessitamos mais de um Sumo Sacerdote para nos representar perante o Senhor, podemos chegar a Ele a qualquer momento pedindo perdão pelos nossos pecados sem temer a Sua ira. Em um dos seus escritos, A.W. Tozer nos faz uma pergunta interessante: "Com o véu removido pela dilaceração da carne de Jesus, sem nada do lado de Deus para nos impedir de entrar, por que nos demoramos a fazê-lo? Por que consentimos em suportar todos os nossos dias do lado de fora do Lugar Santíssimo e jamais entrar, absolutamente, para olharmos para Deus?".

Tozer continua seu texto nos dizendo que esse véu é a nossa natureza carnal caída que ainda vive e que basta apenas olharmos para dentro do nosso coração e o veremos, talvez esse véu seja algo pequeno, mal costurado, remendado, mas que está ali, presente, tão natural como se já fizesse parte de nosso organismo, nos impedindo assim de ter um relacionamento pleno com Deus.

Para refletir:

Qual é o véu que o separa da presença de Deus? Qual o véu que o impede hoje de adentrar no Lugar Santíssimo?

POR BEATRIZ MELO

DIA 54

FOME E SEDE DE DEUS

"Eu sou o pão da vida; aquele que vem a mim não terá fome; e quem crê em mim nunca terá sede." João 6.35

Jesus, depois de ter realizado o milagre multiplicando os pães e peixes e todos já estarem saciados, percebeu que aquelas pessoas queriam nomeá-lo como rei, por isso se afastou do povo. No dia seguinte, eles começaram a procurá-lo, e Jesus disse que eles só estavam à Sua procura por causa das bênçãos materiais, muitos então o deixaram. Jesus perguntou aos Seus discípulos: "...Quereis vós também retirar-vos? Respondeu-lhe, pois, Simão Pedro: Senhor, para quem iremos nós? Tu tens as palavras de vida eterna" (vv.67-68).

Quando entendemos que só Jesus sacia a nossa fome/sede espiritual, as coisas que o mundo oferece perdem o sabor, e você agora consegue focar somente nas coisas do Céu. A respeito das suas necessidades pessoais, você consegue entender e confiar que Ele proverá o que você precisa. Por isso, cabe a nós um esforço para buscar a Sua presença em todo tempo, esvaziarmo-nos de nós mesmos e nos enchermos da Sua presença.

Como discípulos de Jesus, temos que a cada dia ter a consciência de que Ele nos enche com um propósito. Ele nos enche para que vidas possam ser transformadas, seja por meio de uma oração, um abraço ou de um sorriso para alguém que precisa de uma palavra de esperança.

Para sermos cheios de Deus, é necessário viver com Ele uma caminhada honesta e sincera, em obediência e busca diárias por intermédio da oração e da leitura de Sua Palavra, buscando ter experiências com Deus; quanto mais dele, mais queremos. Lembrando que estamos aqui de passagem, cumprindo o propósito que Deus tem para cada um de nós.

Para refletir:

Seja cheio de Deus, a ponto de transbordar desse amor.

POR ISABELLA ALVES CUNHA CARVALHO

FORTALECIDOS EM TEMPO DE ANGÚSTIA

DIA 55

"O Senhor é bom, uma fortaleza no dia da angústia, e conhece os que confiam nele." Naum 1.7

O povo de Israel passou por vários momentos críticos em sua jornada. Já sem forças e sendo oprimido por Nínive, Deus levanta o profeta Naum para anunciar o fim da opressão e, lembrar a Judá da bondade do Senhor (Na 1.7).

No cenário atual passamos por tempos em que a angústia tem batido na porta de muitos. Seja ela a falta de emprego ou mesmo a própria pandemia e, às vezes até mesmo a perda de um ente querido. A realidade é que isso tem se refletido em nossa vida direta e indiretamente, gerando em nós um sentimento de incapacidade, esgotando nossas forças ao tentarmos encontrar solução para tudo. E quando não conseguimos, nos frustramos dando lugar à angústia, tristeza, ansiedade, aflição e aquele aperto profundo no coração. Ficamos sem rumo e não sabemos o que fazer ou mesmo a quem recorrer, pois nem todos entendem o que passamos e a dor que sentimos.

Para Israel aquele momento parecia interminável, assim como é para nós os momentos mais difíceis. No entanto, a angústia estava terminando, pois, a tempestade sempre tem um fim e, com isso vem a calmaria.

Confiar no Senhor é a solução. Confiar é acreditar, e de fato entregar todas as nossas necessidades e tudo aquilo que nos amedronta, tendo a certeza de que o Senhor lutará por nós. Quando um filho busca ajuda do pai, ele quer segurança, abrigo, proteção, refúgio, e sabe que vai encontrar. Fique tranquilo, a calmaria virá e a angústia cessará!

Para refletir:

Se você está sem forças e parece que o momento ruim nunca termina, confiar no Senhor é a solução.

POR EMICHEL KINAKI

DIA 56

FRACO OU FORTE, A ESCOLHA É SUA!

"Se te mostrares frouxo no dia da angústia, a tua força será pequena." Provérbios 24.10

O livro de Provérbios nos ensina muitas coisas importantes e que podem ser aplicadas em nossa vida diariamente. Existe uma riqueza em conhecimento e sabedoria escritas pelo rei Salomão. Uma verdadeira dádiva que Deus deu a esse homem que, com muita inteligência e habilidade, escreveu mais de 3000 provérbios, cerca de 1005 cânticos e mais dois livros bíblicos: Eclesiastes e Cântico dos Cânticos. Não houve antes, nem no período de sua existência e nem haverá homem tão sábio e rico como ele. Não é para qualquer um, uma responsabilidade e tanto.

A bússola do cristão é a Palavra de Deus, é nela que encontramos esperança e alívio para nossa alma. Todo dilema, dúvidas e temas que você precise ou procure, na Bíblia Sagrada encontrará a resposta. Vivemos tempos difíceis, dias trabalhosos, muitas vezes atarefados, ansiosos, tristes e até mesmo confusos e um tanto perdidos. É tanta coisa para pensar, para resolver, mas estamos a um passo da solução quando expomos tudo em oração e na leitura do nosso manual de regras, de conduta e de fé. Nem sempre lemos e recebemos a instrução que queremos, mas a porção da Palavra que nos é necessária.

A palavra de ordem hoje é força. É dela que você precisa tanto? Foi difícil até para se levantar da sua cama, se sente fraco espiritualmente, o corpo estava cansado demais, o desânimo parece do tamanho do mundo ou o desgosto é tão grande que a desesperança e a tristeza pareciam te consumir? Então, receba a motivação vinda do Espírito Santo! Aí mesmo onde você está leve seu pensamento a Deus, e peça ao Pai que lhe dê força, ânimo, disposição, alegria e gratidão! Mais um dia de vida Ele lhe concedeu, mais oportunidade de fazer e ser melhor por e para Ele! Receba renovo, fortalecimento! Sorria! Sua força está no Senhor! Ele o ama e a sua história não acaba aqui!!

Para refletir:

Avance, prossiga! E quando o cansaço for tão grande, se apoie em Deus, e suas forças se renovarão! (Is 40.28-31)

POR GIZELE CAMARGOS

FUNDAMENTO DURADOURO

DIA 57

"Como a tempestade, assim passa o ímpio, mas o justo tem perpétuo fundamento." Provérbios 10.25

Havia uma igreja com muitos membros que recebeu um novo pastor. Esse pastor, animado com a quantidade de pessoas que frequentava o lugar, resolveu construir mais dois andares no prédio da assembleia. Ao pesquisar como fariam essa mudança, descobriu-se que o primeiro pastor, que fundou aquela igreja, decidiu erguer a congregação em um alicerce que suportaria até 5 andares de construção, mesmo que na época a quantidade de membros e recursos fosse muito menor.

Assim como o primeiro pastor, devemos ser visionários ao construir nossos fundamentos. Jesus disse que aqueles que têm Suas palavras e as praticam constroem em alicerce adequado e são capazes de resistir às tempestades, ou seja, às dificuldades, quando elas vierem.

Conhecer e obedecer a Jesus pensando apenas no presente pode parecer bobagem, mas as escolhas certas que fazemos agora nos trarão paz e segurança ao crescermos no futuro. Não nos preocuparemos com tempestades, pois os justos constroem um fundamento para durar longos anos.

Para refletir:

Eu estou tomando atitudes baseadas na Palavra de Deus? Onde estou fundamentando minha vida?

POR EMANOELY KETELIN DOS SANTOS

DIA 58

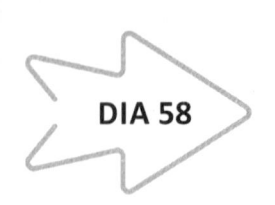

HOMEM: PROBLEMAS; JESUS: SOLUÇÃO

"Vede, isto tão somente achei: que Deus fez ao homem reto, mas ele buscou muitas invenções." Eclesiastes 7.29

Em outras traduções da Bíblia, a palavra *invenções* é substituída por intrigas, astúcias e complicações. Vale também observar que do livro de Gênesis até o de Apocalipse não encontramos a palavra "problema". É interessante que este versículo e os que estão no livro de 2 Timóteo 3.1- 4 apontam para a raiz dos problemas (conflitos). Outra análise importante é o significado da palavra problema definida pela Academia Brasileira de Letras da seguinte forma: "situação difícil quer requer uma solução"; no entanto a origem etimológica da mesma significa "lançar-se à frente" vinda da expressão grega *próbállein* (*pró*: diante, a frente e *bállein*: pôr, colocar, lançar).

Tendo tudo isso em mente podemos afirmar que Aquele que criou o homem à Sua imagem e semelhança e o inspirou a escrever as Sagradas Escrituras, dando a ele a inteligência e a capacidade de raciocínio, também lhe deu a liberdade para fazer suas próprias escolhas, mas não o livra de sofrer as consequências. E como resultado do pecado, da desobediência e do maltrato ao próximo o ser humano vive em grandes dificuldades, muitos dilemas e situações complicadas.

No entanto, acalme-se e se anime! Nem tudo está perdido! Embora o Criador não tenha nos colocado no dia da adversidade, mas permitido que o vivamos, Ele é especialista em resolver causas difíceis e até impossíveis.

O que é demasiadamente difícil para você? Qual é o milagre que tanto espera? Em qual problema você se colocou, e não consegue ver a saída? Jesus, o Filho de Deus, é a solução e resposta para tudo. Sem Ele, nada podemos fazer. Ele é a verdade e a vida. Ele já venceu por nós, já triunfou sobre a morte e já levou sobre Seus ombros todas as nossas dores, enfermidades e sofrimento. Se você ainda não o aceitou, confesse-o agora como seu único, exclusivo e eterno Salvador. Se já o fez, entregue tudo em Suas mãos, peça estratégia e sabedoria para tomar as decisões assertivas a partir de agora. Ele pode lhe dar uma segunda chance, um novo recomeço e a oportunidade de construir uma nova história.

Para refletir:

O Deus do impossível não desistiu de você, persevere (Lucas 18.18-30)!

POR GIZELE CAMARGOS

JESUS DESEJA SE RELACIONAR COM VOCÊ

DIA 59

"E disseram-lhe eles: Mulher, por que choras? Ela lhes disse: Porque levaram o meu Senhor..." João 20.13

Nesta passagem, o Senhor Jesus fala com Maria ao ver que ela estava no sepulcro chorando porque haviam levado o corpo de Jesus. Primeiramente foram os anjos que perguntaram para Maria, mas logo depois o próprio Senhor Jesus lhe fez a mesma pergunta. Porém, somente quando Jesus chamou Maria pelo nome, ela reconheceu a voz do Mestre.

Em um momento de tristeza, Jesus veio ao meu encontro e falou diretamente comigo, pedindo para eu abrir a Bíblia e me deu essa passagem: "Mulher, por que choras?". Algumas vezes parece que a dor que sentimos nunca vai acabar, choramos em secreto para ninguém saber da nossa angústia. Apesar de o Senhor conhecer as nossas necessidades e as nossas fragilidades, Ele tem batalhado por nós e nos mostra a todo instante que não estamos sozinhos.

Assim como Maria conseguiu perceber a presença de Jesus, que Ele estava vivo, você também pode sentir, pois Ele ressuscitou, Sua presença é real, nos envolve, nos acalma. Ele nos deixou a paz que excede todo o entendimento, carregou na cruz todas as nossas angústias, ansiedades e medos.

O desejo do Senhor é se relacionar conosco, só precisamos abrir o coração para o Mestre entrar e ser o nosso amigo. Assim, você perceberá que não está sozinho nesta jornada e tem alguém que se importa com você e o ama infinitamente. Que a cada dia você possa se aproximar mais de Jesus, sentindo a Sua paz, sendo revestido de força e coragem para continuar essa jornada.

Para refletir:

Como é sentir a presença do Senhor Jesus em meio à tribulação?

POR NAYARA ROQUE COSTA

DIA 60

JESUS, O RESGATADOR

"Agora, pois, minha filha, não temas; tudo quanto disseste te farei, pois toda a cidade do meu povo sabe que és mulher virtuosa." Rute 3.11

Rute era a mais jovem amiga de Noemi. Um exemplo a ser seguido. Mulher leal, fiel, disposta, esforçada e companheira. Mulher que nas suas atitudes nos ensina grandes lições, tal como a importância da perseverança, submissão e obediência. Pois é, enquanto o mundo estimula intriga entre o relacionamento de nora e sogra, essas mulheres nos mostram como Deus pode alcançar uma estrangeira e ter todo o seu amor, respeito e devoção a Ele, e isso só foi possível quando uma idosa se dispôs a amar e ensinar a quem se deve temer e prestar culto.

Enquanto alguns fogem dos problemas e buscam atalhos, ali permaneceu aquela moabita, firme e forte, perseverando lado a lado e suportando a dor do luto, da fome, os tempos de crise, a vergonha e a humilhação. Vivendo um dia de cada vez, foram elas para Belém, a Casa do Pão em hebraico, e estando ali trabalhou. Por todos ficou conhecida e a sua boa reputação chegou aos ouvidos certos e, no momento oportuno, Deus mudou a história delas, devolveu-lhes a dignidade e as encheu de bênçãos e honra por intermédio de um resgatador, Boás.

Na sua vida não será diferente! Se tão somente entrar pelo caminho da humildade e da obediência, Aquele que é especialista em fazer o impossível e o sobrenatural acontecer abrirá as portas e trará resgate que alcançará você e a sua descendência.

Para refletir:

Jesus é o seu Salvador, nele você pode confiar! Deposite a sua fé e esperança no Cristo, e novo tempo para a sua vida Ele fará!

POR GIZELE CAMARGOS

JESUS AMA VOCÊ!

DIA 61

"Pode uma mulher esquecer-se tanto do filho que cria... eu, todavia, me não esquecerei de ti." Isaías 49.15

Pensando e relembrando sobre meu passado, me deparei com uma lembrança triste e de abandono. É difícil quando se é órfã de pais vivos e tão próximos. Houve momentos em que as dores do desprezo e da solidão eram tantas que pareciam não se findar. Eu, uma jovem abandonada pelo pai da primeira filha, negligenciada pelo "ex-marido" e totalmente anulada pela família, de repente me via no fundo do poço.

Quando não temos um bom referencial de Deus na Terra e não podemos contar com o amor, a compreensão, os conselhos e apoio da parentela, fica bem difícil acreditar que um ser superior impute sobre nós outra coisa que não seja castigo e dor. Por muitos anos, eu acreditava num Deus tão distante e cruel que tinha prazer em me punir e satisfação em me fazer sofrer. Cansaço, desânimo, desesperança e a sensação de indignidade era tudo que sentia, tudo isso entrelaçado numa gigantesca depressão e um vasto desgosto a ponto de matar os meus sonhos...

Como transmitir amor para as filhas sem nem saber o que era um abraço, ou nunca ter ouvido um "Eu te amo"? Como instruir a alguém sem ter equilíbrio emocional, estrutura psicológica e cheia de feridas na alma? Difícil, não é? Mas não impossível para o doutor e amigo Jesus Cristo, pois não há nada que Ele não possa resolver! Em Cristo e somente nele encontrei a salvação, a libertação, a cura para meu corpo, alma e espírito. Além disso tudo, encontrei em Deus um Pai provedor e a mãe amorosa, otimista e incentivadora que eu buscava. E isso me despertou para ser tal mãe. Jesus mudou para sempre minha história, e tenho certeza de que na sua vida não será diferente porque Jesus o ama, jamais o esqueceu e nunca, nunca o abandonará. Em Cristo, você pode esperar e confiar.

Para refletir:

O Deus do impossível não desistiu de você.
A Sua destra o sustentará!

POR GIZELE CAMARGOS

DIA 62 — MANTENDO O MESMO ESTILO

Deus é Espírito, e importa que os que o adoram o adorem em espírito e em verdade." João 4:24

À nossa volta existe sempre um estilo de moda que predomina. No meio feminino, um estilo, no masculino, outro estilo. Mas o que se nota é a superficialidade de uma moda passageira e inconstante, que dependendo do ambiente e do ano se você mantiver o mesmo estilo, será visto como careta, ou simplesmente desatualizado. Contudo, a adoração é um estilo que deve ser mantido.

Neste contexto, Jesus está a falar com uma mulher. Ela, no primeiro contato, não reconhece quem estava a pedir água para beber (v.10). Ela não estava no Templo de Jerusalém, estava em um meio cotidiano daquele local. Estava próxima a um monte, que possivelmente servia de adoração (v.20). Porém, Jesus mostra um estilo diferente da adoração para aquela mulher, onde o Templo e outros locais específicos se tornariam apenas superficiais, evidenciando que adorar em Espírito e em verdade é diferente de costumes.

Nessa história, Jesus revela um marco diferente no estilo de adoração. E o estilo que Ele ensinou serve para nós nos tempos de hoje. E devemos procurar manter esse estilo. Deve-se buscar essa adoração em vários contextos em que estamos inseridos: no trabalho, faculdade, colégio. Sendo o meu estilo o de um cristão e servo de Jesus. Esse estilo concretizado pelas atitudes e ações poderá fazer cada ser humano andar como Ele andou.

Olhe como está a sua adoração e leve-a como seu estilo de vida, sendo constante, demonstrando um coração cheio de gratidão.

Para refletir:

A adoração é um estilo de vida que não pode ser deixado de lado como uma moda ultrapassada.

POR ANDRÉ SILVA NETO

JESUS, UM HOMEM DE ORAÇÃO

DIA 63

"E, levantando-se de manhã, muito cedo, fazendo ainda escuro, saiu, e foi para um lugar deserto, e ali orava." Marcos 1.35

Já li o livro "Heróis da fé" (CPAD, 1996) e tantas outras biografias de homens que passavam horas e horas em oração. Já busquei referência em vários desses homens, inclusive em até não cristãos que tinham uma vida exemplar de disciplina em acordar cedo e agradecer a Deus. Mas sem dúvida, nossa maior referência é, e deve ser Jesus. Ele sendo o Cristo, filho do Deus vivo, jamais negligenciou Seu papel na oração. Ele tinha prazer em orar e gastava horas falando com o Pai.

Sem dúvidas, homens de oração nos inspiram e nos motivam a buscar ao Senhor. Porém devemos entender que todos eles são fruto da oração de Jesus. Que eles, assim como Cristo, permaneciam no lugar secreto, orando incessantemente, fazendo desse momento o primeiro e mais importante.

Os discípulos conviveram com Jesus e presenciaram Cristo se derramar várias vezes em oração. Talvez esse fato tenha feito que eles avaliassem sua vida de devoção, a ponto de um dia pedir ao Senhor: Ensina-nos a orar! Que esse possa ser nosso desejo, orar incessantemente. Assim como Cristo orava.

Para refletir:

Você está satisfeito com sua vida de oração?

POR JADER GALHARDO DIAS

DIA 64

MINHA PETIÇÃO

"Pedis e não recebeis, porque pedis mal..."
Tiago 4.3

Jesus disse: "Se vós estiverdes em mim, e as minhas palavras estiverem em vós, pedireis tudo o que quiserdes, e vos será feito" (Jo 15.7). Mas então por que pedimos e não recebemos? Antes de tudo, devemos lembrar que Deus não nos dá tudo o que pedimos, porque nem tudo que pedimos o glorificará. Ele nos conhece melhor que nós mesmos.

Muitas vezes, podemos aparentar ter uma boa justificativa para as coisas que pedimos a Deus, porém pare para refletir, qual a real intenção das coisas que você pede? Oração não deve ser um ato de necessidade e feita somente quando você precisa, ela deve ser um ato de intimidade com Deus porque você valoriza o seu relacionamento com Ele. Quando entendemos isso, nossas orações não serão feitas apenas para nossos próprios deleites, não serão orações egoístas, individualistas.

Paulo nos lembra que devemos orar em todo tempo, em todas as situações, em todas as ocasiões e em todas as circunstâncias. Antes de apenas pedir, comece rendendo-lhe graças pelo que Ele tem feito por você, sua vida, pelas coisas que Ele ainda não lhe concedeu, mas que você tem certeza que, no momento exato, Ele concederá. As ações de graça são como a sala de entrada, uma proclamação de todas as bênçãos que você recebeu. Não devemos dar mais importância em pedir, o principal é agradecer. Pratique e desenvolva a gratidão em sua vida, algumas portas só se abrem através da gratidão.

Para refletir:

Em vez de pedir, durante os próximos dias vamos apenas render graças ao nosso Pai?

POR HENRY WILLIAN NUNES BATISTA

A MISERICÓRDIA

DIA 65

"As misericórdias do SENHOR são a causa de não sermos consumidos; porque as suas misericórdias não têm fim."
Lamentações de Jeremias 3.22

Em uma breve pesquisa sobre misericórdia encontrei que a sua Etimologia, vem de duas palavras em latim: *miseratio* (miséria) + *cordis* (coração). Compreendendo literalmente misericórdia como "coração que se debruça sobre a miséria humana" ou "coração compadecido".

Olhando através de uma Bíblia e de um dicionário, vemos o que significa misericórdia e entendemos que Deus não só tem misericórdia, como também elas se renovam todos os dias v.23). Então não fique triste por qualquer coisa; seja o que for, quem sabe você fez algo e pensa que desagradou a Deus e acha que está tudo acabado. Mas Deus, em Sua misericórdia, conhece nossa miséria humana, Ele sabe que somos pecadores. Um sinal dessa misericórdia é esse Devocional ter chegado às suas mãos para o ajudar e fortalecer.

Não somos merecedores, porém Ele tem feito o melhor para você, para sua vida, para sua casa, para sua família. Então agradeça a Deus e desfrute desta misericórdia; aproveite a oportunidade, Ele lhe deu uma nova chance, corra para conhecê-lo, aceite-o como o único e suficiente Salvador da sua vida. Busque-o, mostre a Deus que Ele pode contar com você, ainda a muito a se fazer por meio da sua vida. Pessoas estão esperando por uma palavra sua a ainda há muitos que se encontram perdidos, que ainda estão presos em suas próprias mentes, achando que o erro que cometeram não tem perdão. Ensine-lhes que existe sim perdão, que Jesus morreu em uma cruz para perdoar nossos pecados, para salvar a minha e a sua vida.

Para refletir:

Deus nos perdoa porque tem misericórdia de nós, e essa misericórdia se renova todas as manhãs!

POR ELIAS BISPO

DIA 66

NA TRINCHEIRA

"Não me escolhestes vós a mim, mas eu vos escolhi a vós, e vos nomeei, para que vades e deis fruto..." João 15.16

Durante a guerra, soldados eram entrincheirados a fim de escapar dos ataques inimigos. Além de protegê-los contra os tiros diretos do adversário, também impedia que pudessem ser observados, mantendo o "elemento surpresa" do que havia ali.

Ernest Hemingway disse certa vez "Quem estará na trincheira ao seu lado? E isso importa? Mais do que a própria guerra". Era importantíssimo que seu companheiro fosse de confiança, afinal, quem manteria guarda enquanto o outro descansasse? Ou até mesmo, em caso de ataque, o seu companheiro abandonasse seu posto e o deixasse à mercê dos inimigos?

Cristo escolheu pessoalmente cada discípulo, para que eles continuassem o Seu legado e aprendessem com ele. E assim como Cristo, devemos saber bem com quem dividimos nossas trincheiras. Devemos saber com quem podemos contar nos momentos de incertezas e ataques. Precisamos ser seletivos em nossas companhias.

Mas, além fazermos boas escolhas, devemos ser como Cristo, sendo exemplos. Sendo o tipo de irmão de guerra que gostaríamos de ter ao lado. Um soldado que vigia enquanto o companheiro descansa, que avisa sobre o ataque inimigo, que não recua e mantém sua posição. E, se preciso for, carrega seu companheiro nos ombros.

Para refletir:

Que possamos ser como Cristo, selecionando bons companheiros e sendo o melhor companheiro possível.

POR ROBSON EDUARDO DA CRUZ

NÃO LIMITE SEUS SONHOS

DIA 67

"E eu, diz o Senhor, serei para ela um muro de fogo em redor e eu mesmo serei, no meio dela, a sua glória." Zacarias 2.5

Quando o povo judeu estava retornando para Jerusalém, após serem levados cativos para a Babilônia, se levantaram vários profetas para entregar as mensagens de Deus para o povo, entre eles o profeta Zacarias. Ele teve oito visões, enviadas por Deus, para proclamar aos judeus, enquanto também reconstruíam o templo. Na terceira visão, Zacarias viu um homem com uma fita de medir indo aferir Jerusalém, para saber a sua área, logo apareceu um anjo que o impedia, pois Jerusalém não teria muros (Zacarias 2.1-4). E o Senhor fala que Ele próprio seria o muro de fogo em redor de Jerusalém.

Deus amava e cuidava do Seu povo, os protegia como menina dos seus olhos (Zacarias 2.8). Assim como Deus amava Jerusalém naqueles dias registrados no livro, Ele também nos ama.

E como o homem na visão que queria colocar um limite territorial para a cidade, aparecem muitos no nosso caminho querendo posicionar a linha de até onde podemos chegar. Às vezes, nós mesmos delimitamos nossos sonhos, achando que não somos capazes de crescer ou chegar até em determinado lugar. Contudo, da mesma forma que Deus interferiu na medição de Jerusalém e determina que Ele seria a fronteira com muro de fogo, para nós Deus também é o único limite que devemos ter dos nossos sonhos.

Para refletir:

Até onde você pode chegar com seus sonhos?

POR JULIANA PARDINHO DOS SANTOS

DIA 68

NÃO DESISTA!

"...a oração ao Deus da minha vida."
Salmo 42.8

Há não muito tempo, tive diversos problemas com ansiedade e depressão. Houve momentos que até pensei em deixar de existir, já que eu sempre fui "invisível mesmo" não faria diferença (é o que eu pensava). Certa noite, eu parei e fiquei pensando em tudo o que já aconteceu, e me deu crise de ansiedade, não conseguia respirar direito e só chorava. Sabe quando há uma dor imensa em seu peito que o consome todas as noites? Se sim, você deve me entender.

Com tudo o que eu estava passando, não parei para analisar o que acontecia ao meu redor. Eu tinha tanto minha vida secular quanto trabalhos na igreja, casa e afins, que não compreendia do "para que" do rumo das coisas. Sempre acreditei que estar com Cristo e fazer a Sua obra tornaria minha vida mais "tranquila". Porém tudo o que acontecia era o contrário, mas eu não entendia. Eu só não tinha notado uma coisa crucial que minha mãe sempre enfatiza: "temos que ter uma vida de oração". Eram tantas coisas, que eu não estava mais orando como de costume. Na noite que eu mencionei, percebi o real valor da oração, porque, mesmo com tudo aquilo acontecendo, quando orei fui sentindo a calmaria que o Senhor estava me trazendo.

Jamais deixe de orar. Foi isso que aprendi: que a oração é algo crucial. Sei que o mesmo Deus que me ama e me livrou da morte, o ama e o quer bem pertinho dele, principalmente nos momentos difíceis.

Para refletir:

Você tem conversado com o Senhor?

POR LETICIA LUCIO DE AZEVEDO

NÃO PARE!

DIA 69

"Mas aquele que perseverar até ao fim será salvo."
Mateus 24.13

Não pare quando amigos abandonarem o caminho, mas também não pare quando eles estiverem mais próximos do que nunca de você. Não pare quando sentir-se deslocado, mas também não pare quando se sentir bem, fazendo parte ou totalmente integrado.

Não pare quando pessoas que você ama o traírem, mas também não pare quando eles o abraçarem. Não pare quando o perseguirem, mas também não pare quando o ajudarem. Não pare quando o caluniarem, mas também não pare quando o elogiarem.

Não pare quando, pela frente, o cumprimentarem e pelas costas o denunciarem, mas também não pare quando o honrarem. Não pare quando não quiserem lhe ouvir, mas também não pare quando lhe derem a oportunidade de falar.

Não pare quando ninguém enxergar o que você já viu, mas também não pare quando comprarem a visão que Deus lhe revelou. Não pare quando a doença chegar, mas também não pare quando for curado.

Não pare quando pecar, mas também não se ensoberbeça quando pela graça vencer o pecado. Não pare na dor, mas também não pare na alegria. Não pare de orar, de buscar, no primeiro livro lido, na primeira leitura da Bíblia inteira. Não pare!

Muitos pensam que o grande desafio é não parar somente quando algo não sai do jeito planejado, porém, há um outro desafio igualmente importante: não parar quando as coisas vão bem. A ordem do Senhor é: prossiga para o alvo! Nada aqui nesta Terra, seja bom ou ruim, deve fazer com que paremos (Fp 3.13).

Para refletir:

Tem certeza de que é a hora de parar?

POR FERNANDO HENRIQUE DINIZ MIRANDA

DIA 70

OS NOSSOS FARDOS E A PAZ DE DEUS

"Vinde a mim, todos os que estais cansados e oprimidos, e eu vos aliviarei." Mateus 11.28

O amor de Deus por nós é tão intenso, que o Senhor se oferece para tirar de nós o fardo pesado e o colocar sobre os Seus ombros e, em troca, Ele nos oferece a paz. Que troca extraordinária!

Se você se dispuser a alinhar a sua vontade e pensamentos à Sua Palavra, Deus lhe oferecerá a Sua paz em troca do medo, angústia e incertezas. Quando alinhados com o Senhor, começamos a trilhar por um novo e vivo caminho, pensado e planejado em detalhes pelo próprio Deus. Assim deixamos de carregar o fardo de caminharmos por vias desconhecidas e somos conduzidos pelo Espírito Santo por trajetos de paz.

Todos já andamos por caminhos de angústias e incertezas, já estivemos diante de metas que pareciam inatingíveis, centenas de prazos para cumprir, livros para ler, cursos, faculdades, teses... Quanta coisa! O mundo diz que você só terá paz quando tiver concluído a faculdade, tiver o melhor emprego e o melhor casamento; em síntese, a melhor posição na sociedade. Que carga pesada nos é imposta!

Mas a vida proposta por Deus é diferente de tudo o que o mundo impõe. O Senhor propõe que paremos de lutar com as nossas próprias forças e nos libertemos de todo estresse e pressão. O Senhor nos convida a lançar sobre Ele toda a nossa ansiedade (1Pe 5.7). Decida hoje abandonar o caminho de medo e incertezas que você trilhou até aqui e viva o que Deus propõe para a sua vida, só assim você encontrará o descanso para a sua alma.

Sob inspiração divina, o pastor Paulo Leivas Macalão declamou em uma das suas belas canções: "Vem, vem a Mim e descansarás. Toma o Meu Jugo e te guiarei. Sou humilde manso, dou-te minha paz. Ó vem, hoje mesmo, e te salvarei."

Para refletir:

Em que área da sua vida você precisa descansar? Troque o seu fardo pela gloriosa paz que só o Senhor pode dar.

POR EVERTON RODRIGUES

NUNCA ESTAMOS SOZINHOS

DIA 71

"Quando passares pelas águas, estarei contigo..."
Isaías 43.2

Nós encontramos no livro de Daniel, a história de três jovens chamados Sadraque, Mesaque e Abede-Nego, que foram escolhidos para servir ao palácio real no reino de Nabucodonosor.

Certo dia, Nabucodonosor criou uma estátua de ouro de si mesmo e ordenou que todos em seu reino se curvassem diante dela e a adorassem. A penalidade por desrespeitar a ordem do rei era a morte. Assim, todas as pessoas obedientemente se curvaram diante desta estátua, com exceção de Sadraque, Mesaque e Abede-Nego porque eles eram tementes e obedientes ao Deus verdadeiro.

O rei chamou-os à sua presença e deu-lhes mais uma chance para se curvarem, mas eles lhe disseram: "Eis que o nosso Deus, a quem nós servimos, é que nos pode livrar; ele nos livrará do forno de fogo ardente e da tua mão, ó rei" (Dn 3.17). Assim Sadraque, Mesaque e Abede-Nego foram amarrados e lançados na fornalha, aquecida sete vezes mais quente do que o habitual, como ordenado pelo rei Nabucodonosor. Mas enquanto o rei olhava, ele via não três, mas quatro homens na fornalha. Era Jesus que estava com eles no meio do fogo.

Do mesmo modo como aqueles jovens foram libertos e livres daquela fornalha, assim também Jesus está conosco, em todos os momentos, quando enfrentamos desafios, dificuldades, no tempo da luta e da vitória.

Eu não sei a situação que você está vivendo, mas confie em Jesus, Ele está no controle e nunca o deixa sozinho. Ele sempre está com você.

Para refletir:

**Deus está conosco, até a consumação dos séculos.
Isso é promessa!**

POR ISABELLA CARVALHO

DIA 72
O AMOR É O MAIOR MANDAMENTO

"Agora, pois, permanecem a fé, a esperança e o amor, estes três; mas o maior destes é o amor." 1 Coríntios 13.13

Como demostrar o amor que você sente por alguém? Às vezes alguém o ama tanto, mas não consegue demostrar isso com palavras ou com ações. A maior prova de amor que nós temos é o amor de Deus para a nossa vida, pois Ele entregou o Seu único Filho para morrer na cruz pelos nossos pecados, para nos salvar de todo e qualquer tipo de condenação, nos dando a salvação e a vida eterna.

Jesus ensina que o maior mandamento é amar a Deus acima de todas as coisas, e o segundo é amar o próximo como a si mesmo. Só que a mágoa acaba rompendo o relacionamento entre algumas pessoas. A fórmula mais eficaz para quebrar esse sentimento é o amor, e em Jesus conseguimos manifestar esse amor.

Apesar das diferenças, Jesus rompe todas as barreiras de inimizade, de intriga e de confusão que possam impedir você de amar o seu próximo. Em 1 Coríntios diz que o amor "tudo sofre, tudo crê, tudo espera, tudo suporta" (13.7).

Não deixe o passado e a falta de perdão afastarem você de alguém. Faça uma escolha, esqueça das coisas que ficaram para trás, olhe para frente. Aproveite a oportunidade que Jesus vai lhe dar para se reconciliar com alguém. Ame o próximo como a si mesmo e você vai descobrir em Jesus o verdadeiro significado do amor.

Para refletir: Simplesmente ame.

POR NAYARA ROQUE COSTA

A HISTÓRIA NUNCA FOI SOBRE NÓS

DIA 73

"...Deus, o qual vivifica os mortos, e chama as coisas que não são como se já fossem." Romanos 4.17

Israel e Lia, conhece esse casal? E Jacó e Rebeca, conhece? Antes de falar deles, quero falar de Romanos 4.17. Nesse texto, o apóstolo Paulo fala que Abraão foi aceito por Deus simplesmente por sua fé no Deus cujo poder faz o que não existe, passar a existir. Isso me lembra do caminho até Canaã. Em Gênesis 35, Deus pede ao neto de Abraão, Jacó, que ele deixe a casa de seu sogro, em Harã, volte a Betel e depois à sua terra, Canaã. Além dos filhos, servos, animais e pertences, nesta viagem, partem, é claro, Jacó e suas duas esposas, Raquel e Lia.

No meio do caminho, Jacó ganha outra identidade — Israel — e Raquel morre. Só chegam ao destino Israel e Lia. No começo da história, na cabeça de Jacó só existia ele e Raquel. Lia parecia ser a intrusa, mas era ela quem carregava a promessa desde o começo. O Messias seria descendente dela e, na verdade, essa é a única história que importava.

Sei que é difícil de entender, mas quando aceitamos a Jesus, Ele é a única história que importa. Podemos sair e nunca chegar, desde que Ele chegue. Entender que não é sobre nós, por vezes, é crer mesmo carregando as mesmas dores que Rebeca sofreu. A dor de ser infértil, de criar expectativas e sangrar. A dor de ser enterrada no meio do caminho dos outros e não chegar aonde o coração deseja. A dor de não ver os "filhos" crescerem, de plantar e não desfrutar dos frutos. Ainda assim, nosso coração se alegra, por saber que Deus é fiel e o que for promessa sempre se cumprirá afinal.

Para refletir:

Já parou para pensar que nunca foi sobre você?

POR THAMIRES HADASSA

DIA 74

O EXEMPLO DE DAVI

"...e tanto pelejaram contra os filisteus, que Davi se cansou." 2 Samuel 21.15

Davi matou o gigante Golias, coisa que nenhum soldado e nem o próprio rei foram capazes de fazer. Enquanto todos tiveram medo, nosso pequeno herói se encorajou e, com uma pedra, foi capaz de derrubar o temível gigante e com sua espada matá-lo. Davi rompeu a barreira do medo e mostrou para todo exército, bem como para Israel que, com Deus, não devemos temer gigantes.

Anos mais tarde, Davi, já velho, vai ao campo de batalha, pois o exército filisteu, com novos gigantes, estava atacando Israel. O pequeno rei Davi já não tinha mais a mesma força e o mesmo vigor, e a dúvida era: quem derrotaria esse inimigo?

Abisai, tomado pela mesma força que Davi teve ao enfrentar Golias, derrota o novo gigante. O mesmo ocorre com Elanã, que venceu outro gigante e assim, durante mais outras duas vezes. Dos versos 16 ao 22 de 2 Samuel 21, os soldados vencem os gigantes.

Entenda algo: o exemplo rompe barreiras. Antes de Davi, Israel tinha medo de enfrentar gigantes, depois de Davi a barreira do medo é vencida, e agora o exército não tem mais medo.

Não importa o tamanho do seu gigante, se você está de pé hoje, enfrente-o. Homens e mulheres de Deus já enfrentaram gigantes piores e com menos recursos que você. Não desista de lutar, talvez esse gigante que você está enfrentando fará com que sua família e as pessoas próximas a você rompam a barreira do medo e enfrentem os gigantes da vida.

Talvez será por meio do seu exemplo que seus familiares e amigos conquistarão vitórias!

Para refletir:

Qual tem sido sua atitude diante dos gigantes da vida?

POR JADER GALHARDO DIAS

NÃO TEMAS, CRÊ SOMENTE

DIA 75

"...Não temas, crê somente."
Marcos 5:36

E o Rei da Glória mais uma vez tomou o seu lugar. Por quanto tempo vc andou sozinho, desamparado, entristecido e sem forças para continuar? Por quanto tempo você ouviu e muitas vezes disse a si mesmo que não tinha mais forças para prosseguir? Por quanto tempo creu nisso, nessas mentiras que o inimigo trouxe sobre você, sobre sua vida, seus planos e sonhos?

Você se fez fraco e derrotado por motivos que nem sequer você mesmo pode explicar, até que um dia... *Ele o abraçou*. E a partir daquele dia, sua vida jamais foi igual. Seus sorrisos foram mais reais, suas forças se reconectaram novamente e uma explosão de amor exalou de você. Que lindo então foi aquele dia! Ou então, que lindo será *este dia* para você!

O Pai o ama, quer abraçá-lo, colocar sorrisos onde havia lágrimas, colocar certezas onde se rodeavam de incertezas. E você pode estar perguntando quem é esse Pai? Ele pode mesmo isso? E a resposta está aqui: "Não temas, crê somente" (Marcos 5.36).

E assim Ele fez de você a nova e perfeita criatura que de todo coração se entrega ao Pai e vive a boa, perfeita e agradável vontade de Deus! Tudo isso porque você crê!

Para refletir:

Permita-se ser amado e cuidado por esse Deus, e creia que Ele cuidará do seu futuro.

POR RAFAELLA ALVES

DIA 76

O CAPACITAR DE DEUS

"...Certamente eu serei contigo; e isto te será por sinal de que eu te enviei..." Êxodo 3.12

Muitas das vezes queremos que Deus nos use, mas quando Ele nos chama, colocamos barreiras e acabamos não acreditando que Deus pode nos capacitar. Lembro-me de quando estava no oitavo ano, eu sempre pedia novas experiências com Deus. Certo dia, um menino da minha sala, passou muito mal e senti uma grande responsabilidade de orar por ele, mas comecei a colocar barreiras como: "o que vou falar?", "o que vão pensar de mim?" e "existem pessoas melhores do que eu..."

Se pararmos para pensar, é exatamente assim que Moisés se sentiu quando Deus lhe ordenou que fosse libertar o povo Israel no Egito. Realmente é uma responsabilidade muito grande, porém Deus não queria saber se Moisés sabia falar. Ele queria capacitá-lo.

Quando fui orar pelo menino, chamei dois amigos para me ajudarem em oração, mas eles rejeitaram. No mesmo momento, pensei até em desistir, mas ouvi o Espírito Santo a me dizer: "Vai, eu estou contigo!". Aprendi que mesmo se colocarmos empecilhos naquilo que Deus nos ordenou, precisamos saber que Ele pode nos capacitar. Não importa o que as pessoas pensarão, ou se você não tem palavras. Apenas seja um instrumento nas mãos de Deus!

Imagine se Moisés rejeitasse a capacitação de Deus em sua vida, talvez as experiências que ele viveu com Deus não existiriam e a história do povo de Israel seria diferente.

Para refletir:

Você tem deixado Deus o capacitar?

POR ELISAMA DÁLETE RIBEIRO DE MACEDO

O SORRISO MAIS LINDO

DIA 77

"Por que estás abatida, ó minha alma, e por que te perturbas dentro de mim? Espera em Deus, pois ainda o louvarei." Salmo 42.11

Para você que parou alguns minutos para ler este devocional, reflita um pouquinho e pense no sorriso mais lindo que você já viu em sua vida. Não é prazeroso e gratificante? Talvez seja o do seu filho(a), caso você tenha. Ou até mesmo de um sobrinho(a), pai, mãe, avós! Mas, e você, já sorriu hoje?

Compartilho com você o sorriso mais lindo que já vi, e quando me recordo desse sorriso sempre me emociono, pois sempre quem me faz lembrar é próprio Espírito Santo! Em uma visita ao Hospital Erasto Gaertner, na chamada ala 100, num lugar aparentemente triste, junto com uma equipe de louvor, pudemos cumprir a missão do "Ide" e levar alegria e consolo naquele ambiente.

Em um momento pude ver uma paciente deitada e toda encolhida no leito com aquele "ar de tristeza e solidão". No entanto, de repente, ao ouvir aquele "barulho santo", aquela paciente saltou com tanto entusiasmo daquela cama, e uau! Ela abriu um sorriso tão incrível! (Emociono-me enquanto descrevo a cena). E todo aquele cenário de solidão e dor deu lugar a um momento de alegria de receber as boas-novas do Senhor por intermédio dos louvores.

Será que não poderíamos ter mais motivos para sorrir? Confesso que hoje algo em meu coração tem me "incomodado" e sinto um pouco de uma momentânea tristeza. Contudo, quando lembro do sorriso que relatei anteriormente, e quando me vêm à memória as maravilhas que Deus tem feito por mim, por minha família, por meus amigos, pela minha igreja, aí a tristeza se vai e "salto do meu leito" com alegria! Deus é o mesmo e sempre me amou, Ele põe um sorriso no meu rosto, Ele é o meu Deus.

Para refletir:

"Quero trazer à memória o que me pode dar esperança". (Lm 3.21 ARA)

POR SÉRGIO GUILHERME

DIA 78

SOLA SCRIPTURA

"Se vocês pertencessem ao mundo, ele os amaria como se fossem dele. Todavia, vocês não são do mundo..." João 15.19 (NVI)

No dia 31 de outubro, o mundo comemora o Dia das bruxas, que embora não faça parte da nossa tradição folclórica, alguns insistem em celebrar. Entretanto, a Palavra de Deus nos ensina que vivemos no mundo, mas não pertencemos a Ele (Jo 15.19), os costumes mundanos já não servem para nós.

Neste mesmo dia, 31 de outubro, também é celebrado o aniversário da Reforma Protestante. Dia em que Martinho Lutero pregou as 95 teses na porta da Catedral de Wittenberg, marcando o início de uma revolução no cristianismo. Graças a esse evento, o cristianismo saiu de um período de ignorância e distanciamento no ensino bíblico. A Reforma foi fundamentada em cinco princípios, conhecidos como os Cinco Solas: 1 - *Sola fide* (somente a fé); 2 - *Sola Scriptura* (somente a Escritura); 3 - *Solus Christus* (somente Cristo); 4 - *Sola gratia* (somente a graça) e 5 - *Soli Deo gloria* (glória somente a Deus).

Que possamos meditar sobre cada um destes cinco fundamentos tão basilares à nossa fé cristã, associando essa data à Reforma Protestante e os benefícios que ela promoveu para a Igreja e o Reino de Deus.

Para refletir:

Como anda seu compromisso com os cinco princípios dos cristãos protestantes?

POR ANDERSON SOUZA

A REVOGAÇÃO DO IRREVERSÍVEL

DIA 79

"Então, virou o rosto para a parede e orou ao SENHOR [...] E chorou Ezequias muitíssimo." 2 Reis 20.2-3

Como é bom receber visita em casa, ainda mais de pessoas que amamos e admiramos! É prazeroso estar junto de quem gostamos! Porém, neste caso do rei Ezequias, era muito mais que uma simples visita, ele estava recebendo um porta-voz de Deus. Era talvez a esperança de que, junto com a presença do profeta Isaías houvesse uma palavra de ânimo, perseverança, fé e cura. Mas não foi o que aconteceu. Bem pelo contrário, ele recebeu uma dura admoestação e uma sentença de morte.

Que homem nessa situação não veria seus sonhos desfeitos, seu mundo desmoronar? Quem não se desesperaria? Você o julgaria se ele se indignasse contra o Criador? Aquele rei, porém, teve a reação mais humana e humilde possível. Ali mesmo, deitado, ele virou para a parede, e rogou a Deus em seu favor, pediu a revogação de sua morte alegando sua retidão e seus feitos que condiziam com a sinceridade do seu coração. A resposta veio imediatamente, e o profeta voltou dizendo que Deus lhe concedia mais 15 anos de vida.

Face a isso, indago se um Deus que reverte situações irreversíveis, que muda lei e decreto por causa de um justo, também não o fará em resposta à sua oração? Há um poder ilimitado à disposição de um crente fiel. Há resposta afirmativa àquele que clama a Ele dia e noite, pois Deus é compassivo, misericordioso, cheio de graça e de bondade. Ele não está indiferente à sua dor e sofrimento, pois mais do que todos conhece bem a sua história e dos seus pecados não lembra mais. Portanto, creia no milagre, na cura, na salvação e libertação que tanto espera, pois a última palavra é dele.

Para refletir:

Agindo Deus, quem impedirá (Is 43.13)**? Ninguém!!!**

POR GIZELE CAMARGOS

DIA 80

A OVELHA PERDIDA

"Se algum homem tiver cem ovelhas, e uma delas se desgarrar, não irá pelos montes, deixando as noventa e nove, em busca da que se desgarrou?" Mateus 18.12

Nesta parábola, a ovelha perdida somos nós, o pastor dessa ovelha é Jesus. Como as ovelhas se perdem? Por falta de atenção, vigilância. Atraídas por pastos mais verdes e suculentos, vão se afastando cada vez mais do pastor, a ponto de não poderem mais ouvir-lhe a voz.

Nós também nos deixamos seduzir pelo mundanismo, andamos em busca de prazeres e conquistas. Quando caímos em nós mesmos, estamos em um labirinto, entregues ao desespero. Já não sabemos como voltar para o Caminho.

Por meio desta parábola, podemos ter a certeza de que não ficaremos perdidos para sempre, pois Jesus, o bom Pastor que "dá a sua vida pelas ovelhas" (Jo 10.11), virá à nossa procura até que nos encontre e nos salve.

Deus terá várias maneiras de nos encontrar. Talvez usando os Seus filhos na Terra, como nossos líderes e pastores, ou também por meio de um devocional como este, para lhe dizer: *você é importante para Deus, não saia da Sua presença!*

Para refletir:

O Supremo Pastor jamais desiste de suas ovelhas.

POR SÁVIA MOARA

CONSTRUA SUA CASA NA ROCHA

DIA 81

"Todo aquele, pois, que escuta estas minhas palavras, e as pratica, assemelhá-lo-ei ao homem prudente, que edificou a sua casa sobre a rocha." Mateus 7.24

Se eu perguntar: Onde você construiu a sua casa? Certamente você dirá: Na Rocha! Mas então por que há situações na vida que fazem parecer que a casa está fundamentada na areia?

A nossa fé é como o alicerce de uma construção. Ela não faz parte da decoração, ninguém vê, mas se ela não existir, tudo desaba. O alicerce e a fé têm muitos pontos em comum, e foi sobre ela que Jesus falou quando contou essa parábola.

A parábola fala de duas casas e cada uma com um tipo de alicerce. A Bíblia diz: "De sorte que a fé é pelo ouvir, e o ouvir pela palavra de Deus" (Rm 10.17). Ou seja: todos nós temos a oportunidade de ouvir a Palavra do Senhor pelo menos uma vez na vida, e o que fazemos com o que ouvimos é o que fará toda a diferença em nossa caminhada na Terra. Principalmente, no momento em que tivermos que acertar contas com o Pai Celestial.

Que possamos a cada dia alicerçar nossa casa nessa rocha que é Cristo, que possamos conhecer e prosseguir em conhecer o Senhor, fundamentados na Sua Palavra e nos Seus estatutos.

Para refletir:

Onde está edificado o seu coração?

POR KETHELYN ARIADNE

DIA 82

QUEM É VOCÊ?

"Vede quão grande amor nos tem concedido o Pai: que fôssemos chamados filhos de Deus." 1 João 3.1

Creio que todos concordamos que cada vida humana é única e insubstituível. Todos nós somos séries limitadas de Deus. Como disse o salmista: "...de modo assombroso e tão maravilhoso fui feito" (Sl 139.14). Somente um Deus eterno e indescritivelmente perfeito poderia criar seres como nós. E apenas Ele realmente nos conhece. Como diz o famoso psicólogo canadense Jordan B. Peterson: "...o ser humano é demasiadamente complexo para ser entendido". É assim porque fomos feitos à imagem e semelhança do Deus eterno, não criado, absoluto em tudo.

Porém, as Escrituras nos ensinam que, pela desobediência, essa unicidade foi entregue à morte, à separação eterna do Criador. "Onde você está? Quem é você agora?" — disse Deus ao recente infrator. Cometemos algo em Adão do qual não tínhamos a mínima ideia da consequência. Muitas vezes ficamos surpresos com os nossos pecados. Eles são indícios de que algo nos desconfigurou e nos deixou no estado em que estamos.

Somente o Criador poderia retificar e reconfigurar o que fora danificado. E foi isso que Ele fez. Ele Se doou para que readquiríssemos o que perdêramos. Redenção é isso: readquirir. Ele quer nos readquirir; Ele pede o nosso coração. E por meio dessa entrega, nossa identidade é novamente reestabelecida e readquirida. Quem é você? Você é filho amado de Deus.

Eterno Deus, oro por aqueles cristãos que ainda não reconheceram a sua verdadeira identidade em Cristo. Mostra-lhes, ó Pai, quem eles são em ti para que conheçam aquilo que o Senhor lhes deu e cumpram o propósito para o qual foram chamados.

Para refletir:

Quem é você? Sua melhor identidade é a de filho amado de Deus.

POR ALAN MELO

POR QUE ME PERSEGUES?

DIA 83

"E caí por terra e ouvi uma voz que me dizia: Saulo, Saulo, por que me persegues? E eu respondi: Quem és, Senhor? E disse-me: Eu sou Jesus, o Nazareno, a quem tu persegues." Atos 22.7-8

O relato bíblico nos conta que Saulo estava a caminho de Damasco, seu objetivo era prender os seguidores de Jesus e levá-los a Jerusalém como prisioneiros. Entretanto, durante seu percurso, ele se deparou com uma forte luz. E o texto ainda ressalta que era por volta de meio-dia, horário em que o sol tem o seu brilho mais intenso. Mas a luz vinda do céu era ainda mais resplandecente, prevalecendo diante do sol e deixando Saulo na condição de cego. Então Jesus lhe diz: "Saulo, Saulo, por que me persegues?".

Neste momento da história, Jesus já havia cumprido toda a obra salvífica, estava ressurreto e assentado à direita do Pai, que lhe deu toda autoridade no céu e na terra (Mateus 28.18). Não é possível perseguir Jesus, Ele é o Filho de Deus, razão de todas as coisas, segunda pessoa da Trindade. No entanto, ainda assim Jesus perguntou: "por que me persegues?". Jesus se referia aos cristãos, àqueles que haviam aceitado a mensagem do evangelho e passaram a integrar a igreja.

Sabe o que isso nos ensina? Que quando você, cristão, é perseguido, é como se estivessem perseguindo o próprio Jesus Cristo, pois você agora pertence a Ele. Por isso, não tema, nós seremos perseguidos, o mundo nos odeia (João 15.18). Seja no seu trabalho, na faculdade, na vizinhança, ou até mesmo em sua família, em algum momento você será insultado, confrontado ou até mesmo humilhado pelos ímpios. Mas não desanime, se você aceitou Jesus como seu Salvador e Senhor, Ele estará com você, e tenha a certeza de que você também está do lado vencedor.

Para refletir:

Alegre-se quando for perseguido por amor a Deus, pois grande será a sua recompensa nos Céus (Mateus 5.10-12).

POR ANDERSON SOUZA

DIA 84

ORE EM TODO TEMPO

"Bem-aventurados os que guardam os seus testemunhos, e que o buscam com todo o coração." Salmo 119.2

Leia o Salmo 119. Ore o Salmo 119. Quantas vezes estamos sem palavras para orar? O motivo para isso é tão variado quanto possível. Em dias de fraqueza e desânimo dizemos não ter vontade, e em outros, que não temos tempo. Tenho pensado sobre isso, e não se trata de "ter tempo" ou "ter vontade".

Orar é uma decisão que precisamos ter resolvida dentro de nós. Quando percebemos em nosso coração, pensamento e em nossa vontade que orar é a única forma de Deus ter de nós o que Ele quer, as expectativas em relação a tempo e condições não nos embaraçam mais. Passamos a pensar na dimensão do relacionamento que queremos ter com Ele. Assim, orar não é um evento, é uma necessidade.

Comecei este devocional com dois imperativos: Leia e ore o Salmo 119. Não estou falando sobre decorar, mas sobre contemplação e inspiração. Momentos de fraqueza todos, todos nós vivemos, mas aquele que conhece a Deus não vê alternativa senão orar. O Salmo 119 é a minha sugestão para você quando encontrar-se em dias assim.

Esse salmo é uma declaração de amor a Deus! O salmista demonstra confiança; demonstra conhecer o caráter de Deus, por isso sabe que Ele não desamparará Seu servo. Declara por diversas vezes que o ama, que ama Seus mandamentos e repudia a impiedade. A lista continua, mas eu paro por aqui para dizer que a oração e a leitura da Palavra são essenciais para cultivar um relacionamento com Deus. Leia a Bíblia, pois é por meio dela que Deus se revela. Ore quando os dias estão bons e até quando não são tão bons. Persista!

Para refletir:

Orar é uma necessidade!

POR JÉSSICA COSTA

CONDUZIDOS PELO ESPÍRITO SANTO

DIA 85

"E eu, em verdade, vos batizo com água, para o arrependimento; mas aquele que vem após mim [...] vos batizará com o Espírito Santo e com fogo." Mateus 3.11

O batismo representa o novo nascimento, no qual declaramos Jesus Cristo como único e suficiente Salvador, assim como entregamos todo o nosso ser em Suas mãos. Assumimos um compromisso com Deus, buscando a santificação, afastando-nos de tudo aquilo que não o agrada.

Em Gálatas 5.17 diz que a carne milita contra o Espírito, assim como o Espírito contra a carne. É uma batalha diária, que conseguimos vencer com a presença do Espírito Santo. É Ele que nos convence do pecado, dos desejos da carne, nos guia para o caminho certo. A partir do momento que deixamos o Espírito Santo nos conduzir, conseguimos abrir mão dos nossos próprios desejos e fazer a vontade do nosso Pai.

Muitas são as coisas deste mundo que não agradam a Deus, que tentam nos desviar do plano que o Senhor tem para a nossa vida. É necessária uma busca contínua em oração, leitura bíblica e jejum para não nos deixarmos ser influenciados pelo pecado. Jesus disse que nós não somos deste mundo e que não ficaríamos sozinhos, Ele deixou o Espírito Santo para nos orientar e nos lembrar dos Seus ensinamentos.

Para refletir:

Ore pedindo para que o Senhor sonde o seu coração e remova de você todo o peso, preocupação, tristeza e ansiedade.

POR NAYARA ROQUE

DIA 86

SOMOS VELA

"Vós sois a luz do mundo; não se pode esconder uma cidade edificada sobre um monte." Mateus 5.14

Melyssa lia um livro quando, inesperadamente, a luz do seu quarto se apagou. O breu tomou sua casa de forma intensa, dificultando a visibilidade dos contornos e objetos. Ela se levantou e, de forma ágil, buscou entre seus pertences uma vela. Quando a achou, ela estava quase toda derretida, havia mais pavio do que cera. Pegou o objeto frio, esperando sua visão se adaptar à falta de luminosidade, sorriu ao sentir pensamentos aflorarem em sua mente.

Melyssa pensou: "a vela em si não possui luz própria, para que o pavio permaneça aceso em todo tempo, é necessário que alguém busque um fósforo e o acenda, trazendo assim o calor necessário para o pavio se queimar e iluminar a sala".

Assim somos nós, somos velas, possuímos também um pavio, e seu tamanho é determinado pela nossa busca espiritual, quanto mais buscamos maior ele é, quanto menos buscamos menor ele é. E quando somos acesos pela chama do Espírito Santo podemos iluminar o mundo em trevas e demonstrar as obras, os dons e os frutos espirituais.

Um pequeno sorriso se despontou de seus lábios quando Melyssa viu a luz voltar, assoprou a vela, imaginando como seria no final dos tempos, quando ela for arrebatada e a luz do mundo for apagada.

Para refletir:

Já parou para pensar como será viver eternamente junto ao Espírito Santo, a Luz do mundo?

POR MELYSSA GENTIL

EU NÃO QUERIA ACORDAR HOJE!

DIA 87

"...o choro pode durar uma noite, mas a alegria vem pela manhã." Salmo 30.5

Sinceramente, uma sensação triste invadiu a minha alma, porque a conclusão era: "melhor viver de olhos fechados, porque não quero ver e nem voltar a uma parte da minha realidade". Afinal, por que acordar? Para se aborrecer com as circunstâncias que fogem ao controle?

Eu queria continuar dormindo sim, e enquanto o profundo sono acontecesse, as coisas embaraçadas do meu mundo externo se resolveriam por si só. Tem coisas que não tem o que fazer, só o tempo vai resolver. Eu não queria acordar nesta segunda feira, por causa disso: sei que há coisas que só o tempo vai curar, enquanto isso terei de suportar solitariamente as dores do processo de restauração! Eu não queria acordar, porque o silêncio do sono acalma, diferentemente do barulho lá fora que grita e me perturba.

Eu não queria acordar nessa segunda feira, porque quando fui dormir, tudo estava bem, mas tenho sido surpreendido com notícias de morte todas as manhãs (escrevi esse texto no ápice da pandemia da Covid-19), e elas ultimamente vêm de todos os lados!

Eu não queria acordar nessa segunda-feira, mas ali mesmo deitado, antes de me por de pé, lembrei-me das palavras de Jesus: "No mundo tereis aflições, mas tende bom ânimo" (Jo 16.33). Ora, "no mundo tereis segundas-feiras indesejáveis, difíceis, desafiadoras, tristes; mas tende bom ânimo!"

Acredite: as palavras de Jesus servem para todos os seus dias! Levante-se. Mostre a sua força. Empunhe as suas armas de fé e esperança de dias melhores. Vá para a guerra! Seja o Davi de Deus da sua família! Deus o surpreenderá! Deus o honrará! Deus lhe abrirá caminhos! Deus lhe fará mais do que vencedor! Deus limpará dos seus olhos toda lágrima!

Para refletir:

Acredite: o dia de cantar chegou!

POR NATANAEL SILVA

DIA 88

SIMÃO, TU ME AMAS?

"...Senhor, tu sabes tudo; tu sabes que eu te amo..."
João 21.17

Amo-te, ainda que depois de seguir-te ao longe,
de madrugada, eu venha a negar-te escondido.
Mesmo tendo, antes, à tarde, jurado morrer contigo.

Se o frio da noite o ar condensa,
cedo faz o Sol depressa evaporá-lo.
Assim é, pois, meu falho amor:
fugaz como este orvalho.

Mereces mais do que te ofereço,
embora eu, Senhor, de nada saiba plenamente.
Sabes, tu, todas as coisas.
Sabes! Eu te amo.

Ainda não veio o que é perfeito.
Só em parte, conheço e, em parte, profetizo.
Indominável arte é o amar,
sem ter do teu Espírito o fruto.

Dá-me, do Teu fruto, suplico.
Ensina-me, vem. A amar-te como mereces!
Quero encontrar-te hoje, pois,
reconheço saudades na minh'alma peregrina.

Para refletir:

Se hoje seu Senhor lhe perguntar,
o que você diria? Você o ama?

POR THAMIRES HADASSA LEITE PEREIRA COSTA

MEUS PLANOS *VS* OS PLANOS DE DEUS

DIA 89

"Ora, àquele que é poderoso para fazer tudo muito mais abundantemente além daquilo que pedimos ou pensamos..." Efésios 3.20

É muito comum ao iniciar um novo ano, ouvir falar muito sobre novos planejamentos e projetos. Não é errado planejar nosso futuro, na verdade, é imprescindível, é organizatório e fundamental para uma vida equilibrada. Para todos os dias de nossa vida existe um planejamento.

Contudo, nossos planos devem estar de acordo com a vontade do Senhor. Devemos apresentar a Deus os nossos desejos e esperar que Ele nos ajude nas realizações. É exatamente aqui que mais erramos, é difícil esperar, confiar e permanecer na vontade dele.

Quantas vezes tentamos ajudar a Deus executando os planos conforme a nossa vontade? Porém, enganoso é o coração do homem. A Bíblia nos dá alguns exemplos, um deles é o de Sara, que se precipitou na angústia de não gerar filhos (mesmo quando Deus lhe havia prometido), e permitiu que seu marido concebesse com sua serva. E as consequências vieram.

Por isso: "Deleita-te também no SENHOR, e ele te concederá o que deseja o teu coração. Entrega o teu caminho ao SENHOR; confia nele, e ele tudo fará" (Sl 37.4-5).

Para refletir:

Você está preparado para abrir mão dos seus planos e viver os planos de Deus?

POR ANA PAULA GOMES

DIA 90

ONDE DEUS ME QUER?

"Ora, o SENHOR disse a Abrão: Sai-te da tua terra, e da tua parentela, e da casa de teu pai, para a terra que eu te mostrarei." Gênesis 12.1

Uma das primeiras perguntas quando o assunto é propósito pode ser: Qual é o meu propósito? (Isso é meio óbvio.) E essa pergunta poderia ser reformulada por: Para onde Deus quer me levar? Onde Deus me quer? Um questionamento legítimo e muito peculiar àqueles que desejam viver para Ele.

Porém, quando olhamos para o relato bíblico do chamado de Abraão, há algo ali a ser considerado. Deus o chamou sem dizer para onde ele iria. Exatamente, isso! O Senhor propôs a Abrão uma viagem sem lhe dar o itinerário; pediu que ele saísse sem saber o caminho.

Pare um pouco e pense sobre isso... Acontece que queremos desesperadamente saber para onde devemos ir, qual o caminho a percorrer, qual o itinerário, quando, para Deus, mais importante do que nos dizer para onde estamos indo, é que estejamos indo com Ele.

Veja, por exemplo, a vida de Enoque. Segundo o texto em Gênesis 5:24, Enoque "andou com Deus"'. Para onde eles foram? Não importa muito. A ênfase do texto recai sobre o fato de Enoque estar na companhia do Senhor!

Lembre-se ainda de que o chamado de Jesus a cada discípulo é: Siga-me! Alguém poderia ter perguntado: "Para onde vamos, Mestre?", mas ninguém o fez, pois, o importante não era saber para onde, desde que fosse com Ele.

Hoje, por meio desse texto singelo, o Senhor chama você: Venha! Mesmo que você não saiba direito para onde Ele o quer levar, simplesmente "entregue o seu caminho (o itinerário, a rota) ao SENHOR, confie nele, e ele agirá!" (Salmo 37:5, NVI). Faça como Abrão, saia mesmo sem saber para onde!

Para refletir:

Lembre-se: não importa muito para onde Deus quer levá-lo, o principal é que você vá com Ele!

POR GHABRIEL ALCÂNTARA

PARA QUE EU FUI CRIADO?

DIA 91

"...porque nele foram criadas todas as coisas que há nos céus e na terra, visíveis e invisíveis, [...] tudo foi criado por ele e para ele." Colossenses 1.16

Posso afirmar que pelo menos uma vez na sua vida você já se perguntou: "Para que eu fui criada(o)?" ou "Qual meu propósito no mundo?". Falo isso, pois esse foi um questionamento constante no meu viver: "O que eu devo fazer da minha vida?", "Deus tem um propósito para mim?", "Qual a vontade dele?", "Estou fazendo escolhas corretas? Elas estão no propósito do meu Pai?".

Depois de algum tempo me questionando sobre isso, deparei-me com este versículo em Colossenses, em que Paulo fala à igreja sobre a supremacia de Cristo. Meditando neste versículo e pedindo ao Espírito Santo para que me mostrasse o que o Pai queria me falar, percebi uma parte do meu propósito.

Responderei o título deste devocional começando com o para o que você não foi criado: você não foi criado para você mesmo. "...tudo foi criado por ele e para ele." Em uma Era na qual nossos objetivos pessoais acabam sendo maiores que tudo, ficamos cegos para o propósito principal de nossa vida.

Fomos criados para adorá-lo: "o Pai procura a tais que assim o adorem" (Jo 4.23b).

Fomos criados para servi-lo: "sede firmes e constantes, sempre abundantes na obra do Senhor, sabendo que o vosso trabalho não é vão no Senhor" (1Co 15.58b).

Fomos criados para uma missão: "E disse-lhes: Ide por todo o mundo, pregai o evangelho a toda criatura" (Mc 16.15).

Depois que o Espírito Santo me levou a esse entendimento, comecei a ter um pequeno vislumbre do meu propósito, pelo menos do meu propósito principal como serva e filha.

Para refletir:

"Tudo tem o seu tempo determinado" (Ec 3.1).
Enquanto isso... "buscai primeiro o Reino de Deus, e a sua justiça" (Mt 6.33).

POR NOEMI LIMA

DIA 92

SEGUE-ME!

"E Jesus, passando adiante dali, viu assentado na alfândega um homem chamado Mateus e disse-lhe: Segue-me. E ele, levantando-se, o seguiu." Mateus 9.9

Imagino o tamanho da convicção que se instalou no coração de Mateus quando Jesus o chamou. A Palavra do Senhor não relata um grande e eloquente discurso de Jesus para chamar Mateus. Na verdade, a frase que o levou a deixar tudo para trás foi bastante sintética: "Segue-me".

O comentário da Bíblia Nova Almeida Atualizada diz que Mateus provavelmente testemunhou os feitos de Jesus. Você consegue imaginar o poder das palavras do Verbo Vivo? Mateus simplesmente abandonou tudo — sem perguntar para onde ia, quando ia, quando voltaria, o que faria, ou o porquê. Ele simplesmente foi!

Pensando bem, viver o chamado de Deus pode frequentemente ser parecido com isso: nem sempre o Senhor nos dará uma visão completa do que nos espera, talvez porque não seja preciso, talvez porque não possamos entender. O fato é que precisamos ter fé, por meio do Espírito Santo, para seguir as missões que Deus nos confia.

Veja como foi com Abraão. Em Gênesis 12.1-4, Deus disse para ele sair da sua terra e ir para uma outra terra, que Deus mostraria. Já imaginou se Abraão resolvesse começar a indagar: "Mas para onde Senhor?", ou a dizer: "Não posso ir se não sei para onde irei". Provavelmente ele ficaria estagnado e não se moveria em direção à promessa. Deus disse que o guiaria; isso é suficiente!

Às vezes pedimos a Deus muitas explicações sobre o que Ele tem para nós: "Mas como será?", "Como eu vou saber?", "Mas por que desse jeito?". Cada vez mais perguntas e menos fé. Por isso muitas vezes acabamos não saindo do lugar e não trilhamos os caminhos que Deus tem para nós. Precisamos conhecer e prosseguir em conhecer a Deus, pedir ao Espírito Santo fé e discernimento, porque, se conhecemos quem nos chama, não precisamos de mais nada. Podemos obedecer com confiança.

Amigo Espírito Santo, ajuda-nos a conhecer o Pai, dá-nos fé e discernimento para que, ao ouvir o Teu "Segue-me!", sejamos obedientes sem te questionar.

Para refletir:

Que tenhamos a coragem para nos levantar, deixar tudo para trás e seguir o chamado do Senhor.

POR ANNA BEATRIZ DA CRUZ

OBSERVANDO AS AVES

DIA 93

"Observai as aves do céu [...] vosso Pai celeste as sustenta. Porventura, não valeis vós muito mais do que as aves?" Mateus 6.26 (ARA)

O conselho de Cristo aos ansiosos é, no mínimo, curioso e intrigante: "observem". Isso mesmo, observar as aves do céu. O convite vai além de apenas olhar, afinal, todos os dias, os pássaros estão aí, voando, embelezando os parques, bosques e nosso quintal, bicando a terra em busca de comida e cantando em cima das árvores, mas não paramos para olhar de verdade.

"Observai", em seu original grego, é *emblepo*, e um dos seus significados é "olhar com a mente". A ansiedade, retira de nós, justamente, essa capacidade de olhar com a mente, de contemplar as coisas simples da vida, de dar uma pausa e sentir o vento batendo no rosto, de ouvir o som da natureza, da criação. Ficamos presos nos problemas de amanhã e perdemos a energia de viver o hoje! E dia após dia, a beleza da vida, da criação, acaba perdendo a cor, perdendo a graça.

Pare um minuto. Olhe para fora. Contemple as aves, os lírios, a criação. Enxergue o cuidado de Deus com essas coisas tão simples. Ficar preocupado não lhe trará mais tempo, afinal, "qual de vós, por mais ansioso que esteja, pode acrescentar sequer uma hora à duração de sua vida?" (Mateus 6.27, NVI).

Para refletir:

Você tem olhado para a criação com a mente?

POR JADER GALHARDO DIAS

DIA 94

COM A MENTE EM DEUS

"E sabemos que todas as coisas contribuem juntamente para o bem daqueles que amam a Deus..." Romanos 8.28

Este versículo nos revela que Deus tem um propósito para cada um de nós. Por vezes, questionamos qual é o nosso propósito e qual pode ser nossa contribuição para o Reino glorioso de Deus nesta Terra.

Outras vezes, por não saber os planos de Deus, queremos que nossa vontade prevaleça e, quando Deus não realiza o que queremos, nos frustramos. Mas a Palavra de Deus diz que precisamos estar com a mente renovada para experimentarmos "a boa, agradável e perfeita vontade de Deus" (Rm 12.2).

Quando descobrimos o nosso propósito, vivemos com mais vigor na presença do Todo-poderoso, pois Ele nos capacita conforme a Sua vontade. Deus é glorificado quando fazemos o que Ele nos chamou para fazer. Por isso, precisamos estar mais perto do Pai para sabermos a vontade do Senhor.

Mas como conseguimos descobrir o que Deus quer em nossa vida? Por intermédio da oração. Precisamos buscar Deus, orando antes de tomar decisões, assim como está escrito em Efésios 6.18; através da fé, pois "todas as coisas contribuem juntamente para o bem daqueles que amam a Deus"; e confiando em Deus, uma vez que "muitos são os planos no coração do homem, mas o que prevalece é o propósito do SENHOR" (Pv 19.21, NVI).

Para refletir:

Só podemos descobrir o que Deus tem para a nossa vida se deixarmos Ele no controle de todas as nossas ações.

POR ELISABETH AMORIM

OBEDEÇA SEM QUESTIONAR

DIA 95

"Ora, o SENHOR disse: Sai-te da tua terra, e da tua parentela, e da casa de teu pai..." Gênesis 12.1

Muitas pessoas acreditam que Deus é apenas Deus de bênçãos materiais. Outras creem que Ele seja apenas Deus de bênçãos espirituais. Mas vemos nesse capítulo de Gênesis Deus falando para Abrão que faria dele uma grande nação (bênção material) e o abençoaria a ponto de o nome dele se tornar grande e conhecido (bênção material). No entanto, a bênção espiritual viria por meio de Abrão: todas as famílias da Terra seriam benditas. Porém, tudo isso foi feito por uma palavra somente: *obediência*. Para que tudo fosse cumprido, Abrão teria que ser *obediente* à voz de Deus, sem questionar.

Os conceitos da própria palavra obediência dizem tudo: submissão completa, sujeição, ato pelo qual alguém se conforma com ordens recebidas, dócil. "Ainda que era Filho, [Jesus] aprendeu a obediência, por aquilo que padeceu. E, sendo ele consumado, veio a ser a causa de eterna salvação para todos os que lhe obedecem" (Hb 5.8-9).

Deus é o único ser que não se submete a ninguém, porque Ele é o poder, Ele é a glória. Quando JESUS veio à Terra, Ele não veio só 100% Deus: veio 100% *homem* e 100% *Deus*. Ele nos mostrou que é possível sermos obedientes, porque a obediência a Deus nos traz bênção. No entanto, não apenas a obediência a Deus, mas também às nossas autoridades e líderes que Deus colocou para nos guiar (Rm 13.1, Hb 13.17, Tt 3.1, Jr 3.15). Se obedecermos aos nossos superiores, também obedeceremos a Deus, que os elegeu. Desse modo, por meio da obediência, nos aproximamos mais do Espírito Santo.

Para refletir:

Que cada dia nós, como filhos de Deus, venhamos a ser obedientes ao Senhor em tudo.

POR PAULO HENRIQUE

DIA 96

OBEDIÊNCIA *VS* SACRIFÍCIO

"...Eis que o obedecer é melhor do que o sacrificar; e o atender melhor é do que a gordura de carneiros." 1 Samuel 15.22

Dias atrás, uma pergunta invadiu meu ser: por que o sacrifício é mais propagado do que a obediência? Ao procurar resposta para esse questionamento, me deparei com o profeta Samuel dizendo: "Tem porventura o SENHOR tanto prazer em holocaustos e sacrifícios, como em que se obedeça à palavra do SENHOR? Eis que o obedecer é melhor do que o sacrificar; e o atender melhor é do que a gordura de carneiros" (1Sm 15.22).

O contexto aqui era de um rei, ungido por Deus, trazendo consigo o seu despojo de guerra, algo corriqueiro para época, porém que não devia ser feito nesse caso. Quando questionado, Saul respondeu que havia poupado o melhor das ovelhas e das vacas para oferecer ao Senhor. Contudo, a ordem de Deus, em 1Sm 15.3, era que fosse destruído tudo o que havia naquela terra.

No decorrer dessa história, observamos a insatisfação do Senhor com um povo apegado a rituais, mas que não se preocupava com a vontade de Deus. Muitas vezes somos tentados a desobedecer e ainda apresentamos justificativas nobres. No entanto, elas não são aceitáveis pelo Deus Santo.

Muitos jovens estão sendo rejeitados pela desobediência. Desobedecem à palavra dos pastores, aos pais e, por que não dizer, se rebelam contra a própria igreja? Por mais nobre e aceitável que tal atitude seja perante os homens, para Deus é abominação.

Assim sendo, que possamos obedecer a Deus, nos voltarmos para Sua vontade em detrimento da nossa e do politicamente correto. Que Sua Palavra seja a luz dos nossos caminhos para que possamos não angariar seguidores nessa Terra por termos uma opinião forte, mas ter a certeza da nossa entrada no Céu por negarmos a nós mesmos e seguir a Cristo.

Para refletir:

Que hoje nossa oração seja: "Senhor seja feita a Tua vontade, e não a minha".

POR MARCOS SAMPAIO

DESCANSAR EM DEUS

DIA 97

"Eu sou pobre e necessitado; mas o Senhor cuida de mim: tu és o meu auxílio e o meu libertador..." Salmo 40.17

Provavelmente conhecemos alguma criança que gosta de pegar o controle da TV das mãos dos pais para trocar de canal e escolher o que será assistido ali. Às vezes nos encontramos nesta situação com Deus: somos a criança e tentamos incansavelmente tirar o controle das mãos do nosso Pai para fazermos as nossas escolhas.

Se o Senhor afirma que cuida de todas as áreas da nossa vida, por que relutamos para entregar tudo? Inúmeras vezes vivenciamos momentos de fraquezas, medo e incertezas. Nessas horas, temos a necessidade de sentir a falsa segurança de que estamos administrando tudo e de que sabemos as coisas que acontecerão.

Mas, na verdade, o Senhor cuida da nossa vida nos mais minuciosos detalhes. É o Senhor que faz crescer as plantas e o pasto para que o gado se alimente (Sl 104.14). Dele provêm todas as coisas que precisamos, e Ele as realiza de maneira perfeita.

Que essa palavra entre no nosso coração a cada dia para que possamos entregar a nossa vida por completo ao Senhor, porque Ele tem cuidado dos Seus filhos.

Para refletir:

Uma única preocupação para nós é muito, mas para Deus é só um detalhe.

POR THAIS RAMOS

DIA 98

PARE E PENSE

"A insensatez é pura exibição, sedução e ignorância."
Provérbios 9.13

A insensatez é característica ou ato de loucura; é o antônimo de autodomínio, dentre outros. Escolhi o exemplo autodomínio porque vejo conexão com obediência, juízo e respeito.

Em Provérbios 9:13-18, a insensatez é personificada na figura de uma mulher (não vamos criar caso com isso. Lembre-se de que a sabedoria também é feminina) e é descrita como atrevida, ignorante e como sendo uma cova.

Quando agimos sem pensar, ou até pensamos, só que nas coisas erradas, estamos sendo dominados pela insensatez. Estamos deixando que os impulsos nos controlarem, valorizando coisas passageiras em detrimento de coisas perenes.

Por favor, não caiamos nessa história de que "o que é proibido é mais gostoso" e coisas do tipo (veja exemplos no texto), pois essas coisas vêm da imprudência e do não pensar. Enganoso é o coração, lembram?

Cometer erros faze parte da vida, mas, quando sabemos das suas consequências, podemos impedir a desobediência à Palavra ao utilizar a reflexão, o juízo. Assim conseguiremos fugir da autoarmadilha geradora de morte: "eles nem imaginam que ali estão os espíritos dos mortos, que os seus convidados estão nas profundezas da sepultura" (v.18).

Para refletir:
Não nos permitamos ser convidados da insensatez. Em vez disso, cultivemos o autodomínio, o respeito e a obediência às Escrituras.

POR KETLIN SIMÕES DA LUZ

104 | **Chamados para Fora**

PALAVRA

DIA 99

"E, tomando a mão da menina, disse-lhe: Talitá cumi; que, traduzido, é: Menina, a ti te digo, levanta-te. E logo a menina se levantou, e andava..." Marcos 5.41-42

Durante Seu tempo nesta Terra, Jesus nos deixou inúmeras provas de que Ele era o Filho de Deus e que Sua missão era ensinar e espalhar a Palavra a todos que cressem no nome de Deus. A passagem que foi citada neste texto é um exemplo claro de que Jesus mudava a vida de todas as pessoas que tinham um encontro verdadeiro com Ele. Vemos que, desde a Sua partida até seu lugar de destino, Ele foi cercado por uma multidão e, antes mesmo de chegar à casa de Jairo, um paralítico e uma mulher foram curados. Essa era uma prova clara do amor e compaixão de Jesus!

Quando vemos Jesus curar as pessoas, Ele sempre lança uma palavra sobre a vida daquele que procura na Sua Pessoa alcançar aquilo que nenhum homem pode oferecer. Quando chega à casa de Jairo, vemos que os que lá estavam já não criam mais que algo pudesse ser feito, uma vez que, aos olhos humanos, a menina já estava morta. Então o Mestre, vendo que a fé do chefe da sinagoga era tão grande, separa apenas algumas pessoas para entrar no quarto da menina e, com uma palavra, acorda-a do que para todos parecia ser o fim da vida.

Na nossa vida cristã, precisamos entender que o poder de Deus vai além do nosso entendimento; Ele não pode ser enquadrado no que nós imaginamos ser possível. Uma palavra de Deus sobre a sua vida pode mudar toda a sua história, uma palavra apenas pode fazer com que todos os problemas que o afetam sejam desfeitos porque Ele é o Todo-poderoso que guia a nossa vida!

Para refletir:

O controle de Cristo é sempre a melhor opção a se seguir. Quando parecer impossível, creia que, com uma palavra dele, tudo pode mudar.

POR LEONARDO RIBEIRO

DIA 100

PROPÓSITO

"Porque eu desci do céu não para fazer a minha vontade, mas a vontade daquele que me enviou." João 6.38

A leitura dos evangelhos nos proporciona o entendimento de que as escolhas de Jesus foram feitas: a) visando o cumprimento dos propósitos de Sua vida, como Homem — dentre eles, principalmente, possibilitar a salvação de todo aquele que nele cresse (Jo 3.16); b) observando a direção do Espírito Santo. A título de exemplo, vemos a resposta de Jesus a Maria, quando ela pediu que Ele poupasse os noivos de passar pelo vexame do término do vinho na festa de casamento: "Ainda não é chegada a minha hora" (Jo 2.4).

Jesus, mesmo depois de jejuar por 40 dias e noites, respondeu ao diabo, quando este lhe ofereceu todos os reinos do mundo se Jesus o adorasse, e, consequentemente, não concretizasse o plano de salvação da humanidade: "Vai-te, Satanás, porque está escrito: Ao Senhor, teu Deus, adorarás e só a ele servirás" (Mt 4.10). A resposta de Jesus a Pedro, quando este o repreendeu por predizer a Sua morte e ressurreição, foi: "Retira-te de diante de mim, Satanás; porque não compreendes as coisas que são de Deus, mas as que são dos homens" (Mc 8.33).

Por fim, "Dizendo: 'Pai, se queres, passa de mim este cálice; todavia não se faça a minha vontade, mas a tua" (Lc 22.42), foi a oração feita por Jesus, mesmo enquanto sentia uma agonia tão excruciante que tornou Seu suor como grandes gotas de sangue que corriam até o chão (Lc 22.43).

Para refletir:

Que sigamos o exemplo de nosso amado Senhor Jesus, escolhendo o cumprimento dos propósitos divinos em nossa vida.

POR MAYARA FERRAZ

GERANDO PROMESSAS

DIA 101

"Bem-aventurada a que creu, porque serão cumpridas as palavras que lhe foram ditas da parte do Senhor." Lucas 1.45

Que bendita a promessa que Maria gerava em seu ventre! A exclamação de fé, em Lucas 1:38: "Aqui está a serva do Senhor; que se cumpra em mim conforme a tua palavra", revela uma mulher aberta para viver a palavra de Deus, para carregar dentro de si o Verbo Vivo. Desde o Gênesis, havia a promessa de resgate para a humanidade, e Maria se dispôs a receber essa promessa e vivê-la.

Um mensageiro do Senhor, o anjo Gabriel, veio a Maria e entregou uma palavra de grande impacto que, quando assimilada pelo ser humano, produz grandes transformações: "Porque para Deus nada é impossível" (v.37). Ou seja, mudar a história também não seria impossível.

A mensagem tem um nível ainda mais profundo quando percebemos que Gabriel veio anunciar a Maria a sua missão no sexto mês de gestação de sua prima Isabel. O número 6 representa o número da humanidade, das forças do homem. Deus vai além das forças humanas; quando o ser humano chega ao seu limite e nada pode fazer por si mesmo, o milagre de Deus acontece.

E Maria creu — estava pronta para viver o milagre de Deus. E, cheia de fé, abriu seus lábios com um cântico ao Senhor pelos Seus feitos. Enquanto isso, os do sacerdote Zacarias (pai de João Batista) estavam cerrados por sua falta de fé nas palavras do Senhor, até o cumprimento da promessa.

Quantas promessas o Senhor Deus já concedeu a cada um de nós, e qual a nossa reação diante delas? Cânticos de adoração fluindo de um coração cheio de fé, ou a mudez da incredulidade? Sobre a vida de cada pessoa, Deus proferiu palavras benditas e propósitos únicos, mas cabe a nós crer e permitir que essas palavras sejam geradas em nós.

Para refletir:

Que a nossa resposta ao que o Senhor diz sobre nós seja sempre de fé. Que sejamos bem-aventurados!

POR ANNA BEATRIZ

DIA 102

INFLUENCIADO OU INFLUENCIADOR?

"Então lhe disse Baraque: Se fores comigo, irei; porém, se não fores comigo, não irei." Juízes 4.8

Muitos dizem que o governo é reflexo de seu povo. Por isso a história de Débora me chama tanto a atenção! Em uma época quando o povo de Israel voltou a fazer o que era mau aos olhos do Senhor, eles são entregues por Deus nas mãos do rei Jabim, um cananeu, e o Senhor levanta uma juíza em Israel: Débora.

Após 20 anos oprimidos por Jabim e seu comandante, Sísera, com seus 900 carros de guerra, o povo de Israel clama ao Senhor por socorro. Que momento de dor passava Israel, por sua própria desobediência!

Imagino Débora, profetisa e juíza, assentada debaixo daquela palmeira e atendendo às pessoas com a convicção de quem a tinha chamado. O que movia o seu coração para não se contaminar com as mazelas daquela época, daquele povo? O que a movia a buscar a resposta do Senhor para aquele sofrimento a fim de receber o Seu livramento? Débora tinha convicção de quem era em Deus e do que o Senhor lhe revelara: o Senhor entregaria Sísera nas mãos de Baraque e livraria o povo de Israel dessa opressão!

Por ser influenciadora e não influenciada, a presença de Débora nessa batalha foi requerida por Baraque. Mesmo sabendo que não receberia a honra pela morte de Sísera, Baraque só iria se Débora fosse. Então o Senhor entrega o exército nas mãos de Baraque. Sísera foge, e Jael, esposa de Héber, influenciada por uma líder forte, sábia e corajosa, não se intimida e mata Sísera. E houve paz na terra durante 40 anos.

Os influenciadores são multiplicadores em favor do propósito! Deus não nos chama para que nos deixemos influenciar pelo momento ou pela multidão, e sim para ressignificar o momento e influenciar a multidão rumo ao propósito dele!

Para refletir:

A convicção de quem você é em Deus é fundamental para que o propósito dele seja cumprido em você e através de você!

POR MARÍLIA DE SOUZA BENTO

DEUS ESTÁ ME LEVANDO À ANGÚSTIA

DIA 103

"Quando tu disseste: Buscai o meu rosto, o meu coração te disse a ti: O teu rosto, SENHOR, buscarei." Salmo 27.8

Há meses, sinto Deus me despertando para ir além do falar e ouvir sobre avivamento, despertamento e derramamento do Espírito Santo. Ele quer que eu viva isso! Sinto Deus me chamando constantemente para o lugar secreto no qual Ele quer me revelar coisas grandes e firmes.

Há uma agitação na minha alma que me leva à angústia para não me conformar com as experiências de avivamento que os meus pais na fé viveram, ou que eu já vivi, com as manifestações sobrenaturais de Deus que vi e ouvi. Ele quer se revelar de forma gloriosa no presente. Sinto que o Eterno ainda quer revelar a Sua glória de uma forma que essa geração ainda não viu, ouviu e sentiu.

Talvez não seja apenas eu que está sendo chamado a essa insatisfação com o que se faz dentro das quatro paredes do templo, essa tristeza por viver um cristianismo "infrutífero" ou de disputas por cargos e oportunidades. Deus está me chamando para voltar à inocência de quem não conhece os bastidores e que deseja apenas pregar o evangelho e ganhar almas. Deus está me levando a guardar o meu coração para que eu não me corrompa com propostas e não me iluda com aplausos, status e fama.

Deus me mostra diariamente que eu tenho espinhos na minha carne e por mais que eu ore para Ele os arrancar, Ele não o faz. Apenas me apresenta a Sua graça e diz que o Seu poder se aperfeiçoa na minha fraqueza e que os espinhos são para que eu não pense que recebi os dons por merecimento.

Deus me leva à angústia porque Ele não quer que, ganhando o mundo, eu me perca; que, fazendo Deus conhecido, eu não o conheça, e pior, não seja conhecido por Ele. Ah, essa angústia que me aproxima de Deus e do meu propósito!

Para refletir:

O que você fará com os apelos de Deus ao seu coração?

POR FABIO SANTOS

DIA 104

PROMESSAS EM MEIO ÀS ADVERSIDADES

"Disse-lhe mais o Anjo do SENHOR: Multiplicarei sobremaneira a tua semente, que não será contada, por numerosa que será." Gênesis 16.10

Deus dera uma grande promessa a Abrão: uma descendência que não se poderia contar. Contudo, sua esposa, Sara, não podia gerar filhos. Por isso, veio-lhe a impaciência, e sua fé esmoreceu, fazendo com que Sara tomasse uma atitude sem consultar a Deus.

Sara procurou sua serva Agar, que era egípcia, e a colocou em meio a um conflito familiar. Sob as ordens de sua senhora, ela se deitou com a Abrão e gerou em seu ventre uma promessa que veio de uma tão grande adversidade.

Após dar início à gestação, Agar passou a ser bem-vista por Abrão e isso fez Sara não se sentir bem e humilhar a serva. Assim, Agar foge para deserto. Nesse momento, Deus poderia tê-la desamparado, mas Ele não o fez. Em vez disso, provou mais uma vez o quanto Ele é misericordioso: Seu anjo encontrou Agar e lhe fez uma promessa. Agar, então, passou de estar em meio a uma promessa que não era dela para viver sua própria promessa feita pelo Senhor naquele dia.

Quando estamos em meio às adversidades, tudo pode acontecer, porém temos um Deus no Céu que é especialista em criar promessas em meio às dificuldades. A promessa para Agar foi tão linda que, mesmo quando tudo parecia acabado, o Anjo do Senhor os visitou novamente no deserto, em outro contexto, e reafirmou a promessa. *"E ouviu Deus a voz do menino, e bradou o Anjo de Deus a Agar desde os céus e disse-lhe: Que tens, Agar? Não temas, porque Deus ouviu a voz do rapaz desde o lugar onde está"* (Gn 21.17).

Agar teve parte de sua história ligada uma promessa que não era dela e, devido à ansiedade e desespero de Sara, obteve da parte de Deus uma promessa para si, seu filho e sua descendência.

Para refletir:

Que possamos ver Deus como Ele realmente é: um Deus que não desampara nenhum daqueles que o temem de todo coração.

POR GESSICA RODRIGUES

QUEM É A MULHER DA SUA VIDA?

DIA 105

"Tinha Josias oito anos de idade quando começou a reinar e reinou trinta e um anos em Jerusalém; e era o nome de sua mãe, Jedida..." 2 Reis 22:1

Diga-me uma coisa: qual criança com 8 anos tem a capacidade de administrar um reino? Ainda mais quando seu pai, Amon, já falecido, deixa os piores exemplos e seu avô, chamado Manassés, fora pior ainda do que o seu próprio pai.

Contudo, Josias soube ouvir atentamente os conselhos de uma mulher: sua mãe, Jedida. Ela se apartara daquilo que era mau e guardara os bons ensinamentos deixados pelo rei Davi. Também buscara seguir tudo aquilo que havia aprendido no decorrer da sua jornada.

Mesmo em um estado deplorável política e socialmente, mesmo no ambiente calamitoso em meio ao pecado, ela conseguiu passar a mensagem correta para seu filho, Josias, e ele soube absorver dando ouvidos a quem realmente se importava com ele.

Gostaria de lembrar-lhe de uma coisa: o nosso cérebro é moldado por aquilo que nós ouvimos e vemos, e tudo aquilo que você coloca dentro de você é o que vai gerir as suas ações. Josias sobe ouvir e observar os bons exemplos dados por sua mãe e, por causa disso, fez aquilo que era bom aos olhos do Senhor.

Para refletir:

Não importa o lugar, a situação, ou o momento; se você tiver uma mulher como Jedida na sua vida, você fará o que é bom aos olhos do Senhor.

POR RENALDO GOMES

DIA 106 — A ARTE DE ESPERAR EM DEUS

"Descansa no Senhor, e espera nele; não te indignes por causa daquele que prospera em seu caminho..." Salmo 37.7

Alguns consideram o tempo de espera em Deus um tempo improdutivo. Sabemos que isso não é verdade, e aqueles que aprenderam a arte de esperar no Senhor estão entre os que mais têm influenciado a história.

O tempo de espera é de reflexão sobre a bondade, grandeza, caráter e as obras de Deus, tempo de louvar confiando em Suas promessas. Também não podemos deixar de lembrar a importância da Palavra de Deus durante esse processo, considerada indispensável para aprendermos a esperar nele.

Se vamos ter um tempo de reflexão sobre tudo isso que acabei de citar aqui, temos que ter um cuidado especial e procurar um entendimento profundo de quem Deus é. Se nossa compreensão dele for incorreta, correremos o risco de ter uma vida de oração fraca e deturpada.

Certa vez Andrew Murray, um grande pastor, afirmou: "Pouco da Palavra de Deus com pouco de oração é morte da vida espiritual. Muito da Palavra de Deus com pouco de oração, proporciona uma vida doentia. Muito de oração com pouco da Palavra dá mais vida, mas sem firmeza". Murray conclui que "A medida completa da Palavra de Deus e da oração, a cada dia, proporcionará uma vida sadia e poderosa".

Para refletir:

"A maior tragédia da vida não é a oração que não foi respondida, mas a oração que não foi oferecida." —Frederick B. Meyer

POR VINICIUS LALLI

SEM CESSAR

DIA 107

"Orai sem cessar."
1 Tessalonicenses 5.17

A forma de falar com Deus dá-se por vários meios: pela Sua Palavra, pela oração, pelo louvor, pela adoração etc. Mas cada forma revela o nosso propósito com Ele e diante dele. Deus, em todas as Suas manifestações, sempre teve grande presença por intermédio da oração. Afinal de contas, o que é oração?

Orar é falar com Deus, antes e depois de fazer qualquer coisa. Ore antes de sair de casa, e, quando voltar, também ore. Antes de comer, ore, pois nem todos tiveram uma refeição hoje, e depois de comer, agradeça-lhe. Mesmo Deus sabendo todas as nossas intenções, o versículo de hoje nos instiga a orar sem cessar. Quando oramos não estamos informando Deus sobre o que precisamos, mas, sim, nos conectando a Ele de forma espiritual.

As respostas podem ser contrárias aos nossos objetivos, alvos e metas. Porém precisamos entender que a resposta de Deus é a melhor para nós. O que acontece com você, com sua mente, com o seu interior quando a resposta da sua oração é contrária ao que estava esperando?

O texto é bem claro: não cesse. Por que o texto nos orienta desse modo? Há uma grande luta espiritual que vivemos todos os dias, entre a carne e o espírito, e só poderemos vencer essas lutas em oração.

Primeiro você ora, depois você está preparado para enfrentar as batalhas. Por essa razão, manter a oração a Deus revigora as nossas forças. Afinal, o inimigo usa várias armas para nos afrontar, mas quem confia em Deus sabe que a única arma para combater qualquer peste satânica vem pela oração. São inúmeras as confirmações históricas de que a oração sempre levou o homem aonde ele menos esperava e onde Deus o esperava.

Para refletir:

Ore aqui, para se encontrar com Deus lá na eternidade, lá nas dificuldades, no trabalho, na escolha e onde você colocar a planta dos seus pés.

POR RAMOS FERNANDO

DIA 108

ELIMINANDO RUÍDOS

"Sobre tudo o que se deve guardar, guarda o teu coração, porque dele procedem as saídas da vida." Provérbios 4.23

Meu coração fala um milhão de coisas; ele tem vontade própria e sempre diz como devo me sentir. Já pensei em deixá-lo decidir tudo por mim de uma vez, pois já recebi muitos conselhos a esse respeito. O pensador Augusto Branco diz: "Siga seu coração, e ele o levará a coisas incríveis". Sério?! Coisas incríveis, quem não quereria isso? Liguei a televisão para assistir a um filme e lá estava o homem bicentenário dizendo: "Siga o seu coração, mesmo que ele esteja errado".

Cantores e atores da *Disney* em outros programas fecham a discussão dizendo que "se eu seguir meu coração, a vida será como uma obra de arte". Parece-me muito claro que isso é o melhor que posso fazer durante o tempo de existência que tenho nesta Terra.

Mas espere! O que a Bíblia diz sobre o assunto? "Sobre tudo o que se deve guardar, guarda o teu coração, porque dele procedem as saídas da vida" (Pv 4.23). Então, realmente o coração tem grande importância acerca do que me acontecerá. Porém, guardá-lo com certeza é diferente de segui-lo. Por que devo fazer isso? Analisando Jeremias 17.9, vejo que: "Enganoso é o coração, mais do que todas as coisas, e perverso; quem o conhecerá?". Isso quer dizer que meus sentimentos são fruto de uma natureza corrupta e falha? Não posso seguir algo assim, pois certamente cairia em graves pecados (Gl 5.16-26).

Ainda bem que, em um mundo com várias vozes internas e externas, aquela que vem do Espírito Santo sempre nos revela o que é engano e erro. Basta parar um minuto e orar, falar com Ele e contar-lhe todos os medos, inseguranças e dúvidas com relação ao futuro.

Para refletir:
Em vez de acreditar em tudo o que dizem por aí, pergunte ao Senhor qual o melhor caminho a seguir.

POR JULIANA MACHADO

DEUS É DIGNO DA MINHA CONFIANÇA

DIA 109

"...Não temas, Daniel..."
Daniel 10.12

O capítulo 10 do livro de Daniel fala sobre um episódio que o entristeceu muito. Uma palavra da parte de Deus acerca de uma guerra prolongada que aconteceria foi revelada ao profeta. Por três semanas, Daniel não comeu nenhum manjar desejável, nem vinho bebeu e não se ungiu com unguento. Contudo, no decorrer do capítulo, o anjo do Senhor se revela a Daniel dizendo para ele não temer, pois a sua oração fora ouvida.

A Bíblia revela muitos casos de orações respondidas, como os casos de Ana, Jabez e de outros servos e servas que buscaram a face do Senhor em sua angústia e obtiveram a resposta. Quando aplicamos o coração a conhecer sobre Deus e entendemos que nada somos, o Senhor ouve as nossas orações e se inclina a nosso favor.

Este momento que estamos passando nos entristece. Mas que possamos ter a certeza de que o Senhor enviará o Seu anjo a nosso favor para nos consolar, assim como fez com Daniel. O segredo está na perseverança da oração. Daniel tinha o costume de orar três vezes ao dia. Ele orava e estava em sintonia com Deus a todo tempo. É clichê, mas é a pura verdade: o Senhor tem compromisso com aqueles que têm compromisso com Ele.

A partir do momento em que Daniel resolveu não se contaminar com o manjar do rei, Deus assumiu esse compromisso. E você, possui um compromisso com o Senhor? Sem Ele nada somos; Ele é o nosso ajudador, Deus forte, nosso amigo fiel que está conosco em todos os momentos da nossa vida. Pode levar 21 dias, como aconteceu com Daniel, ou até mais tempo. Porém tenha certeza de que aquilo que você pede a Deus virá, pois o Senhor não é homem para que minta e nem filho do homem para que se arrependa.

Para refletir:

Deus é fiel em todo o tempo. Creia nisso.

POR SARA RODRIGUES

DIA 110

O PEDIDO CERTO

"Pedis e não recebeis, porque pedis mal, para o gastardes em vossos deleites." Tiago 4.3

Somos incentivados, em diversas ocasiões, a pedir o que precisamos, e isso desde muito cedo na vida. Tenho meu filho Daniel, de 6 meses, e a frase "quem não chora não mama" nunca fez tanto sentido para mim.

A própria Bíblia nos ensina a pedir: "Pedi, e dar-se-vos-á; buscai, e encontrareis; batei, e abrir- se-vos-á. Porque, aquele que pede, recebe; e, o que busca, encontra; e, ao que bate, abrir-se-lhe-á" (Mt 7.7-8). Contudo não podemos pedir qualquer coisa. Sabem o que os discípulos, que conviveram com Jesus como ninguém nesta Terra, pediram a Ele? Eles poderiam ter pedido qualquer coisa, estavam diante do Ser mais poderoso do Universo, no entanto, fizeram um pedido apenas: "Senhor, ensina-nos orar" (Lc 11.1). Quando aprendermos a conversar com o Deus Todo-poderoso, teremos tudo o que precisamos; teremos ousadia para entrarmos no santíssimo lugar (Hb 10.19).

Lembra da oração de Jabez? "Foi Jabez mais ilustre do que seus irmãos; sua mãe chamou-lhe Jabez, dizendo: Porque com dores o dei à luz" (1Cr 4.9). É sabido que Jabez rogou ao Deus de Israel: "Tomara que me abençoes e me alargues as fronteiras, que seja comigo a tua mão e me preserves do mal, de modo que não me sobrevenha aflição! E Deus lhe concedeu o que lhe tinha pedido" (v.10).

Para refletir:

Aprenda a falar com Deus e as demais coisas acontecerão naturalmente.

POR RENALDO GOMES

SUBINDO O MONTE

DIA 111

"E levantou-se Moisés com Josué, seu servidor; e subiu Moisés ao monte de Deus." Êxodo 24.13

O povo de Israel, após sua libertação do Egito, conhecia a Deus como um grande ser poderoso, porém, não tinha uma verdadeira intimidade com ele. Prova disso é que Deus lhes concedeu a oportunidade de chegarem perto do monte para ouvir a Sua voz. Deus os amava, porém eles haviam se acomodado, se acostumado a ouvi-lo por intermédio de Moisés.

Mas nem todos estavam satisfeitos com isso. Josué, ajudante de Moisés, decidiu ir além: abandonou todo seu medo, sua zona de conforto, provavelmente o apoio de amigos, para subir no monte com Moisés e conhecer Aquele que o tinha libertado do Egito.

Muitas vezes nós somos como povo de Israel: temos medo de subir no monte porque isso nos tiraria da nossa zona de conforto. Estamos acostumados a ter uma vida superficial com Deus. Hoje Deus está à procura de pessoas que anseiam por um relacionamento verdadeiro com Ele.

Para refletir:

Que estejamos dispostos a subir o monte da guerra espiritual, o monte da oração.

POR SANTIAGO RAMOS

DIA 112

RELACIONAMENTOS IMPORTAM?

"E aos violadores do concerto ele, com lisonjas, perverterá, mas o povo que conhece ao seu Deus se esforçará e fará proezas." Daniel 11.32

Uma das características do Anticristo é fazer falsos acordos. Ele é desprezível e não tem direitos de reinar; para ele, alianças não são importantes (Dn 11.29-32).

Em Isaías 53, diz-se que Cristo foi desprezado, homem de dores, o Renovo de Jessé. O ministério terreno de Cristo não foi para reivindicar reinado. Ele inaugurou o reino de Deus com a pregação do evangelho, curas, milagres e maravilhas. Agora perceba o contraste entre o desprezível e o desprezado: se aquele não tem direito para reinar usurpa tronos e faz falsos acordos (Dn 11.23), Jesus inaugura o reino de Deus por meio da verdade, a Palavra de Deus, e não por reivindicação própria (Fp 2.6).

Às vezes podemos nos enganar (Pv 18.1) ao perceber o evangelho como um tipo de bolha entre Deus e eu. Quando refletimos com mais diligência, notamos o egoísmo suplantando a plena revelação do evangelho. Deus conhece e trata de nossa fragilidade de modo a fortificar as alianças horizontais tanto quanto a vertical.

Veja a figura da fonte: ela não pode escolher não saciar a sede ou não regar os lugares secos; ela simplesmente existe. Nosso relacionamento com Deus corre simultaneamente para nossos relacionamentos humanos. E o relacionamento horizontal é tão ajustado quanto os membros do nosso corpo (1Co 12.27). Outro fato é que a fonte nunca começa exorbitante; é um olho d'água que vai produzindo força até jorrar.

O enganador reivindica posição de honra, não cumpre acordos e banaliza alianças, considera relacionamentos descartáveis. Nosso Jesus glorifica o Pai, cumpre o que promete e cuida dos Seus. Ele demonstrou isso na oração em João 17.

Para refletir:

Lute pelas alianças estabelecidas por Deus nos relacionamentos horizontais, pois elas lhe farão reconhecer a nossa Aliança com Cristo.

POR JESSICA COSTA

RAZÃO DO CORAÇÃO

DIA 113

"Toda amargura, e ira, e cólera, e gritaria, e blasfêmias, e toda malícia seja tirada de entre vós." Efésios 4.31

À s vezes, quando ouvimos coisas que não nos agradam, temos sentimentos de amargura. E logo aqueles sentimentos de tristeza, dor e ira querem aflorar. Em lugar de deixar a ira, a dor ou tristeza acender, pare, pense e respire! Pense: "O que tenho para aprender com esta situação?". A luta vem como uma maneira de aprender e amadurecer.

Embora as pessoas nos magoem, não conseguimos controlá-las, porém podemos controlar a nós mesmos, agindo com cautela, sendo mais maduros e diferentes! Como diz, em Lucas 6.29, ofereça a outra face! Seria o mesmo que dar uma segunda chance, entender que a vida tem seus altos e baixos. Não podemos retribuir da mesma maneira, ainda que nosso ego grite em nosso interior e queiramos falar e gritar. Mas não vai ser dessa vez que você vai se quebrar; você é forte! Faça como Jesus: tenha o seu coração valente! Pela sua própria paz, lance sobre Ele toda a sua ansiedade (1Pe 5.7).

Deixe a justiça da sua vida nas mãos do Senhor. Encha-se das coisas do alto e lembre-se de todas as promessas que estão sobre você! Assim, o Senhor limpará toda amargura, toda tristeza todo stress, pois Ele o ama. Não importa quem errou; você se sentiu frágil, frustrado com o que aconteceu. Talvez você deva primeiro se perdoar por ter criado essa expectativa, esperando um tipo de comportamento diferente por parte do outro. Deus lhe convida a dar o primeiro passo: perdoe quem o feriu, perdoe-se a si mesmo.

Para refletir:

O que vale mais a pena: conceder o perdão ou ter a razão?

POR ANDRESSA SANTOS

DIA 114

O REFÚGIO

"Estou cercado de leões ferozes; seus dentes são lanças e flechas, e suas línguas, espadas afiadas." Salmo 57.4 (NBV-P)

Esta passagem encontrada no livro de Salmos refere-se a um momento da vida de Davi, o escolhido de Deus como rei de Israel, em que ele se vê completamente isolado em uma caverna no deserto. Davi surge nas Escrituras como o matador de gigantes e deixa o legado de maior rei de Israel, embora tenha tido alguns, senão muitos, momentos infelizes nos quais o erro e o pecado foram presentes em sua vida.

Quando Davi cita o verso 4 do Salmo 57, ele está foragido de Saul, escondendo-se na caverna de Adulão. Neste momento de sua vida, Davi havia chegado nesta posição porque não estava mais vendo Deus, mas sim os problemas e segurando-os com as próprias mãos.

Contudo, foi ali na caverna que o matador de gigantes que teve a cabeça posta a prêmio, não tendo onde recostar a cabeça, redescobre a sua coragem. Seu olhar direciona-se para Deus novamente, e Davi então encontra *refúgio*. No momento em que ele se vê só, sem saída alguma, ele relembra daquele que o escolheu e inicia sua canção: "O Senhor é o abrigo da minha alma; eu me escondo debaixo das suas asas até que passe o perigo" (Salmo 57.1, NBV-P).

Em alguns momentos da nossa vida, encontramo-nos em um grande impasse. Muitas vezes, sem direito de escolha, acabamos sendo erguidos pelo tornado e lançados no deserto, o qual nos ataca de todos os lados. Que hoje você possa erguer os olhos para os céus, olhar para Deus e entregar a sua vida a Ele, que é o nosso *refúgio*.

Para refletir:

Em meio aos problemas, lembre-se de que em Deus você tem seu refúgio.

POR ELIAS E JESSIKA

UM AMIGO TRAÍDO

DIA 115

"E Judas Iscariotes, um dos doze, foi ter com os principais dos sacerdotes, para lho entregar." Marcos 14.10

Judas Iscariotes foi um homem privilegiado. Conviveu pessoalmente com Jesus por três anos, ouviu Seus ensinamentos, incluindo alguns que eram ministrados exclusivamente aos discípulos, e ainda presenciou muitos milagres. Porém isso não foi suficiente para mudar suas más intenções, pois sua ganância o controlava. O nome Judas, no hebraico, significa "abençoado", mas hoje o termo apenas nos remete à traição. Além disso, é triste observar que a iniciativa da traição cometida partiu do próprio Judas; ele não precisou nem ser aliciado, não precisou dos "conselhos" de uma serpente. Por conta própria, decidiu procurar os sacerdotes para entregar Jesus.

A verdade é que Judas não soube aproveitar as oportunidades que teve de criar um relacionamento genuíno com Jesus. Mesmo após a traição, ele poderia ter se arrependido. Certamente Jesus o perdoaria, como perdoou Pedro, que o negou. Mas, ao invés disso, Judas, tomado pelo remorso, decidiu tirar a própria vida.

Que este triste relato nos leve a refletir sobre a importância do nosso relacionamento com Jesus. A história de Judas nos ensina que é possível estar perto de Jesus, relacionar-se com Ele, porém de uma forma superficial. Jesus nos chama de amigos (Jo 15.14), mas esse privilégio é condicionado à obediência a Seus ensinamentos.

Para refletir:

Que nada seja mais importante em nossa vida do que o nosso compromisso com Cristo.

POR ANDERSON SOUZA

DIA 116

UM NAMORO A TRÊS

"E, se alguém quiser prevalecer contra um, os dois lhe resistirão; e o cordão de três dobras não se quebra tão depressa." Eclesiastes 4.12

Em Eclesiastes 4.7-12, vemos a importância de se estabelecer relacionamentos, de ter com quem compartilhar alegrias e tristezas, que seja auxílio nos momentos de fraqueza, que ajude a levantar, lutar; enfim, alguém com quem se possa verdadeiramente contar.

É certo que o relacionamento referido nessa passagem pode ser tanto de amizade quanto um namoro ou casamento. Mas, resumindo, não é bom que estejamos sós. Curioso é ela que cita "se um cair, o outro levanta o seu companheiro... (v.10)", "se dois dormirem juntos..." (v.11), "dois lhe resistirão..." (v.12), mas encerra fazendo uma analogia com "o cordão de três dobras..." (v.12)

Não há dúvidas de que a presença de Deus deve fazer parte desse relacionamento. Depois de entregar sua vida a Cristo, a decisão mais importante que vocês tomarão na vida *não* é o curso ou a faculdade que farão, em qual cidade morarão, qual emprego terão; é quem será sua esposa/esposo, pai/mãe dos filhos de vocês.

O namoro é a fase de preparação para isso e sempre deve ter esse propósito. É o momento de andarem juntos conhecendo as características um do outro, percebendo os defeitos dessa pessoa, avaliando se, mesmo com esses defeitos, pode ser o companheiro ou companheira descritos em Eclesiastes. Pergunte a si mesmo: "Posso 'fechar os olhos' para esses defeitos após o casamento? O que temos em comum? Quais aspectos combinam e quais divergem?".

É o momento de se conhecerem emocionalmente (não fisicamente), a fim de estabelecer uma relação firmada em Deus, enfatizando que o compromisso da aliança sempre será a três. Assim se forma um cordão resistente, com três dobras, com a presença de Deus.

Para refletir:

Que o Espírito Santo faça parte do seu relacionamento. Busquem a Sua presença juntos e estarão cada vez mais próximos um do outro.

POR ANDERSON SOUZA

LÁGRIMAS

DIA 117

"E eis [...] uma pecadora, sabendo que ele estava à mesa em casa do fariseu [...] chorando, começou a regar-lhe os pés com lágrimas..." Lucas 7.37-38

Ao ler esta passagem, observamos diversas coisas interessantes acerca do amor e do cuidado de Cristo em a Sua passagem por essa Terra. Primeiramente observamos o cuidado irrestrito do Mestre com todos os que desejavam ter Sua presença, fosse para receber uma palavra, ou ensinamento, ou até mesmo um milagre. Por outro lado, também observamos uma demonstração de fé imensa de uma mulher pecadora que, pela simples companhia do Mestre, se jogou aos Seus pés e, movida de grande emoção e temor, chorou a ponto de suas lágrimas molharem e lavarem os pés do Senhor. Depois, ela secou-os com seu cabelo.

Essa mulher, chamada de pecadora pelo escritor do evangelho, era malvista pela sociedade, e, na visão do anfitrião de Jesus, tê-la por perto era um erro. Contudo, movido de extrema compaixão, o Mestre ensina a todos uma lição valiosa: o que importa não é o que você tem a oferecer a Cristo, mas sim que isso seja o seu melhor e com sua melhor intenção. Se refletirmos acerca de nossa vida, podemos entender que, embora muitas vezes sejamos incapazes de oferecer algo que para os olhos dos homens seja perfeito, seja por limitações ou por erros que cometemos, o que mais importa a Jesus é que isso seja algo verdadeiro e sincero.

Frequentemente em nosso ministério e vida cristã, nos fixamos em fazer apenas o que é perfeito e deixamos o próprio Jesus, que é o foco da nossa adoração, de lado. No entanto, para Deus, a intenção que vem do nosso coração somado ao nosso melhor naquele momento será mais importante do que uma perfeição aparente aos olhos dos homens.

Para refletir:

Você tem apresentado o seu melhor com a intenção de agradar a Deus ou aos homens?

POR LEONARDO RIBEIRO

DIA 118

SOLTEIRICE

"Tudo tem o seu tempo determinado, e há tempo para todo o propósito debaixo do céu." Eclesiastes 3.1

Dias atrás, conversei com algumas amigas sobre a solteirice, um estágio da vida que muitas pessoas associam à solidão, mas, a meu ver, não tem nada a ver com isso.

Penso que o maior problema é que os solteiros, em vez de desfrutar dessa fase, passam quase toda a sua totalidade buscando alguém, uma pessoa que vá completá-los, que vá preenchê-los, que os tornará dela. Mas eles esquecem que nós já temos um relacionamento, e esse é o momento perfeito para desenvolvê-lo: o seu relacionamento com o seu melhor amigo, o Espírito Santo, com o Noivo, Jesus e com o seu Pai, Deus.

A Bíblia diz em Eclesiastes 3 que há um tempo para todo propósito debaixo dos céus. Aprenda a respeitar o tempo, aprenda a viver as fases, a seguir os desejos do Pai para sua vida. Entenda que há um momento propício, adquira maturidade, se conheça, preencha seu coração das coisas que vêm do alto.

Para refletir:

Seja um com Cristo antes de tentar ser um com alguém.

POR MELYSSA GENTIL

QUEM O CONTROLA?

DIA 119

*"Tudo neste mundo tem o seu tempo;
cada coisa tem a sua ocasião."* Eclesiastes 3.1 (NTLH)

Por vezes já fui controlada pelo que não tenho controle, o imediatismo de querer tudo para ontem, de correr contra o tempo de maneira egoísta, como se ele fosse passar mais rápido para atender exclusivamente meus anseios. Reflito nos porquês que surgem enquanto nada acontece visivelmente.

É tão difícil entender que o controle não está em nossas mãos? E por que é tão angustiante crer que Deus trabalha e provê no tempo dele? Seria por conta de uma fé fragilizada ou apenas algo acometido pela nossa humanidade, acostumada com a prontidão frente às suas demandas de maneira autônoma, independendo do Soberano?

Creio que o alívio para a ansiedade venha por meio do fortalecimento de nossa fé, o que ocorrerá por meio de oração e entendimento da onipotência do Senhor. De fato, nada somos sozinhos, mas o amor e o cuidado de Deus nos refrescam a memória que, no Senhor, podemos confiar sem medo de frustrações.

Para refletir:

Descanse em Deus, seja paciente
e creia que, antes mesmo de pedir, o Senhor
já está trabalhando em seu favor.

POR CYBELE BLAUZIUS

DIA 120

VIAGENS

"Ninguém vem ao Pai, a não ser por mim."
João 14.6

A correria do dia a dia às vezes nos faz esquecer de coisas simples. Ao sair de casa, de repente nos esquecemos do carregador do celular e passamos o dia lamentando essa falta dramática e terrível. Quem sabe até voltamos para casa apenas para pegá-lo e "voltar à vida normal". Ufa, agora posso respirar!

Isso também pode acontecer em viagens. Ficamos tão ansiosos na semana que antecede àquela data tão importante; e, quando chegamos ao destino, coisas mínimas, porém importantes, foram deixadas para trás. Eu sei que isso já aconteceu com você e pense que é o único a falhar pela ansiedade. Ela faz com que esqueçamos de coisas importantes e acabamos focando muito mais em algo que está por vir.

O foco no que ainda não aconteceu faz gerar perdas importantes na jornada, afinal, esperamos por muitos destinos que são resultados dos nossos objetivos. Quero utilizar essa metáfora da viagem para levá-lo a um pensamento de Deus a seu respeito: "Por que os meus pensamentos não são os vossos pensamentos" (Is 55.8).

Não perca os detalhes das lições que o caminho da viagem lhe traz. Nem sempre haverá paisagens belas ou estradas em bom estado, mas lhe garanto que sempre haverá um aprendizado e uma lição (Rm 8.28).

Na viagem aos nossos objetivos, o Senhor nos ensina e orienta muito mais durante do que no final. Não fique tão ansioso com que está por chegar. E, por mais que esqueçamos detalhes tão óbvios, lembre-se: Ele sabe exatamente o que você precisa para a viagem antes, durante e depois. Ele não se esquece, porque sabe, ouve, vê e Ele é o que você precisa para seguir à frente no destino que Ele traçou.

Para refletir:
Observe o trajeto. Pare. Espere. Escute. Aproveite o durante. Há algo extraordinário nessa vigem porque Ele é o caminho.

POR MARIANE PEREIRA

ANSIEDADE

DIA 121

"Não andeis ansiosos de coisa alguma; em tudo, porém, sejam conhecidas, diante de Deus, as vossas petições..." Filipenses 4.6 (ARA)

Só de falar essa palavra já me sinto ansiosa, confesso. Desconheço uma pessoa mais ansiosa que eu. Um orçamento importante que preciso mandar para um cliente, provas da faculdade, eventos importantes, lançamento de um novo álbum de um cantor que eu gosto, uma viagem que vai acontecer. Coisas assim me deixam muito ansiosa, não de forma saudável, mas de maneira nociva. Vão de coisas mais importantes até coisas simples, que não necessitam de preocupação alguma.

Porém, abro a Bíblia, e Paulo, inspirado pelo Espírito Santo, diz: "Não andeis ansiosos de coisa alguma; em tudo, porém, sejam conhecidas, diante de Deus, as vossas petições, pela oração e pela súplica, com ações de graças" (Fl 4.6, ARA). É um "tapa" na Noemi ansiosa, e ela se quebra.

A ansiedade se tornou uma doença em nossa geração. Somos tão imediatistas que isso se transforma em ansiedade, afeta nossa vida e até mesmo nossa espiritualidade. Ao andarmos ansiosos, não estamos apresentando a Deus nossas preocupações e depositando nele nossas ansiedades e aflições.

Falo primeiramente para mim e depois para você: "Não ande ansioso por coisa alguma; apresente ao Papai suas ansiedades, aflições e anseios. Ele quer ouvi-lo e lhe trazer paz". Não é fácil, sei bem, mas a paz que o Espírito Santo traz é um acalento para nosso coração ansioso. Não há explicação para como somos transformados ao confiar no Senhor, deixando que Ele guie tudo, da maneira dele, a melhor maneira.

Como disse Augusto Cury em seu livro *Ansiedade* (Ed. Benvirá, 2013): "Não deixe a ansiedade e nenhuma outra armadilha da mente guiar a sua mão enquanto você escreve a história mais importante de todas".

Para refletir:

Fale com Deus, pois a paz que o Espírito Santo traz é um acalento para nosso coração ansioso.

POR NOEMI LIMA

DIA 122

NÃO FUJA AO ENCONTRO

"Far-me-ás ver a vereda da vida; na tua presença há abundância de alegrias; à tua mão direita há delícias perpetuamente." Salmo 16.11

Uma frase que temos ouvido frequentemente é: "Vivemos em tempos difíceis". Realmente, nunca vivi momentos que me desestabilizaram tanto como estes. O medo tem nos levado à ansiedade, dor e muitas vezes ao pânico. Ele tem nos paralisado.

Em Gênesis, temos o primeiro relato sobre o medo: "E chamou o SENHOR Deus ao homem e lhe perguntou: *Onde estás?* Ele respondeu: Ouvi a tua voz no jardim, e, porque estava nu, tive *medo*, e me escondi" (Gn 3.9-10, ARA, ênfase adicionada). O medo, seja pelo pecado, como com Adão, ou por momentos do nosso cotidiano, nos impulsiona a fugir, nos isolar, nos esconder. Mas Deus, mesmo sabendo do pecado de Adão, não faltou ao encontro e foi procurá-lo. O Senhor nos encontra, mesmo quando não queremos ser encontrados.

O medo vem para nos impedir de estar em comunhão com Deus. Ficamos tão vulneráveis que nos sentimos como nus. Não queremos que ninguém veja a nossa fragilidade. O cárcere do medo nos aprisiona, nos isola de tudo. Porém Deus quer nos encontrar; Ele não falta ao encontro. O amor de Deus nos encontra: "No amor não existe medo; antes, o perfeito amor lança fora o medo..." (1Jo 4.18, ARA).

Se conhecemos o amor de Deus e permitirmos que ele nos alcance, o medo não terá poder sobre nós, o abraço divino nos encontrará. Mesmo quando nos isolamos na caverna, como Elias, Deus nos encontra e diz: "O que fazes aqui...?" (1Re 19.9). E, com voz meiga e suave, nos alcança e nos posiciona à porta da caverna.

O medo quer nos aprisionar, porém Deus, com Seu imenso amor, nos abraça e nos posiciona para que governemos sobre o medo. Portanto, pare de fugir, saia da caverna e não fuja do seu encontro com Deus.

Para refletir:

Somente quando estamos nos braços do nosso "Aba", conseguimos romper o medo e viver o que Ele tem para nós.

POR MARCIA SILVEIRA

JESUS, NOSSA RECONCILIAÇÃO COM DEUS

DIA 123

*"E tomou o S*ENHOR *Deus o homem e o pôs no jardim do Éden para o lavrar e o guardar."* Gênesis 2.15

As condições no Jardim do Éden eram paradisíacas. Deus levou o homem para lá. Ele foi autorizado a cultivar o jardim e tinha contato regular com o Criador. Uma comunidade sem lutas, sofrimentos, dores e velhice, portanto sem tudo o que dificulta a nossa vida. O homem não poderia ter estado melhor. Estava em suas mãos, ele poderia manter esse estado, sim, ele deveria manter esse estado. Essa era sua missão! O vínculo com o Criador era a obediência do homem, que deveria brotar da confiança em Deus, que, em Seu amor, concedeu ao homem tudo o que é bom.

Como todos sabemos, esse estado das coisas não durou. O homem escolheu não confiar em Deus. Agindo contra a vontade divina, ele comeu da árvore proibida. Ao fazer isso, destruiu a relação de confiança com seu Criador. A morte veio. Não imediatamente, mas o envelhecimento, e o falecimento começou, no homem e na criação.

Deus não amava mais Suas criaturas? Estava tudo acabado agora? Deus mandou o homem para fora do Jardim do Éden. Ele deveria continuar a cultivar o solo, porém agora debaixo de esforço e dificuldades. A partir de então, a rebelião e o pecado contra Deus moldaram o mundo e permeiam tudo o que foi produzido pelo homem até hoje.

Contudo, Deus também estabeleceu um plano de salvação. Em Jesus Cristo, a quem o Pai levou à morte por nós humanos, Deus deu a cada um de nós a oportunidade de nos reconciliarmos com Ele. Qualquer um que admita sua própria impotência para salvar a criação e que aceita com confiança a oferta de salvação de Deus, ganha a vida eterna com o Criador, como era originalmente pretendido.

Para refletir:

Aceite diariamente a salvação em Cristo e viva eternamente.

POR EVERTON RODRIGUES

DIA 124

A UM PREGADOR OU A UMA PREGADORA

Um anjo do Senhor disse a Filipe: "Vá para o sul, para a estrada deserta que desce de Jerusalém a Gaza." Atos 8.26

No capítulo 8 de Atos, lemos um pouco sobre o ministério de Filipe. Ele estava em Samaria, com a bola toda. Falava de Cristo, fazia sinais milagrosos, recebia a atenção total de todas as pessoas, havia muitas conversões e a cidade toda se alegrava com sua presença ali. Sabe aqueles raros momentos em que parece que, se melhorar, estraga? Então, talvez fosse essa a sensação. Aí, Deus lhe diz, por meio de um anjo: "Vá para o sul, vá para o deserto".

"É que a multidão ouve a você e ouve a outros também, porém, há um para quem talvez só você possa explicar. Vá para o deserto, Filipe. Aquela carruagem ao longe, você a vê? Corra atrás dela. Sim, deixe a multidão que o segue e corra atrás de quem foi ao templo, mas não pôde adorar. Marginalizado, incompreendido e desamparado. Eunucos não têm espaço no templo de Jerusalém. Naquela carruagem, há um etíope com o livro de Isaías aberto sem entender o que lê. Eu o vi, ele quer tanto, Filipe! Ele quer tanto entender. Vá, explique para ele. Aprenda sua linguagem, escute suas dúvidas, compartilhe o que você sabe e tudo o que Deus lhe tem dado. Anuncie as boas-novas. Ah, Filipe, não se preocupe com Samaria, nem com a multidão. Esteja disposto a mudar sua rota, deixe-me arrebatar você de vez em quando, dessa sua agenda, dessas suas atividades e eventos. Ninguém vê, mas Eu conheço e não desprezo nenhum dos que vêm a mim, porém frustrados, voltam sem entender."

Para refletir:

Deus lhe pergunta: "Posso contar com você?".

POR THAMIRES HADASSA

QUEM RI, NÃO SABE O FINAL

DIA 125

"E riam-se dele, sabendo que estava morta."
Lucas 8.53

Você já percebeu que Lucas faz questão de mostrar que riram de Jesus no episódio da ressurreição da filha de Jairo? Lucas 8 é o capítulo que mostra Jesus acalmando uma tempestade, libertando um endemoninhado, curando uma mulher que sofria há 12 anos de fluxo de sangue e ressuscitando a filha de Jairo.

Então, por que riram dele? Não seria mais fácil confiar em vez de debochar? A resposta é simples: quem ri não conhece o passado! Não sabe da história, não viu os outros milagres! Quem ri não conhece o futuro! Não que precisamos saber do amanhã, mas ter uma real esperança de um futuro melhor nos motiva a confiar e não desprezar. Quem ri só vê o presente!

Eles riram porque sabiam que ela estava morta. O excesso de evidências desfavoráveis impede de enxergarmos e acreditarmos no sobrenatural! Quem ri, despreza a Palavra! Cristo havia afirmado: "não está morta, mas dorme" (v.52). Essa é a grande marca dos incrédulos: vivem pela vista e não pela fé naquilo que ouvem de Deus!

Entenda algo: os que riram porque sabiam que a menina estava morta ficaram de queixo caído ao ver que não sabiam de nada! A última palavra sempre virá de Jesus!

Para refletir:

Diante de algo impossível, qual tem sido sua atitude? Rir ou acreditar?

POR JADER GALHARDO DIAS

DIA 126

ACAMPANDO NA FRONTEIRA

"De toda a árvore do jardim comerás livremente, mas da árvore do conhecimento do bem e do mal, dela não comerás..." Gênesis 2.16-17

O jardim do Éden é descrito na Bíblia como um verdadeiro paraíso. Encontramos rios, árvores lindas, todos os tipos de frutos e animais, onde o homem e a mulher poderiam desfrutar de tudo. Porém, Deus colocou um limite: a árvore do conhecimento do conhecimento do bem e do mal. A partir do momento em que o casal deu ouvidos para o diabo, eles pecaram.

Nos dias de hoje, convivemos diariamente com os limites que a Bíblia nos orienta a colocar. No entanto, como vivemos em Cristo, esses limites não fazem diferença, pois a vida com Deus é muito maior do que estar perto ou além dessa fronteira.

O grande problema é quando muitas pessoas estão tão focadas nesses limites que só se importam com o que é pecado e o que não é, com o medo de atravessá-los, querendo sempre viver no limite. Infelizmente, isso constrói uma geração fraca para a qual acampar na fronteira é muito mais interessante do que desfrutar o que há em todo o Éden. Isso acaba gerando grandes chances de, a qualquer momento, esses limites serem ultrapassados.

Existem coisas muito maiores lá fora que nós cristãos devemos dar prioridades. Temos um futuro para construir, a Palavra de Deus para espalhar e muito o que aprender e ensinar a essa geração que está tão carente do amor de Jesus. Não podemos perder tempo acampando na fronteira. Existe um mundo inteiro para conquistar.

Para refletir:

Você tem se mantido longe das fronteiras do pecado ou ainda está testando até onde ela vai?

POR NATALY MOLLETA

PONTO FINAL OU VÍRGULA?

DIA 127

"Não vos lembreis das coisas passadas, nem considereis as antigas. Eis que farei uma coisa nova..." Isaías 43.18-19

A passagem bíblica de Isaías 43:18-19 fala de uma restauração, de um povo que seria disperso e passaria por privações. Porém, esse texto foi escrito pelo profeta Isaías dezenas de anos antes de essas privações acontecerem, mostrando que o Todo-poderoso já tinha planos para restaurar aquilo que seria destruído antes mesmo que a destruição acontecesse. Isso nos mostra que nada foge do controle de Deus.

Aos olhos humanos, as adversidades marcam o ponto final, mas para Deus é apenas uma vírgula. Ou seja, uma pausa necessária para dar ou alterar o sentido da história, fazendo com que a vontade divina prevaleça.

Quando eu tinha 17 anos, ouvi que era um jovem epilético condenado a tomar medicamentos e sofrer com tais problemas para o resto da vida. No entanto, 10 anos depois também ouvi: "Você não tem enfermidade alguma; não precisa mais de medicamento!". Aos humanos, o diagnóstico dessa doença era o ponto final, para Deus era apenas uma vírgula; e a história continua acontecendo, porém com outro enredo.

O que no passado causou dor e frustração, após intervenção divina, é a causa do novo cântico nos lábios. Aquilo que tanto causou lágrimas agora é causa do sorriso no rosto.

Para refletir:

Assim como as vírgulas determinam o real sentido do texto, as adversidades realçam e determinam quão gloriosa e preciosa é a vida de um ser que foi moldado pelo Criador.

POR MARCOS SAMPAIO

DIA 128

DO JARDINEIRO AO OURIVES

"Aparecem as flores na terra, o tempo de cantar chega, e a voz da rola ouve-se em nossa terra." Cântico dos Cânticos 2.12

Há algum tempo, uma irmã me abordou, dizendo: "O Senhor tem algo novo para você!". Agradeci a palavra e mantive grande expectativa, o que me levou à seguinte reflexão: em nosso texto bíblico da meditação, diz-se que: "...o tempo de cantar chega...". A palavra "cantar", traduzida do hebraico, pode também significar "podar".

Escrevendo às tribos dispersas entre as nações, Tiago diz: "Meus irmãos, tende por motivo de toda alegria o passardes por várias provações, sabendo que a provação da vossa fé, uma vez confirmada, produz perseverança" (1.2-3, ARA). A provação pode ser entendida como o trabalhar do ourives no ouro a fim de purificá-lo.

Já paramos para pensar que o recomeço é um zelo de Deus para nos aperfeiçoar? Refletir nossa conduta é um imperativo bíblico (Rm 12.1-3). Tanto o jardineiro, que poda, quanto o ourives, que prova o ouro no fogo, estão buscando a excelência.

Acho importante destacar o quanto Deus se compadece de nossas aflições e não nos deixa prostrados na derrota, antes produz em nós frutos do Seu reino. A beleza do recomeço está em quão melhor podemos servir.

Antes que me esqueça, sobre as minhas expectativas no Senhor e Sua obra em mim... Bom, este devocional é apenas uma parte da grande obra que o Senhor está produzindo. Algumas podas já ocorreram, e percebo outras acontecendo. Mas, como eu disse, o propósito é o aperfeiçoamento para servir com excelência. Essa é a minha oração para cada um que lê este texto.

Para refletir:

Você já parou para pensar que o recomeço é um zelo de Deus para nos aperfeiçoar?

POR JESSICA COSTA

ANTES TARDE DO QUE NUNCA

DIA 129

"...Senhor, lembra-te de mim, quando entrares no teu Reino. E disse-lhe Jesus: Em verdade te digo que hoje estarás comigo no Paraíso." Lucas 23.42-43

Todos nós um dia já ouvimos, ou ouviremos, a expressão "Antes tarde do que nunca". Sério, é uma frase bem clichê, porém bem verdadeira quando se trata de uma grande decisão.

Como diz um trecho de uma canção da Ariane: "Mesmo eu sabendo que recomeçar é tão difícil", conhecendo tudo o que construiu e o que conquistou, escolher recomeçar é uma escolha muito difícil. Pode ser difícil, mas eu tenho uma notícia para você, caso você queira entregar a Deus toda a sua vida. Sim, isso mesmo: a sua vida inteira.

A Palavra de Deus diz que aquele que perde sua vida por amor a Ele a achará. Logo, ao perder a vida mundana, talvez de status, muitas más "amizades", certamente estará mais próximo de achar em Cristo o verdadeiro sentido de viver. Entenda que, se foi essa decisão a tomar que o fez parar, ficar indeciso ou desacreditar do cuidado de Deus, Ele nos diz uma verdade na Sua Palavra: "Entrega o teu caminho ao Senhor; confia nele, e ele tudo fará" (Sl 37.5).

Recomeçar é difícil, porém, quando se trata de recomeçar com Cristo, se torna mais fácil! Acredite nisso, pois nele você tem a certeza de tudo; certeza do cuidado de um Pai que se importa com seu filho e que provê nos mínimos detalhes. Não pense que está tarde para mudar ou para recomeçar, ainda que lhe digam isso. Antes tarde do que nunca.

O ladrão entendeu que ali na cruz era o fim e que talvez fosse tarde demais para ele. Contudo, ainda assim decidiu arriscar, e, após o diálogo com Cristo, seu recomeço foi nas mansões celestiais!

Lembre-se: Jesus Cristo tem vida, e vida em abundância, para você.

Para refletir:

Viva a plenitude da vida com Cristo aqui Terra! Crie hoje um ponto de ruptura, decidindo-se unir-se à Fonte, Cristo.

POR IGOR VASCONCELOS

DIA 130

QUANDO O "TUDO" ESTÁ PERDIDO

"Porque o Filho do Homem veio buscar e salvar o que se havia perdido." Lucas 19.10

A palavra perda tem estado muito latente em nossos dias. Pessoas perderam empregos, carros, casas, mas principalmente entes queridos durante a pandemia. Além disso, a perda pode provocar desânimo e até levar a pessoa a desistir de viver. É difícil recomeçar quando tudo desmorona, é difícil se encontrar quando o "tudo" se perdeu.

Mas a Palavra de Deus diz que Jesus Cristo veio buscar e salvar o que se havia perdido. Jesus sabe o que você está passando. Se tudo está perdido aos Seus olhos, encontre os olhos do Mestre. Há amor o observando, há ternura envolvendo-o e há força o sustentando para você recomeçar.

Para refletir:

A morte é terrível, mas ela não é o fim. Jesus venceu a morte, para hoje lhe fazer viver!

POR LUCILÉIA GODOI

RECOMEÇAR É NECESSÁRIO

DIA 131

"O Senhor, pois, é aquele que vai adiante de ti; ele será contigo, não te deixará, nem te desamparará; não temas..." Deuteronômio 31.8

Estamos sempre esperando que algo mude para mudarmos! Observe que estamos aguardando a iniciativa do outro, da circunstância favorável ou do tempo certo. Muitas vezes, embora confiando que Jesus pode fazer todas as coisas — e realmente Ele o faz, no Seu tempo e propósito—, temos a tendência de paralisarmos naquele lugar de tristeza, angústia e dor, ou pior, pararmos na espera de tempos melhores. Mas recomeçar é necessário. Precisamos ter atitudes que nos façam caminhar na fé e sempre nos fortalecer por meio da Santa Palavra. Você se lembra de Rute e Noemi.

Quando Noemi decide voltar para Belém, ao ouvir que Deus havia visitado a terra com pão, Rute a acompanha. Rute deixa os seus deuses, sua família, seus costumes e toda uma vida em Moabe. Deixa tudo para acompanhar a sogra já idosa, que não tinha nada para lhe oferecer, a uma cidade onde ela nem sabia se seria bem recebida ou não por ser estrangeira. Porém, Rute deixou o passado para trás e caminhou em direção ao novo, decidiu recomeçar. Um novo incerto, um caminho que ela não tinha percorrido, uma vida que ela nunca tivera. Contudo, ela foi, e Deus honrou a sua decisão!

Coisas novas chegam quando decidimos sair de alguns lugares. Coisas novas chegam quando decidimos abandonar as velhas práticas. Rute viveu um novo tempo, uma nova história, uma nova experiência quando ela decidiu ir e "arriscar" a vida em Belém.

Dê as costas para essa zona de conforto onde você está, porque, embora seja um lugar tranquilo, nada acontece! Precisamos nos levantar, recomeçar e viver o novo de Deus que já está pronto e reservado para a nossa vida.

Para refletir:

Vá sem medo, movimente-se, arrisque-se.
Sua ação gera reação dele em enviar o cuidado.

POR REBECA SILVA

DIA 132

A MISERICÓRDIA

"Embora os montes sejam sacudidos e as colinas sejam removidas, ainda assim a minha fidelidade, para com você não será abalada." Isaías 54.10 (NVI)

Qual a duração da misericórdia de Deus? Será que Deus sempre nos amará? Em Isaías encontramos a resposta do próprio Deus: ainda que os montes e colinas se movam, o amor de Deus não mudará. Deus, por intermédio de Isaías, estava proclamando que, mesmo que a ordem natural fosse destruída, mesmo que houvesse altos e baixos, qualquer destruição que você possa imaginar, nada disso alteraria o amor e a imensa misericórdia de Deus.

Diante disso, toda a ansiedade, esgotamento, desânimo e culpa que você possa estar enfrentando neste momento se tornam temporários e possíveis de serem vencidos. Porque a imensa misericórdia de Deus é mais firme do que o solo abaixo de nossos pés, mais segura do que a Terra que nos sustenta, mais estável que o grande Universo. A misericórdia é a algo intrínseco ao próprio Deus, não há ressalvas; Ele é misericordioso.

Por que se preocupar? Por que ficar desapontado diante as dificuldades? Por que ficar deprimido? Por que se desesperar? Não há motivos para ter medo! A misericórdia de Deus o alcançará, ela é eterna. A decisão de nos amar vem do próprio Deus, e esse amor jamais terá fim. Lembre-se: "[Deus] é bom, e a sua misericórdia dura para sempre" (Sl 136.1).

O autor do hino 512 da *Harpa Cristã*, Pastor Paulo Leivas Macalão, compara a misericórdia de Deus com a imensidão do mar: "O santo amor de Cristo, que não terá igual, A Sua vera graça, sublime e eternal, E a misericórdia imensa como o mar, A qual ao céu atinge, com gozo, hei de cantar, Como é inesgotável, O amor de meu Jesus!".

Para refletir:

Confie na misericórdia de Deus.

POR EVERTON RODRIGUES

PELO SEU SACRIFÍCIO, O LOUVAMOS

DIA 133

"Portanto, ofereçamos sempre, por ele [Jesus], a Deus sacrifício de louvor, isto é, o fruto dos lábios que confessam o seu nome." Hebreus 13.15

O dicionário apresenta o significado da palavra sacrifício como "renúncia a algo que se possui" ou "dedicação absoluta a algo ou alguém que pode levar a privações". Algo interessante no sacrifício é que ele nos leva à uma posição de entrega do que temos de mais valioso. E fazemos isso conforme diz o salmista: "Louvai ao Senhor porque Ele é bom; porque a sua benignidade é para sempre" (Sl 136.1).

Em Mateus 26, observamos a história de uma mulher que derramou um perfume muito caro sobre a cabeça de Jesus. Posso imaginar a grandeza do sentimento de gratidão que essa mulher carregava em seu coração para entregar aquilo que lhe era mais precioso ao Mestre. Por meio do sacrifício, somos capazes de deixar de lado os nossos medos, angústias, dúvidas, preocupações e inseguranças e adorar Aquele que reina para todo o sempre.

Não consigo pensar em exemplo melhor sobre sacrifício de louvor do que o de Paulo e Silas na prisão: "Perto da meia-noite, Paulo e Silas oravam e cantavam hinos a Deus, e os outros presos os escutavam. E, de repente, sobreveio um tão grande terremoto, que os alicerces do cárcere se moveram, e logo se abriram todas as portas, e foram soltas as prisões de todos" (At 16.25-26).

Quando, mesmo enfrentando situações extremamente desafiadoras como a de Paulo e Silas, oferecemos o nosso louvor a Deus em sacrifício, podemos ver as correntes se soltando, as portas se abrindo e o nome do Senhor sendo glorificado.

Para refletir:

Que o amigo Espírito Santo coloque em nós o desejo profundo de dedicar um louvor sincero e verdadeiro ao Senhor todos os dias.

POR THAIS RAMOS

DIA 134

HAVIA UMA PEDRA NO MEIO DO CAMINHO

"...Se tu és o Filho de Deus, manda que estas pedras se tornem em pães." Mateus 4.3

Já dizia um poeta brasileiro: pedras existem no caminho. Existem e não precisam necessariamente ter utilidade alguma, acrescento. Lembra quando Jesus foi tentado no deserto? Depois de 40 dias e 40 noites sem comer, Ele sentiu fome. "E, chegando-se a ele o tentador, disse: 'Se tu és o Filho de Deus, manda que estas pedras se tornem em pães'". E é desse jeito mesmo: Satanás é especialista em nos confundir com nossas próprias necessidades. O pecado muitas vezes vem assim, na forma de algo que a gente precisa, de algo que sentimos falta. Quem é que consegue evitar a fome? Podemos nos distrair, mas, mais cedo ou mais tarde, vamos senti-la.

Se tentarmos resolver por nós mesmos, renunciaremos ao que Deus tem para nós. A questão é ter um ego não transformado, ansioso e imediatista, que não sabe se negar. Jesus foi bem claro conosco: "E dizia a todos: Se alguém quer vir após mim, negue-se a si mesmo, e tome cada dia a sua cruz, e siga-me" (Lc 9.23).

Ter fome não é o suficiente para comer. Pensar não é o suficiente para falar, querer não é suficiente para agir e saber não é o suficiente para avançar. Por isso, precisamos cuidar com as pedras no caminho. Muitas serão as vezes em que teremos de renunciar o direito de transformá-las em pães. É só até que nossa fé seja provada, até que cresçamos e sejamos aprovados! Mesmo em necessidade, Deus continua cuidando de nós. Então, deixe as pedras onde estão. Não dê ouvido ao diabo! Resista mais um pouco. O que Deus tem para você já é seu, mas nunca virá desse jeito — quando, para se ter o que deseja, for preciso dar ouvido ao "tinhoso".

Para refletir:

Vamos deixar as pedras onde elas estão?

POR THAMIRES HADASSA

RAPAZ, NÃO SEJA COMO SALOMÃO!

DIA 135

"Porventura, não pecou nisso Salomão, rei de Israel, [...] E, contudo, as mulheres estranhas o fizeram pecar." Neemias 13.26

A Bíblia fala que a sabedoria de Salomão era impressionante. Ele foi considerado o homem mais sábio do mundo, mas qual foi o seu erro? Ele se achou sábio demais, a ponto de compartilhar sua vida com mulheres que não estavam debaixo do propósito de Deus.

Acredito que Salomão tinha um problema com o orgulho; ele se achou sábio chegando a ceder às propostas que suas mulheres estrangeiras lhe faziam. Com o passar dos anos, Salomão estava totalmente perdido. Ele começou a levantar altares para outros deuses, escolheu não ouvir a Deus.

Rapaz, na vida, você conhecerá muitas mulheres, e algumas chamarão a sua atenção. Porém, se você decidir compartilhar a vida com alguém que não está no mesmo propósito de Deus que o seu, você vai se perder. Quando você perceber, sua vontade de ir à igreja não será mais a mesma, seu chamado não será tão importante assim. E tudo começou quando você não quis ouvir a voz de Deus, mas ouvir a voz da paixão.

Porém, tenho uma notícia para você, para todo homem de Deus: Ele sempre separa uma mulher que vive sob Seus propósitos. Pode demorar, e, às vezes, seu tempo não chegou porque você não descansou seu coração. No entanto, não seja como Salomão, renuncie a carne e viva no Espírito.

Talvez você esteja se perguntando se aquela pessoa é de Deus para você. Observe os frutos: ela ama a Deus, honra a seus pais, é humilde com as pessoas e procura sempre melhorar, mesmo com seus defeitos? Se sim, você encontrou a pessoa de Deus para você.

Para refletir:

O relacionamento vai ser de Deus quando ambos decidirem viver para Ele.

POR EVERTON RODRIGUES

DIA 136

ALGO SEMPRE ACONTECE...

"...os verdadeiros adoradores adorarão o Pai em espírito e em verdade, porque o Pai procura a tais que assim o adorem." João 4.23

Quando o assunto é louvor e adoração, nossa mente nos guia quase que automaticamente para o livro de Salmos, nos direcionando a Davi como um exemplo de adorador. Como adoradores diante de Deus, podemos refletir se nosso louvor causa algum efeito no trono de Deus e se, quando o adoramos, nos tornamos conhecidos diante do Pai.

Lemos em 1 Samuel 16 que, quando Davi tocava sua harpa, o que havia de ruim na vida de Saul batia em retirada, o ambiente mudava e a presença de Deus era atraída ao local não permitindo que mal algum prevalecesse.

E o que acontece quando nós adoramos e louvamos a Deus? Precisamos nos perguntar se estamos apenas repetindo palavras, contando experiências de outras pessoas, louvando por emoção ligadas às circunstâncias, ou se, de fato, estamos adorando o Senhor por quem Ele é. Adorar a Deus por quem Ele é e louvá-lo pelas coisas que Ele faz vai muito além de música, melodia e palavras bonitas. Louvar e adorar a Deus é estilo de vida!

Precisamos ser o som que agrada o coração de Deus, a voz que toca o Seu coração! Somos conhecidos no Céu como adoradores, pois, como lemos em João 4, adoradores são aqueles a quem o Pai procura, tendo em vista que algo sempre acontece em meio à adoração. Nosso adversário se retira, a cura acontece, cadeias são quebradas, prisões são abertas, vidas são libertas e portas são abertas. E o mais importante: Deus é adorado! Ele se levanta do trono, vem diretamente ao nosso encontro, e Sua preciosa presença faz nos sentirmos abraçados.

Que a partir de hoje sejamos conhecidos no Céu como aqueles que atraem a presença de Deus enquanto o adoramos.

Para refletir:

Seja o adorador que o Pai procura!

POR DANIEL SILVA

O MOTIVO DA NOSSA ADORAÇÃO

DIA 137

"...Hosana! Bendito o Rei de Israel que vem em nome do Senhor!" João 12.13

Uma grande multidão gritava "Hosana!". Ao ouvir falar que Jesus estava chegando em Jerusalém, pegaram ramos de palmeiras e foram ao encontro dele para exaltá-lo. A Bíblia descreve essa passagem como "a entrada triunfal". Apesar do nosso Rei realizar essa entrada de uma forma bem humilde, montado em um jumentinho, ela não deixou de ser grandiosa, pois a presença de Jesus era suficiente para a multidão o exaltar.

Essa é adoração que precisamos buscar todos os dias. Jesus é suficiente, a Sua graça nos basta. Às vezes almejamos algo e esquecemos de adorar a Deus, de sermos gratos pelas pequenas coisas.

Deus pode realizar os desejos do seu coração, dar-lhe coisas grandiosas, fazê-lo prosperar. Mas Ele só vai fazer isso quando você estiver preparado. Enquanto isso, Ele vai suprir as suas necessidades, cuidar de cada detalhe de sua vida e amadurecer a sua fé.

Louve a Deus não apenas quando receber a promessa, mas durante o processo pelo qual você está passando, na espera da promessa se cumprir. Você vai perceber que o verdadeiro motivo da sua adoração é a presença de Jesus, pois é Ele que não deixa você desistir, é Ele que fortalece a sua fé para seguir em frente.

Dessa forma, não seja negligente, não pule etapas pelas quais você precisa passar. Assim como a multidão bradava para adorar Jesus, grite bem alto, exalte o nome do nosso Rei. Que essa adoração venha do seu coração como um grito de gratidão, por tudo aquilo que Deus fez, tem feito e fará em sua vida. Louve ao Senhor mesmo diante das lutas e das dificuldades!

Para refletir:

Deus está cuidando de tudo, e a promessa dele vai se cumprir no tempo determinado.

POR NAYARA ROQUE

DIA 138

LUGAR CERTO

"E sucedeu que, à sétima vez, disse: Eis aqui uma pequena nuvem, como a mão de um homem, subindo do mar. Então, disse ele: Sobe e dize a Acabe: Aparelha o teu carro e desce, para que a chuva te não apanhe." 1 Reis 18.44

O que significa uma pequena nuvem no meio do mar? Sabemos que, do meio do mar, nunca vêm coisas pequenas, certo? A nuvem foi descrita pelo servo como sendo tão pequena como a mão de um homem, mas onde ela estava? Ela estava em um lugar de onde vêm apenas grandes coisas.

Quantas vezes nós menosprezamos algo somente por ser pequeno, sem olharmos onde ele está? Nossa visão humana e excêntrica tende a ver com superficialidade, levando-nos a não valorizar coisas pequenas.

Aquela nuvem poderia estar em qualquer lugar que não causaria tanto espanto, mas o fato de ela estar em um lugar muito específico evidenciou o seu potencial para algo muito grande e que era inevitável.

Não importa o quão pequeno as pessoas o vejam, ou até mesmo você se veja: apenas esteja no lugar certo, e isso lhe fará chegar em lugares inimagináveis.

Para refletir:

Para Deus, o aparentemente pequeno tem potencial inesgotável.

POR GESSICA RODRIGUES

COMO ADORAR O REI?

DIA 139

"Aquele que oferece sacrifício de louvor me glorificará..."
Salmo 50.23

Como adorar o Rei? Há alguns anos, li um livro com esse título que me marcou muito, fazendo-me sempre retornar a essa pergunta. Acredito que precisamos nos questionar a esse respeito.

Essa resposta começa dentro de nós, em nossa casa, em nossos caminhos diários, na nossa rotina. A adoração a esse Deus tão incrível precisa começar em nós, precisa fluir de um lugar onde reconheço a Sua grandeza, entendo que Ele me chamou para adorá-lo e espalhar adoração onde eu estiver. Reconhecer a grandeza de Deus não exige muito de nós; Seus feitos e Suas palavras gritam pelas linhas da Bíblia, então talvez o mais difícil seja reconhecer a nossa parte nesse assunto.

Pedro nos dá um bom direcionamento: "Mas vós sois a geração eleita, o sacerdócio real, a nação santa, o povo adquirido, para que anuncieis as virtudes daquele que vos chamou das trevas para a sua maravilhosa luz" (1Pe 2.9). Eu e você somos esse povo, escolhido e separado, com um objetivo: *anunciar as grandezas de Deus*! E como fazemos isso?

Pedro também responde: "...vós também, como pedras vivas, sois edificados casa espiritual e sacerdócio santo, para oferecerdes sacrifícios espirituais, agradáveis a Deus, por Jesus Cristo" (1Pe 2.5). Nossa parte é *oferecer sacrifícios espirituais agradáveis a Deus*. Isso demanda de nós ação, uma vez que sacrifício pressupõe a perda de algo. E, no meu entender, é nisso que consiste a adoração.

Muito mais do que estar sobre uma plataforma, adorar é oferecer a nossa vida todos os dias para que Deus a use como bem entender, para que o Seu reino se expanda e Sua grandeza seja anunciada.

Para refletir:

Conhecendo nosso objetivo e rendidos a este propósito, podemos a cada dia perguntar a esse Rei: "Como o Senhor deseja ser adorado hoje?".

POR GABRIELLE DA SILVEIRA LALLI

DIA 140

DURANTE A FRAQUEZA

"Pelo que sinto prazer nas fraquezas, nas injúrias, nas necessidades, nas perseguições, nas angústias, por amor de Cristo. Porque, quando estou fraco, então, sou forte." 2 Coríntios 12.10

Paulo teve uma grande revelação sobre os Céus, mas, para que não ficasse orgulhoso, foi colocado um espinho em sua carne, um mensageiro de Satanás com o intuito de esbofeteá-lo para que Paulo não se exaltasse. Por não suportar esse sofrimento, esse apóstolo pediu três vezes ao Senhor que o livrasse do mensageiro de Satanás. Porém Deus disse: "A minha graça te basta, porque o meu poder se aperfeiçoa na fraqueza" (2Co 12.9). Então Paulo deu glórias a Deus porque soube que o amor de Cristo é suficiente até mesmo nas fraquezas.

Em muitos momentos da vida, passamos por fases difíceis em que temos vontade de desistir, em que olhamos para Deus e clamamos com o coração angustiado; mas é aí que Deus está trabalhando. Pode ser no silêncio, porém o Senhor está ali, cuidando de tudo e de cada detalhe, nos moldando para nos deixar mais fortes. Deus sempre tem um propósito para cada dor e fraqueza, e é durante essa fraqueza que Ele mostra que a graça dele é suficiente e mostra o Seu poder por nosso intermédio. Saímos mais fortes do período de fraquezas e com muito mais aprendizado.

Em todo processo de fraqueza e dor, lembre-se de que Deus cuida de tudo e de que a Sua graça é suficiente. Ele sabe o que é melhor, e é por meio da sua situação de fraqueza que Ele está moldando você.

Para refletir:

Você tem confiado totalmente em Deus? Não esqueça que a graça dele é suficiente para nós.

POR KAROLINE APARECIDA MIRANDA

A PRESSA É INIMIGA DA PROMESSA

DIA 141

"Porque eu bem sei os pensamentos que penso de vós, diz o SENHOR; pensamentos de paz e não de mal, para vos dar o fim que esperais." Jeremias 29:11

Desde novos, sempre escutamos que devemos confiar em Deus, pois os Seus planos são maiores e muito melhores do que os nossos. Porém, o confiar desse contexto normalmente se trata de confiar às cegas, acreditar que Deus prometeu e que acontecerá, mesmo não sendo necessariamente no nosso tempo ou da forma que programamos.

Abraão, ao receber a promessa de que seria pai, de início, realmente demonstrou acreditar e confiar no que Deus havia prometido a ele, mas o Senhor não havia lhe dado uma data para o cumprimento.

No decorrer da história, vemos Abraão e Sara, já em idade avançada, tomando uma atitude desesperada. Sara oferece sua serva para que se deite com seu marido e deles venham seus descendentes. O erro inicia quando ambos se lembram da promessa do Senhor, mas como algo lançado ao vento e deixado para trás.

Quando pensamos nos planos de Cristo para nós, devemos pensar em um pai. Qual pai daria para um filho algo que não fosse o melhor? Pois então, nosso Deus, aquele que conhece tudo aquilo que almejamos e precisamos, sabe exatamente a forma de nos fazer chegar lá. Todavia, nós insistimos no péssimo hábito de querer "dar uma mãozinha" para ajudá-lo a agilizar a nossa vontade e acabamos criando nosso "Ismael", que não necessariamente é algo negativo, mas que não é o cumprimento da promessa.

A vontade de Deus se inicia quando nos propomos a esperar. A espera tende a ser difícil, mas também é momento de preparação. É o período quando precisamos amadurecer para usufruir de maneira sábia e gloriosa as bênçãos dele.

Para refletir:

Confie no seu potencial e em quem lhe fez a promessa. Não tenha pressa, e aproveite o processo.

POR JULIA SILVEIRA NASCIMENTO

DIA 142

DEUS ESCREVE CERTO POR LINHAS CERTAS

"O caminho de Deus é perfeito; a palavra do SENHOR é provada; é um escudo para todos os que nele confiam." Salmo 18.30

O título desse devocional é a frase de uma canção da banda *Pimentas do Reino* e nos mostra uma grande verdade. Estamos acostumados a justificar os caminhos tortuosos por que passamos culpando outro alguém ou Deus. Eu sei, porque também penso desse jeito, e a frase que sempre vem a minha cabeça é: "Deus escreve certo por linhas tortas." Mas não é bem assim!

Às vezes, nós simplesmente tomamos decisões equivocadas, que nos levam por um caminho diferente do que imaginávamos. Então, em vez de culpar os outros ou Deus, devemos assumir o erro e voltar!

Ou talvez esse caminho, aparentemente torto que você está trilhando é o mais reto ou "certo" possível! Deus não escreveu a história de José do Egito por uma linha torta; aquele era o caminho a ser trilhado!

Antes de você achar que Deus está escrevendo sua história por uma linha torta, analise se não foi você que decidiu estar nela ou se simplesmente nosso Senhor quer que você trilhe por esse caminho. Se for este caso, por mais que pareça torto, não é!

Para refletir:

Você tem assumido as responsabilidades das suas atitudes?

POR JADER GALHARDO DIAS

AMOR DE DEUS

DIA 143

"Porque estou certo de que nem a morte, nem a vida, nem os anjos, nem os principados, nem as potestades, nem o presente, nem o porvir, nem a altura, nem a profundidade, nem alguma outra criatura nos poderá separar do amor de Deus..." Romanos 8.38-39

Amor. Em si, esta palavra já tem um significado bem forte, é um sentimento que não se desenvolve do dia para a noite, mas sim, por meio de afeto e carinho.

Agora, imagine esse sentimento representado por Deus, nosso Criador. Se o amor de uma mãe para com um filho é imenso, o mesmo acontece com nosso Salvador. Por nos amar, Ele entregou o Seu Filho, Seu Filho unigênito, para que morresse na cruz do calvário em nosso lugar (Jo 3.16).

Mas como reagimos a esse sentimento tão grande de Deus por nós? Muitas vezes, quando passamos por momentos difíceis, queremos colocar a culpa em Deus. Sem pensar que, muitas vezes, o Senhor permite certas situações para nos ensinar, nos moldar. E mesmo nesses momentos, Ele se faz presente do nosso lado e não nos abandona, por intermédio do Consolador, o Espírito Santo (Jo 14.16).

Para refletir:

Precisamos amar mais a Deus, assim como Ele nos ama. Este é o maior mandamento em Sua Palavra! (Mc 12.30)

POR LÍDIA ESCOCIO PEREIRA

DIA 144

JUSTO OU GERAÇÃO?

*"Depois, disse o S*ENHOR *a Noé: Entra tu e toda a tua casa na arca, porque te hei visto justo diante de mim nesta geração."* Gênesis 7.1

Nós pentecostais temos uma maneira única de interpretar a Bíblia. Tratamos as histórias dela como nossas histórias. Literalmente nos colocamos no lugar dos personagens e encontramos lições para a nossa vida. Assim, somos Gideão vencendo com apenas 300 soldados, ou Davi lutando e derrubando o gigante. Parafraseando o que ouvi certo dia em um *podcast*, não mudamos o lado da história, nunca somos o exército de Israel com medo; sempre somos o Davi corajoso. Na verdade, nós somos o exército amedrontado, e Cristo é o Davi que luta por nós. O nosso "eu" tem a tendência de nos colocar no lugar do personagem principal da história. Sempre somos o mocinho, e nunca o vilão.

Com isso em mente, o texto de Gênesis 7 me trouxe uma nova perspectiva, uma vez que há dois personagens: Noé, que é o justo, e a geração em que ele vivia. No momento em que eu lia, uma pergunta soou em meus ouvidos: você é o justo, ou é aquela geração?

A resposta denunciou muitas falhas em mim. Ser Noé, sabendo o final da história, é fácil; isso se chama viver pela vista. Agora viver pela fé, para ser considerado justo, é acreditar, primeiro, que choverá a ponto de acontecer um dilúvio, em uma época quando não havia chuva. Segundo, é obedecer construindo uma arca enquanto não cai uma gota de água e, terceiro, permanecer firme sem ser corrompido pela geração.

É necessário entender algo importantíssimo: "Se confessarmos os nossos pecados, ele é fiel e justo para nos perdoar os pecados e nos purificar de toda injustiça" (1Jo 1.9).

Para refletir:
Você é como Noé, o justo, ou é como a geração dele?

POR JADER GALHARDO DIAS

DEUS SEMPRE SE IMPORTOU

DIA 145

"Também conservei em Israel sete mil, todos os joelhos que não se dobraram a Baal..." 1 Reis 19.18

O contexto do versículo narra o momento em que Jezabel, esposa de Acabe, anuncia a Elias que o mataria, assim como ele fizera com os profetas de Baal. Isso levou o profeta a fugir e se esconder por medo, mesmo conhecendo e presenciando o poder de Deus.

O mesmo ocorre nos nossos dias. As aflições e dificuldades nos fazem temer, e esquecemos o poderio que há nas mãos de Deus. Sentimo-nos sozinhos, sem forças, o que faz com que nossas atitudes não evidenciem a grandeza de Deus.

O texto de 1 Reis 19 demonstra que, mesmo Deus havendo conservado sete mil pessoas fiéis, a vida de Elias era importante para o Senhor. Deus poderia continuar Seu projeto mesmo sem Elias, pois o profeta era somente um em meio aos sete mil. Contudo cada alma, cada pessoa é importante para Deus.

Foi pago um alto preço de sangue para que todo aquele que crer em Cristo não pereça, mas tenha a vida eterna. E Ele, por ser o bom Pastor, deixa as sete mil ovelhas no aprisco e sai em busca daquela que se perdeu ou se escondeu. O Pai aguarda pacientemente até que o filho volte para a casa, sem julgamentos, e o trata como filho, e não como servo.

Desde o princípio da criação, o amor de Deus para com a humanidade nunca foi limitado e nunca fez acepção de pessoas. A maior definição de amor foi Deus ter entregado Seu Filho e o Filho cumprido a missão que lhe fora dada, por meio da qual, pela graça, temos acesso àquilo que um dia rejeitamos. A salvação, por meio daquele que outrora fora rejeitado e que nos encontrou no caminho, nos limpou e sarou as nossas feridas.

Para refletir:

Jesus é a maior definição do amor de Deus por nós.

MAYCON RAFAEL DOS SANTOS

DIA 146

ADOTADOS COMO FILHOS

"...e nos predestinou para filhos de adoção por Jesus Cristo." Efésios 1.5

Quando sabemos de uma família adotando uma criança, muitas vezes pensamos na hipótese de que ela pode se revoltar contra os pais adotivos se um dia eles lhe contarem que não são os seus pais biológicos. Mas, quando olhamos para Bíblia, vemos que em Efésios 1.5 Paulo nos fala que Jesus nos predestinou para filhos de adoção. Isso significa que, antes de nós existirmos, Ele já tinha derramado o Seu sangue por nós.

Imagine que o sangue de Jesus é como a tinta da caneta que Ele usa para assinar os papéis da nossa adoção, porém antes de assinar teria que pagar um grande preço. Teria que dar a Sua vida até pelas pessoas que nem haviam nascido. Ele não desistiu de fazer isso, pois essa era a vontade de Seu Pai.

Em Romanos 8.15, Paulo nos fala que, como filhos adotados, temos a liberdade de ter um relacionamento com Deus e com isso podemos chamá-lo de "Aba, Pai". A partir de agora, além de sermos filhos, também somos herdeiros de Deus e coerdeiros de Cristo (Rm 8.17). Por intermédio desse ato, não somos mais escravos do pecado, mas sim livres pelo sangue de Jesus.

Para refletir:

O preço de sangue naquela cruz foi o pagamento para a nossa liberdade em Cristo Jesus!

POR ELISAMA DÁLETE RIBEIRO DE MACEDO

DIZENDO SIM

DIA 147

"...A quem enviarei, e quem há de ir por nós? Então, disse eu: eis me aqui, envia-me a mim." Isaías 6.8

No início da minha caminhada de fé, certo dia, ouvi atentamente uma pregação em um programa de rádio, onde o pregador falava sobre o capítulo 6 do livro de Isaías. O profeta teve uma revelação, na qual via a glória de Deus. Vendo-se indigno diante do Senhor, reconheceu seus pecados e foi purificado. Ele disse: "Depois disso, ouvi a voz do Senhor que dizia: A quem enviarei, e quem há de ir por nós? Então, disse eu: eis me aqui, envia-me a mim" (Is 6.8). Enquanto o pregador falava, meu coração batia forte, eu ouvia Deus me chamar. Eu pensava no privilégio que era falar de Deus para os povos distantes que não o conheciam, de como Ele contava comigo para cumprir Seu "Ide" na Terra.

Ao final da pregação, orei ali em casa, diante do rádio, com o coração sincero, e disse sim para o chamado de Deus. Não havia plateia, nenhuma testemunha humana para testificar aquele acordo. Não havia igreja, não havia altar, não havia pastor, só havia muita sede de Deus e de obedecer-lhe, nada mais. No final das contas, é isso que Deus quer de nós: coração sincero e disposição.

Ao longo desses anos, Deus me levou a conhecer e conviver, dentro da minha própria nação, com culturas diferentes, povos com a alma deserta, corações sedentos da Palavra de Deus, crianças, jovens e velhos que aguardavam pelas boas-novas. Lugares distantes, cidades pequenas, esquecidos, marginalizados, pessoas que ninguém vê e nem alcança, mas que Deus não esquece. A esses, Ele envia eu e você.

Para refletir:

Os anos passaram, e a necessidade de cumprir o chamado continua. Deus quer ouvi-lo dizer "Sim!".

POR JOANA DARC ARAÚJO MONTEIRO COSTA

DIA 148

DISCÍPULO OU MULTIDÃO

"Assim, pois, qualquer de vós que não renuncia a tudo quanto tem não pode ser meu discípulo." Lucas 14.33

Jesus foi o maior líder da história. Aonde Ele ia, milhares de pessoas o seguiam. Porém, encontramos dois grupos que sempre o cercavam. Primeiramente, a multidão. É registrado em diversos livros da Bíblia os grandes feitos de Jesus para com eles, como: a mulher do fluxo de sangue que foi curada apenas por tocar em suas vestes, ou o leproso que foi curado apenas por um toque.

O segundo grupo de pessoas são os discípulos, aqueles que Jesus designou para estar com Ele, pregarem a Sua Palavra e sobre quem depositou autoridade para expulsar demônios e curar enfermos. E em Mateus 10.5, Jesus deu diversas instruções as quais eles deveriam seguir.

Entretanto, existe uma grande diferença entre esses dois exemplos de seguidores: a multidão apenas estava em busca dos Seus milagres ou de Suas palavras bonitas, ao passo que os discípulos eram submetidos à disciplina cristã. Agora observe o comportamento de Jesus com cada um deles. Enquanto com a multidão Jesus apenas falava e curava sem ao menos tocá-los, Ele se sentava com os discípulos para cear e os acolhia em Seu peito.

Precisamos estar cientes de qual tipo de seguidores estamos sendo. Se escolhermos ser a multidão, não teremos a totalidade de Jesus, apenas o superficial. Mas, se formos verdadeiros discípulos, teremos o melhor de Deus preparado para nós. Porém, precisamos nos submeter à Palavra de Deus e renunciar à nossa carne. Mas isso vale a pena para reclinar-nos no peito de Jesus, certo?

Para refletir:

Qual tipo de seguidor você tem sido: discípulo ou multidão?

POR NATALY MOLLETA

EXCESSO DO AMANHÃ

DIA 149

"Não vos inquieteis, pois, pelo dia de amanhã, porque o dia de amanhã cuidará de si mesmo..." Mateus 6.34

No decorrer da nossa jornada, somos obrigados a tomar decisões que direcionam toda a nossa vida. Isso pode vir acompanhado de preocupações e incertezas, que, às vezes, quando em grau elevado, podem acabar gerando algo dentro de nós chamado ansiedade. E para que serve a ansiedade? Absolutamente nada! Ela é apenas um sentimento que tortura e oprime a nossa mente. Mas o que exatamente gera a ansiedade? Em Mateus 6, Jesus compara as pessoas que andam ansiosas e cheias de preocupações aos gentios (v.32), aquelas pessoas incrédulas que não viviam debaixo da Lei.

Acredito que existem vários motivos para esse sentimento, mas Jesus deixa claro que o principal é a incredulidade, a falta de fé que temos em Deus. Não estou falando que não temos responsabilidades; devemos, sim, planejar e sonhar, mas a ansiedade tira a confiança que temos em Deus e a coloca somente em nós. Mas essa carga Deus, misericordiosamente, tirou de sobre nossos ombros. Com a fé, mesmo cumprindo nossas responsabilidades, ela pode nos levar a lugares inimagináveis com paz e descanso, sabendo que Deus suprirá tudo aquilo que faltar.

Para refletir:

Nada melhor que confiar a sua vida Àquele que escreveu a sua história com o maior amor do mundo.

POR NATALY MOLETTA GUIMARÃES DIOGO

DIA 150

DESPERTA, LAODICEIA

"Eu sei as tuas obras, quem nem és frio nem quente..." Apocalipse 3.15

Esta carta foi enviada à Igreja de Laodiceia. Jesus conhecia as obras daquela igreja e sabia que ela não era nem quente, nem fria. Ele sabia que aquele povo vivia em meio ao comodismo, e hoje em dia, acontece a mesma coisa. Existem igrejas que perderam a essência do evangelho, que deixaram a chama do evangelho se apagar, seus cultos se tornaram rotina. Porém, além disso, não existem apenas "igrejas Laodiceia ", também existem "pessoas Laodiceia"!

Igreja, *desperte*! Jesus quer achar pessoas que queimem por Ele, incansavelmente, incessantemente, *até que Ele venha*! Jesus quer despertar você hoje, *agora*!

Igreja de Cristo, volte às primeiras obras. Voltemos a queimar por Jesus, clamemos por Suas obras. Não há mais tempo para brincar de ser cristão! Chegou o tempo de se arrepender, é tempo de rendição. Não se acomode, não seja como a igreja Laodiceia!

Para refletir:

Será que, em relação a Cristo, eu estou quente ou morno, como Laodiceia?

POR ESTER ALVES LEITE

ADOÇÃO

DIA 151

"Porque não recebestes o espírito de escravidão, para, outra vez, estardes em temor, mas recebestes o espírito de adoção, pelo qual clamamos: Aba, Pai." Romanos 8.15

Deus enviou Seu Filho unigênito para que se tornasse o primogênito entre muitos filhos. Deus Pai nos recebe como filhos amados, e o sangue de Cristo derramado no Calvário foi para assinar a nossa carta de adoção. Não somos mais escravos, pois o Filho nos libertou do espírito de escravidão. Assim, da mesma forma como dependemos de Deus, também somos livres para escolhermos ser dependentes de Cristo. Deus não nos força a servir-lhe, temos total liberdade de escolher qual caminho devemos seguir.

Gosto muito de uma frase de C.S. Lewis que diz: "No final, existem apenas dois tipos de pessoas. As primeiras são aquelas que dizem a Deus: 'Seja feita a Tua vontade', e as outras são aquelas às quais Deus, por fim, diz: 'Seja feita a sua vontade'. Todos que estão no inferno escolheram ir para lá. Sem essa escolha pessoal, o inferno não existiria" (*O grande divórcio*, capítulo 9, Thomas Nelson, 2020).

Isso diz muito sobre como Deus é amor, mas também é justiça. Ele não nos dá fardo maior do que podemos carregar. Afinal de contas, como qualquer pai corrige o filho a quem ama, Deus também nos corrige quando erramos o caminho ou desobedecemos a Seus ensinamentos. E Ele faz assim justamente por nos amar.

Para refletir:

Será que nós temos compreendido o peso da responsabilidade de sermos filhos de Deus?

POR ENÉIAS DA MOTA FERREIRA

DIA 152

ELE SEMPRE ESTÁ COM VOCÊ!

"Senhor, tu me sondaste e me conheces."
Salmo 139.1

Lembro de uma fase que marcou minha vida e o meu relacionamento com Deus: a separação dos meus pais quando eu tinha 8 anos. Mesmo vivendo na igreja, me dedicando às coisas do Senhor, eu sentia a ausência paterna e transferia essa ausência para Deus. Sempre o via como alguém distante e que não se importava comigo. Mas, aos 18 anos, após viver um curto período fora da presença dele, Deus se apresentou para mim no meu quarto. Sem amigos, sem família, num lugar novo onde Ele me colocou, sem absolutamente ninguém fisicamente, e ali ouvi a Sua voz dizendo: "Minha filha, você está se sentindo abandonada, sem ninguém ao seu lado, mas quero que você saiba que eu nunca a deixei. Sempre estive ao seu lado, mesmo quando todos a abandonaram. Eu sou o Pai perfeito, que não a abandona e cuida de você como ninguém". Naquele momento, tive o maior encontro da minha vida, o lugar que tanto almejei um dia, o lugar onde Ele preenche todos os vazios do coração.

A partir dali, o Salmo 139 fez sentido para mim. Nele, conhecemos a grandeza do nosso Deus, aquele que nos conhece desde o ventre da nossa mãe. Um Deus que excede todo entendimento, um Pai onipresente, onisciente e onipotente. O nosso melhor Amigo, o consolo que precisamos todos os dias.

Talvez você esteja passando por algo como o que passei um dia. Sente-se abandonado ou rejeitado por uma ou várias pessoas. Mas lembre-se: Ele nunca o deixou, nunca o abandonou e estará sempre com você! Isaías 49.15 diz: "Pode uma mulher esquecer-se tanto do filho que cria, que se não compadeça dele, do filho do seu ventre? Mas, ainda que esta se esquecesse, eu, todavia, não me esquecerei de ti".

Para refletir:

O que você está esperando para experimentar a grandeza de Deus na sua vida com maior intensidade?

POR EDILAINE ALVES PAGUNG

EM TODO PROPÓSITO, HÁ UM PROCESSO

DIA 153

"E disse Faraó a seus servos: Acharíamos um varão como este, em quem haja o Espírito de Deus?" Gênesis 41.38

O que acho mais lindo nessa passagem é Faraó ter reconhecido o Espírito de Deus em José. No Antigo Testamento, ter o Espírito de Deus significava estar em uma missão recebida do Senhor, ter um propósito. Mas, para José chegar a governador, primeiro ele foi humilhado por seus irmãos, vendido como escravo, enfrentou tentações, lutas e testes de fé. José foi transformado por Deus de um escravo aprisionado em o segundo homem mais poderoso do mundo, e isso em 13 anos. Muitos de nós não aguentaríamos passar por esse processo. Mas lembre-se de que em todo propósito há um processo e um caminho a percorrer.

Se lermos os capítulos 4 e 5 de Daniel, encontramos uma história semelhante à de José. Daniel tinha um relacionamento com Deus. Ele passou por obstáculos, por lutas e permaneceu confiando em Deus e priorizando seu relacionamento com Ele. Teria sido mais cômodo e fácil se corromper, mas, assim como José, Daniel escolheu Deus. Disse não aos manjares e ofertas do inimigo e, por meio do Espírito de Deus, ambos interpretaram os sonhos de reis e tiveram grande reconhecimento. O caminho com Cristo muitas vezes é doloroso, difícil e árduo, porém a recompensa é a vida eterna ao Seu lado.

Às vezes não entendemos o processo, duvidamos de Deus e de Suas promessas em nossa vida. Esquecemos que o tempo de Deus é diferente do nosso. Precisamos passar por vários processos para então alcançar o propósito do Senhor em nossa vida. Quando você não entender o processo, confie no propósito.

Para refletir:

O processo pode ser doloroso e difícil, mas continue seguindo o caminho que Deus traçou para você, pois a chegada valerá a pena.

POR FRANCYELLE NASCIMENTO

DIA 154

ENTREGANDO O SEU MELHOR PARA DEUS

"Portanto, amem o SENHOR, nosso Deus, com todo o coração, com toda a alma e com todas as forças." Deuteronômio 6.5 (NTLH)

Muitas vezes, mesmo não percebendo, acabamos não conseguindo entregar o nosso melhor para Deus, e isso ocorre, frequentemente, por vaidade. Em um culto, por exemplo, deixamos de glorificar o nome do Senhor porque temos receio do que as outras pessoas pensarão sobre nós. Em Jeremias 29.13, Deus diz: "Vocês me procurarão e me acharão quando me procurarem de todo o coração" (NTLH).

O mesmo Deus que diz que nós o acharemos, também é o Deus que pode tirar sua timidez, que pode ajudá-lo com sua ansiedade e com seus problemas. Lembrem-se de que Deus entregou o Seu melhor, entregou o Seu filho, que rasgou o véu para que possamos encontrá-lo todas as vezes que nos entregarmos de todo o coração.

Em ambas as passagens citadas acima, Deus nos pede que o procuremos de todo o coração e que o amemos de todo o coração. O Senhor não o quer pela metade. Não quer seu 80%, 70% ou 60%. Ele o quer por inteiro. Ele quer 100% de nós.

Para refletir:
Que nos entreguemos completamente a Deus, em pensamentos, em atitudes, em oração e adoração.

POR GUSTAVO TEODORO KOTRYCH

Chamados para Fora

ENTREGUE A JESUS AS SUAS INQUIETAÇÕES

DIA 155

"Não estejais inquietos por coisa alguma..."
Filipenses 4.6

Há muito tempo, havia um homem que estava preso em condições desumanas e, ao escrever uma carta para os seus amigos de uma cidade importante da época, ele falou sobre a ansiedade da alma e as suas inquietações. Ao receber essa carta, os seus amigos ficaram boquiabertos: como poderia um prisioneiro estar em plena calmaria, mesmo estando encarcerado? Ao escrever sua carta aos filipenses, o apóstolo Paulo surpreendeu seus irmãos na fé ao recomendar que as nossas ansiedades sejam levadas ao conhecimento de nosso Senhor Jesus, com ação de graças.

Não permita que a ansiedade, o medo do futuro, prejudique a sua vida e tire a sua paz. A ansiedade é tida para muitos como o mal do século, pois causa uma preocupação excessiva com o futuro e com as coisas que sequer aconteceram ainda e que, por vezes, nem ocorrerão.

Ao receber uma notícia ruim que lhe cause muita ansiedade, conte primeiramente ao Senhor Jesus, depois pratique o C.D.D (Critique, Duvide e Decida). O C.D.D é uma técnica de gestão da emoção criada pelo Dr. Augusto Cury, psiquiatra cristão, ex-ateu, especialista em gerir emoções:

Duvide de tudo aquilo que controla a sua emoção.

Critique cada pensamento perturbador e repreenda todo mal em nome de Jesus.

Decida ser líder de si mesmo e gestor da sua mente, levando suas ansiedades ao seu Mestre, o Senhor Jesus.

Além disso, não se esqueça de chamar Jesus para conversar. Puxe uma cadeira no canto do seu quarto e conte tudo para Ele, não se esqueça de nada.

Para refletir:

Não permita que as suas ansiedades e inquietações o dominem. Converse com Jesus ainda hoje.

POR LINCOLN TREVISAN

DIA 156

O REINO DE DEUS

"Mas buscai primeiro o Reino de Deus, e a sua justiça, e todas essas coisas vos serão acrescentadas." Mateus 6.33

Muitas vezes em minha vida, eu coloquei Deus em segundo plano, buscando meus próprios interesses. Quando eu deveria buscá-lo pela manhã, eu sempre ignorava, ou não dava a real importância para o primeiro culto do dia para Deus. Planos para o futuro e muitas outras coisas em minha vida estavam tomando o lugar do Senhor. Por causa disso, minha vida espiritual com Deus estava indo de mal a pior, pois eu buscava em primeiro lugar os meus prazeres, deixando Deus em segundo plano. Porém, hoje eu sou uma pessoa que tem um ótimo relacionamento com Deus, procurando sempre estar em comunhão com Ele, buscando a Sua graça e a Sua justiça. Somente assim, nossa vida aqui na Terra será mais abençoada por Deus.

Deus nos manda buscar em primeiro lugar o reino dele. Devemos buscá-lo a cada dia pela manhã orando e lendo a Sua Palavra. *"Pela manhã ouvirás a minha voz, ó Senhor; pela manhã apresentarei a ti a minha oração, e vigiarei"* (Sl 5.3). Devemos buscar o Reino de Deus em primeiro lugar porque, quando pedimos coisas a Ele, queremos respostas rápidas. No entanto, não nos atentamos a buscar o Senhor todos os dias. Porém, quando buscamos o Reino dele, nossa vida passa a ser mais abençoada. Contudo, não devemos buscar o Reino de Deus em troca de algo, mas com a vontade e a felicidade de levar almas para nosso Senhor Jesus Cristo.

Como buscamos o Reino de Deus? Santificando-nos todos os dias, buscando mais da graça de Deus, orando, jejuando e pregando por meio de um bom testemunho para as pessoas que estão ao nosso redor.

Para refletir:

E você, será que estar buscando o Reino de Deus?

POR ERISON EVANGELISTA DE LIMA

PROPÓSITOS SIMPLES

DIA 157

"E disse Jessé a Davi, seu filho: Toma, peço-te, para teus irmãos um efa deste grão tostado e estes dez pães e corre a levá-los ao arraial, a teus irmãos." 1 Samuel 17.17

Quantas vezes você já ficou irritado por tarefas simples que foram passadas pelos seus pais ou superiores? Pedidos como: "Busque meu sapato", "Me traga um café", "Leve este documento até aquele lugar" etc. Quantas vezes você se questionou achando que a tarefa simples que estava cumprindo não tinha relação alguma com o seu propósito de vida?

Davi havia sido ungido como futuro rei de Israel e recebeu uma demanda muito pequena diante do tamanho do cargo que ele assumiria: levar alimento para seus irmãos. A cena parece cômica: o filho Jessé, já com a unção de rei, tendo que cumprir atividades de um servo.

Talvez alguns de nós não aceitaríamos fazer tal coisa, bateríamos o pé com nosso pai argumentando algo do tipo: "Eu sou o futuro rei de Israel, peça a outro." Porém Davi entendia que era o menor de sua casa, o mais novo de seus irmãos. Ele sabia quem era, e por isso cumpriu o propósito estabelecido por seu pai, sem questionar.

Entenda algo: saber quem você é o ajuda a definir o seu propósito, por mais simples que ele seja. Antes de ser rei, Davi era filho, irmão e pastor de ovelha. Isso estava muito bem definido em sua mente. E foi por meio do cumprimento de um propósito simples que Deus cumpriu uma grande promessa. Davi desafiou o gigante, venceu a batalha e, cada dia que passava, mais se confirmava como futuro rei de Israel.

Não despreze os propósitos simples entregues a você, porque eles são capazes de levá-lo ao cumprimento de grandes promessas.

Para refletir:

Você tem atendido aos pedidos mais simples do dia a dia? Eles são capazes de cumprir coisas grandes em sua vida.

POR JADER GALHARDO DIAS

DIA 158

FOCANDO NO OBJETIVO

"E enviei-lhes mensageiros a dizer: Estou fazendo uma grande obra, de modo que não poderei descer..." Neemias 6.3

Sabemos da importância de se ter foco. Nesta passagem bíblica, vemos o episódio em que Neemias está trabalhando na reconstrução dos muros de Jerusalém, e Sambalate, Tobias, Gesém e outros inimigos se unem para infligir mal a ele e fazê-lo parar. Precisamos saber que, enquanto estivermos fazendo a obra de Deus, sofreremos resistência, assim como Neemias e tantos outros.

Em algum momento da vida, sofreremos oposições e, muitas vezes, podemos sentir vontade de jogar tudo para o alto e desistir. No entanto, a obra de Deus não pode parar, devemos sempre ter em mente o objetivo que queremos alcançar. Às vezes as coisas podem parecer impossíveis, e a verdade é que, quando estivermos fazendo um bom trabalho, o adversário de nossa alma usará de artimanhas para desviar a nossa atenção e nos fazer parar, a fim de que a obra não se concretize, assim como usou Sambalate e cia (v.9). Todavia, mesmo diante de tudo isso, Neemias se manteve focado, e seus esforços tornaram possível a reconstrução dos muros em apenas 52 dias.

Paulo diz em 1Co 9.26: "Pois eu assim corro, não como a coisa incerta; assim combato, não como batendo no ar". Que tenhamos esse foco e essa certeza de para onde estamos indo e, assim como Neemias, buscar forças e direcionamento no Senhor. Então, poderemos batalhar sem desanimar para tornar os projetos realidade, pois, dessa forma, Deus nos tornará sempre triunfantes.

Para refletir:

Você tem focado na obra que Deus confiou a você?

POR DANRLEY NASCIMENTO

ESCOLHA A MELHOR PARTE!

DIA 159

"...e Maria escolheu a boa parte, a qual não lhe será tirada." Lucas 10.42

Quem nunca se preocupou com a recepção de alguma visita? Preocupamo-nos com a arrumação da casa e no servir uma boa comida, pois queremos oferecer o melhor, e um alimento bem-preparado sempre cai bem. Contudo, ao observar o relato de Lucas sobre a recepção feita para Jesus, observa-se um sentido diferente do que é a melhor parte.

A história narrada tem dois pontos: Marta, a cuidadora do lar, querendo dar o melhor para a visita ilustre em sua casa, e Maria, querendo apenas ouvir o que Cristo tinha a dizer. As duas devem ter ficado admiradas pela visita em seu lar, e, nessa expectativa, Marta aparentemente era a que mais se dedicava em dar o melhor. Porém, para aquele objetivo da visita, ela estava escolhendo a parte errada. E Maria simplesmente escolheu a parte boa: a do alimento espiritual, a palavra de Cristo.

No contexto da nossa caminhada, quando Cristo entra em nossa vida por termos o aceitado, vivenciamos novas experiências. Porém, com tempo, criamos absolutos do que seria ser um cristão. Tomamos decisões por nossa vontade e esquecemos de parar para ouvir a Sua Palavra. Sendo assim, andamos ansiosos com muitas coisas nesta vida. Enquanto Cristo está falando e nós damos atenção a outras coisas, deixamos de lado a melhor parte: estar aos Seus pés. Antes de oferecermos qualquer coisa para Ele, devemos ouvi-lo, essa é a melhor parte.

Deus requer que o ser humano escute a Sua voz; precisamos ter a sensibilidade de ouvir e procurar constantemente ler a Sua Palavra. Somente assim, teremos escolhido o melhor cardápio.

Para refletir:

Que venhamos a escolher estar mais aos pés de Cristo ouvindo a Sua verdade. Essa é a melhor parte!

POR ANDRÉ SILVA NETO

DIA 160 — ESCOLHAS E CONSEQUÊNCIAS

"Vês aqui, hoje te tenho proposto a vida e o bem, a morte e o mal." Deuteronômio 30.15

Havia um programa de televisão há alguns anos em que alguém da plateia era escolhido e entrava em uma cabine à prova de som com um microfone no interior. O apresentador tinha à disposição uma variedade de objetos do lado de fora e, quando questionava se o participante queria trocar algo de valor por algo sem valor, ou o contrário, o participante deveria aceitar ou não a troca, conforme uma luz acendia à sua frente. Como não sabia o que estava trocando, com frequência o participante escolhia errado e, só quando saía da cabine, se dava conta das escolhas que tinha feito.

Constantemente nos vemos na mesma posição. Cada dia é uma oportunidade de escolher a bênção de Deus ou a maldição de rejeitá-lo, a vida abundante e eterna ou a morte e a condenação. Desde o início da humanidade, essa escolha é proposta a cada um de nós, e depois de ter escolhido bem ou mal, "...tudo que o homem semear isso também ceifará" (Gl 6.7).

A boa notícia, para quem deseja escolher certo ou se arrepende das escolhas que fez, vem pelas mãos do Homem que "...não cometeu o pecado, nem na sua boca se achou engano" (1Pe 2.22). Ele é capaz de tirar a venda dos nossos olhos e nos conduzir por um caminho mais excelente! Quem melhor para nos guiar do que o próprio Deus? Quem conhece o amanhã melhor do que Aquele o planejou? Você não precisa estar sozinho. "...Deleita-te também no SENHOR, e ele te concederá o que deseja o teu coração. Entrega o teu caminho ao SENHOR; confia nele, e ele tudo fará" (Sl 37.4-5).

Para refletir:
Para qual decisões você pode pedir o conselho de Deus esta semana?

POR LÉO GUÍMEL DE SOUZA AMORIM

A IMPORTÂNCIA DA FÉ NA VIDA

DIA 161

"...Quando, porém, vier o Filho do Homem, porventura, achará fé na terra?" Lucas 18.8

Jesus se utiliza de uma parábola para explicar a importância de ter fé em Deus e ser insistente na busca por algo que precisamos. No caso dos primeiros versículos de Lucas 18, é-nos contada a história de uma pobre viúva e certo juiz, na qual a viúva sabia que ele poderia resolver a sua causa. Constantemente ela ia ao seu encontro para clamar por justiça contra o seu adversário, e o juiz, mesmo sendo injusto, nessa questão foi obrigado a fazer justiça e resolver o problema da viúva, senão não teria sossego.

E quanto a nós, se pedirmos ao Justo Juiz, será que Ele não fará justiça aos Seus escolhidos que o buscam constantemente sem desfalecer? O nosso adversário, como príncipe deste mundo, continua influenciando todos os poderes que regem a sociedade. Ele invade até mesmo o sistema religioso, a ponto de quererem adaptar as Escrituras aos costumes mundanos, fragmentar a religião verdadeira e terceirizar a fé das pessoas, tudo isso para deixar subliminarmente o homem mais longe de seu Criador e mais amante de si mesmo

Num mundo pós-moderno, as mudanças parecem ser normais. Contudo, no quesito relacionamento com Deus não houve e não haverá mudanças, como diz em Mateus 24.35: "O céu e a terra passarão, mas as minhas palavras não hão de passa". Ou seja, o que é de Deus, o que foi escrito por Ele permanece para sempre.

Para refletir:

Neste tempo quando os homens sempre dão um "jeitinho" para obter seus objetivos, sem sacrifício, sem renúncia, achará o Senhor fé na Terra?

POR SAMUEL JOSÉ DA CRUZ

DIA 162

EU NÃO SOU IGREJA

"Porque Deus amou o mundo de tal maneira que deu o seu Filho unigênito, para que todo aquele que nele crê não pereça, mas tenha a vida eterna." João 3.16

"**E**u não sou igreja" parece um tanto quanto contraditório, mas não, é apenas equívoco na compreensão. Quer ver? O apóstolo Paulo alertou a igreja de Corinto que *eu* sou o *templo*, o *santuário*, o lugar de habitação do Espírito Santo (1Co 3.16). Por outro lado, o escritor aos hebreus nos deixou uma importante advertência: "Não deixemos de *reunir-nos* como *igreja*, segundo o costume de alguns, mas procuremos *encorajar-nos* uns aos outros, ainda mais quando vocês veem que se aproxima o Dia" (10:25, NVI).

Desta forma, observa-se que *Igreja* não sou eu, mas a unidade de "vários eus", ou seja, a reunião, a comunhão entre aqueles que servem como templos do Espírito Santo. Desse modo, *eu* sou o *templo*, e *nós* somos a *igreja*, que, por sua vez, é a comunhão dos membros. Ou, como diríamos, o "coletivo", a *Noiva* amada do Senhor — conforme nos relatou João em Apocalipse 19.7 —, que não pode deixar de congregar.

Diante dos dias maus que estamos vivendo, o mundo requer uma *Igreja* forte, corajosa, destemida, pois Deus tem uma missão para a Sua Igreja. Isto é, que os membros, a Noiva de Cristo, cumpram o "Ide", executem Seus propósitos, preguem a Palavra, vivam em *comunhão* e alcancem as almas que necessitam se render a Jesus, pois: "Deus amou o mundo de tal maneira que deu o seu Filho unigênito, para que todo aquele que nele crê não pereça, mas tenha a vida eterna" (Jo 3.16).

Para refletir:

Deus tem habitado em você?

POR ANDRÉ LUÍS SILVA DA COSTA

CONFIE NO SENHOR

DIA 163

"O Senhor, pois, é aquele que vai adiante de ti, Ele será contigo, não te deixará, nem te desamparará, não temas, nem te espantes." Deuteronômio 31.8

Moisés encoraja Josué porque ele teria uma grande missão pela frente: conduzir o povo de Deus até a Terra Prometida. As palavras de Moisés foram de grande relevância para Josué, pois seus desafios seriam muitos, e a jornada, longa.

Quem sabe você esteja com um grande desafio em suas mãos, e é natural se sentir pequeno e despreparado. Porém, se Deus confiou em você, então isso basta. O próprio Senhor escolhe e capacita os Seus para a Sua grande obra.

Em meio a esse grande desafio, acredite em Deus, Ele não o desamparará. O Senhor lhe dará sabedoria para tomar as maiores decisões, força para suportar as maiores dores, coragem para enfrentar tudo com ânimo e vigor para todas a lutas.

Deus nos garante a vitória quando nele confiamos... Não desanime, confie no Senhor! Você há de vencer!

Para refletir:

Você tem entregado ao Senhor a sua vida e depositado nele a sua confiança?

POR CARLOS FERREIRA

DIA 164

CONOSCO ESTÁ O SENHOR

"Com ele está o braço de carne, mas conosco, o SENHOR, nosso Deus, para nos ajudar e para guerrear nossas guerras." 2 Crônicas 32.8

Em nossa peregrinação nesta Terra, enfrentamos muitas batalhas e embates, não apenas no aspecto físico, sentimental, financeiro, profissional, educacional, familiar, mas infinitamente mais no âmbito espiritual. A maior questão em relação às batalhas, sejam materiais ou espirituais, não são elas em si, mas como as enfrentaremos e a maneira como nos portaremos diante delas. Buscar por amparos humanos não garantirá o sucesso e a vitória que necessitamos, pois o salmista diz que em vão é o socorro do homem (Sl 60.11; 108.12).

Nesta passagem de 2 Crônicas, Ezequias reconhece esta verdade: a maior e melhor ajuda para vencermos as batalhas da vida vem de Deus, e com ele podemos aprender algumas lições:

Ezequias se uniu com o povo para eliminar tudo o que supriria o inimigo e auxiliaria nas suas investidas (v.4; leia também Tito 2.7-8).

Ezequias animou o povo, restaurou as muralhas, construiu torres, fez armas e escudos em abundância. Ou seja, fechou todas a brechas e se revestiu de armaduras (v.5; leia também Ef 6.10-18; 1Pe 5.8).

Ele reconhecia Deus como maior que tudo (v.7) e sabia que em todas as lutas, por maiores que fossem, Deus era muito superior a qualquer adversário e lhe garantiria vitória (leia Pv 21.31).

Reconhecia que seus adversários possuíam apenas armas carnais, mas ele, em Deus, as espirituais (v.8; leia 2Co 10.4; Sl 46.8-11).

Ezequias não apenas reconhecia todas essas coisas, mas buscou por elas unindo-se com Isaías em oração (v.20). Ou seja, sabendo de quem obteria vitória (Hb 11.6).

Para refletir:

Em quem você reconhece e busca as vitórias em suas batalhas?

POR ALEXANDRE GOMES DE SOUZA

CONSTITUÍDOS PREGADORES

DIA 165

"...fui constituído pregador, e apóstolo, e doutor dos gentios, na fé e na verdade." 1 Timóteo 2.7

Você tem um chamado, por mais que pense não o ter. Deus o escolheu para levar a Palavra dele aonde quer que você vá. Mateus 10.7 diz: "e, indo, pregai, dizendo: É chegado o Reino dos céus". No mesmo evangelho está escrito: "Portanto, ide, ensinai todas as nações..." (Mt 28.19). Em ambos os textos, vemos uma ordem de Deus para todos, não importando sua origem, grau de instrução ou nível social. Deus certamente conta com você.

A expressão do apóstolo Paulo, "...e doutor dos gentios, na fé e na verdade" (1Tm 2.7), mostra sua missão de pregar a outros povos. A palavra "doutor" significa "mestre". E "gentios" significa "nações". Em outras palavras, o apóstolo está dizendo ser ensinador das nações. Da mesma forma, devemos ter o compromisso de ensinar a todos quanto pudermos.

E para isso fomos constituídos: para sermos pregadores e ensinadores da Palavra de Deus para os que não conhecem a verdade. "Disse-lhe Jesus: Eu sou o caminho, e a verdade, e a vida..." (Jo 14.6). Como Paulo, temos esse chamado. Em 1 Pedro 2.9 está escrito: "Mas vós sois a geração eleita, o sacerdócio real, a nação santa, o povo adquirido, para que anuncieis as virtudes daquele que vos chamou das trevas para a sua maravilhosa luz". Então, somos chamados para fora a anunciar o bom e justo evangelho do nosso Senhor Jesus Cristo.

Para refletir:

Sabia que você é especial e nasceu com um propósito?

POR GIOVANNA MARTINS DE OLIVEIRA

DIA 166

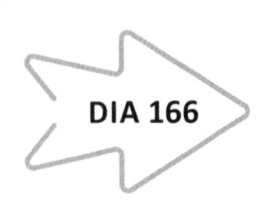

NÃO TROQUE A FONTE PELO TANQUE

"O enfermo respondeu-lhe: Senhor, não tenho homem algum que, quando a água é agitada, me ponha no tanque..." João 5.7

Em João 5, Jesus declara a cura sobre um paralítico que estava mais focado nas águas de um tanque do que ser curado. A necessidade de entrar lá gritava mais alto do que a cura que está diante daquele homem. Se as águas do tanque curavam ou não, não importa. O importante é que Jesus estava decidido a curar e tinha poder para fazer isso. O problema é ter o interesse de Jesus, mas não estar interessado como Ele.

Infelizmente existem várias pessoas que estão exatamente assim. Elas têm "a oportunidade da vida", a melhor chance de todas, porém seus olhos estão naquilo que não vai resolver os seus problemas, coisas passageiras e momentâneas, como as águas do tanque que molham e evaporam.

O fato é que Jesus, além de curar, gera vida de dentro para fora. Foi o que Ele disse quando conversava com a mulher samaritana em João 4. O interesse de Jesus é fluir de dentro para fora em quem ele curou, fluir para que não seja apenas só um mover momentâneo.

Quem era curado pelo movimento das águas depois ficava seco daquilo que o curou. Não é isso que Jesus quer para nós. Não troque a fonte que jorra para vida eterna por um tanque que hoje você se molha e amanhã está seco.

Para refletir:

Porque não é sobre ser curado; é sobre se envolver com Aquele que proporciona a cura.

POR SHELDON DOS SANTOS

DEPENDÊNCIA

DIA 167

"E mediu mais mil e era um ribeiro, que eu não podia atravessar, porque as águas eram profundas, águas que se deviam passar a nado..." Ezequiel 47.5

Quando nos colocamos alinhados à vontade de Deus, fazemos tal como Ele mostrou ao profeta: vamos caminhando cada vez mais fundo em uma água que é controlada por Ele. Nessa água, somos levados pela correnteza para o lado que Ele quiser nos levar.

Na nossa vida cristã, precisamos entender que a vontade de Deus sempre será boa, perfeita e agradável para nós e que Seus rumos sempre nos conduzirão diretamente ao propósito designado por Ele.

Muitas vezes nós temos medo de caminhar em sentido à vontade dele na nossa vida. Contudo, precisamos entender que viver na dependência de Deus é melhor para nós, pois, assim como um pai, Ele sabe do que nós necessitamos para crescer cada vez mais fortes e saudáveis. Viver a vontade dele significa caminhar cada vez mais fundo, cada vez mais dependentes, cada vez mais confiantes de que Ele guiará a nossa vida.

Para refletir:

Viver os planos de Deus na nossa vida é ter a certeza de que estaremos sempre sendo levados para o lado certo!

POR LEONARDO RIBEIRO

DIA 168

O MEDO

"Tenho-vos dito isto, para que em mim tenhais paz; no mundo tereis aflições, mas tende bom ânimo, eu venci o mundo." João 16.33

O medo é uma emoção muito humana que todos conhecemos muito bem. Ele é muito útil em várias situações, alertando-nos para o perigo e impedindo-nos de ser imprudentes. Como pedestre em uma rua movimentada, se tenho medo de atravessá-la sem semáforos, essa é uma sensação útil. Ou quando estou à beira de um desfiladeiro nas montanhas, meu temor me ajuda a não chegar muito perto da beirada e correr o risco de cair.

Mas as pessoas também têm medos completamente injustificados, como, por exemplo, de aranhas ou mesmo de grandes espaços vazios. É importante lidar com esses medos corretamente e não entrar em pânico. Pior ainda é o medo do sofrimento e da doença, como experimentamos nos últimos anos durante a pandemia da Covid-19.

Como lidar com essa maré crescente de pensamentos sobre o que poderia acontecer? E depois há o medo de outras pessoas. Como eles vão reagir a mim? Eles vão me criticar? E se eu falhar? Eles rirão de mim. O medo faz parte do nosso dia a dia, e temos que lidar com ele repetidamente. Ficar amedrontado de outras pessoas, em particular, muitas vezes não é um bom guia. Como é bom quando temos alguém em quem podemos encontrar apoio e confiança! Aquele alguém que Jesus Cristo quer ser para nós.

Ele conhece nossos medos e o que nos preocupa. Ele nos diz, em outras palavras: "Tenha bom ânimo, confie, porque Eu sou o vencedor. Tenho as coisas sob controle". Ele tem boas intenções e quer cuidar de nós com amor. Se pertencemos a Cristo e vivemos com Ele, podemos confiar nele e ter esperança. Podemos chegar a Ele com nossos temores e encontrar segurança.

Para refletir:

**Jesus Cristo é vencedor.
Você pode confiar nele!**

POR EVERTON RODRIGUES

JOVEM, VOCÊ É DIFERENTE!

DIA 169

"Porque sou eu que conheço os planos que tenho para vocês, diz o SENHOR, planos de fazê-los prosperar e não de causar dano, planos de dar a vocês esperança e um futuro." Jeremias 29.11 (NVI)

Jovem, você é diferente porque a responsabilidade espiritual que carrega é grande e você sabe a riqueza da sua missão. Você está na Terra, mas a sua alma não é daqui. Você se guarda e é criticado por ter um coração ligado à vontade de Deus. Você quer ter um único casamento e sonha com a sua futura família. Deus vai honrá-lo porque você escolheu ouvir a voz dele e confiar em Seus planos. Muitos vão zombar de você, vão querer desanimá-lo por causa da sua idade e simplicidade.

Você vai tentar se relacionar com algumas pessoas, mas não vai ter a confirmação de Deus para prosseguir com nenhuma delas. Muitos dirão que o problema é você e, quem sabe, nem a sua família o compreenderá. No entanto, nesses dias, lembre-se de cada detalhe das promessas de Deus para a sua vida, dos seus valores e das suas orações nas madrugadas.

Não sinta vergonha por ser separado e manter-se puro, nem mesmo se preocupe com a sua idade. Você entregou o seu futuro para Deus e está em boas mãos. Creia nas promessas! O seu futuro ainda é desconhecido para você, mas Deus o surpreenderá. Seu casamento será incrível e você vai glorificar muito quando vir acontecendo tudo aquilo que o Senhor prometeu.

Para refletir:

Deus sempre tem uma linda promessa para quem está na fila de espera.

POR EVERTON RODRIGUES

DIA 170

DEUS EXIGE DESAPEGO

"...não olhes para trás de ti..."
Gênesis 19.17

Quando eu tinha 16 anos, fui obrigado a deixar minha velha escola de origem, pois tinha terminado o ensino fundamental. Na nova escola, haveria novos professores, colegas, métodos de estudos, testes e desafios, para chegar à tão sonhada formatura. Não foi fácil deixar as antigas amizades, os antigos costumes, o antigo ambiente, mas tive que tomar essa forte decisão, para receber a coroação de todo meu trabalho.

Com Deus também é assim: temos que nos desapegar de tudo que nos embaraça — velhos costumes, velhas amizades, velhas práticas, para viver em novidade de vida. Em Gênesis 19.17 — "...não olhes para trás de ti..." —, Deus deixa bem claro que, se você quiser ter uma coroa, ser salvo, terá de abandonar seu passado e desapegar-se de tudo que ficou para trás, quer sejam bens materiais ou os prazeres que o pecado lhe oferece.

Jovem, a ordem é: "não olhes para trás". Ou, como disse o autor de Hebreus: "...deixemos todo embaraço e o pecado que tão de perto nos rodeia e corramos, com paciência, a carreira que nos está proposta, olhando para Jesus, autor e consumador da fé" (12.1-2).

Para refletir:
Jovem, você tem abandonado tudo para olhar para Jesus?

POR EV. VALDOMIRO DORNELES

DEUS OUVE AS SUAS ORAÇÕES

DIA 171

"Pois grande é a tua misericórdia para comigo; e livraste a minha alma do mais profundo da sepultura." Salmo 86.13

Você já passou uma noite em claro? Daquelas em que você vira para um lado e para o outro e espera para que o dia amanheça; e quanto mais você espera, a impressão é de que o sono não vem e a hora não passa.

Já tive várias noites assim! Às vezes, as noites são longas. Quando temos algo para resolver, a nossa alma se aflige, e nessa hora nos sentimos sós, como se a incerteza tomasse conta. Nesses momentos de angústia, devemos clamar ao Senhor, pedindo a Sua misericórdia, orando e suplicando por Seu favor, para que Ele venha aliviar essa ansiedade dando-nos força e sabedoria para lidar com o dia a dia.

Quando clamo, o Espírito Santo vem e me abraça, dizendo que não estou só. Minha alma então chora, mas de alegria, e um amor transborda dentro de mim, o maior amor que eu já experimentei. Sinto-me amada por Ele, e aquela ansiedade logo se vai. Seu abraço tem o poder de me curar, curar as feridas da minha alma, arrancando do meu peito toda dor, e não me sinto só!

Agora, peço que o Espírito Santo o encha onde você estiver, e que você sinta o abraço dele e o ouça dizer: "Ei você não está só...". O amor do Senhor é o que nos consola e nos dá força para prosseguir; é ele quem nós dá a paz e a alegria. É Deus que nos livra dos perigos da escuridão e nos traz a luz todas as manhãs, concedendo-nos sempre um novo dia, uma nova esperança e um novo recomeço. Assim sendo, viva esse dia voltado ao Senhor, pois Ele lhe dará um sinal da Sua bondade guiando os seus passos, respondendo às suas orações.

Para refletir:

Você já orou hoje?

POR ANDRESSA SANTOS

DIA 172

NÃO TEMA!

"O Senhor é a minha luz e a minha salvação; a quem temerei?" Salmo 27.1

Quando Davi batalhava para conquistar Judá, ele estava cercado pelos seus inimigos. O levante feroz de Saul contra Davi causou uma imensa guerra entre as tribos de Israel, levando Saul a amedrontar e ameaçar a vida de Davi. O futuro rei de Israel e Judá sempre soube que as suas forças não vinham de seus braços, mas sim do verdadeiro Deus.

Davi reconhece que, sem a luz do Senhor, não seria possível ele atingir os seus objetivos. Entende que, se Deus está ao seu lado, não há o que temer! Em um passado recente, Davi também havia enfrentado um gigante que todos temiam, mas ele não o temeu. Enfrentou um forte inimigo armado com várias armas, ao passo que Davi, com apenas três pedrinhas, derrubou o impensável.

Assim é conosco. Talvez haja um inimigo forte perseguindo você, querendo destruí-lo; talvez seja um gigante que aflige a sua vida pessoal, financeira, espiritual e social. Porém, a Palavra do Senhor para a sua vida é: *não tema*! Então, do mesmo modo como Davi teve fé que Deus o salvaria das mãos de seus inimigos, tenha fé que o grande El-Shaddai o livrará de todo mal que o aflige.

Para refletir:

Não tema, porque o Senhor é com você!

POR BRUNO ARÃO LETRINTA CLARO

QUÃO IMENSURÁVEL É O AMOR DE DEUS!

DIA 173

"Porque Deus amou o mundo de tal maneira que deu seu Filho unigênito, para que todo aquele que nele crê não pereça, mas tenha a vida eterna." João 3.16

Um homem na Bíblia, chamado Abraão, entregaria o seu filho, Isaque, como sacrífico ao Senhor (Gênesis 22). Talvez ele tenha ficado com medo de entregar o seu filho amado, mas a Palavra de Deus diz que ele confiou e teve fé. Imagina o nosso Deus, que deu seu único Filho para morrer em nosso lugar... Que amor puro e imutável!

O fato de o Senhor ter nos tirado, resgatado e libertado de uma vida sem Ele, num mundo em que havia apenas escuridão, demonstra o quanto Ele se importa conosco. Não podemos imaginar o tamanho desse amor porque somos limitados, porém nosso Pai é ilimitado. Deus não poupou Seu próprio Filho por todos nós, mesmo sendo nós pecadores que não mereciam. Pela graça somos salvos e libertos. Somente pela graça!

Jesus pagou um alto preço pela humanidade. No entanto, o nosso Pai, com Sua majestade e poder, não hesitou em fazer tudo isso por nós! Somos amados de maneira genuína e não podemos mensurar (compreender) esse ato de amor. Foi lá na cruz que meu Jesus padeceu para que tenhamos vida.

Engrandeça e enalteça o Senhor pelas maravilhas e os privilégios que Ele lhe deu, entre eles o dom da vida. Um gesto tão nobre que ecoou na eternidade. Jesus disse ao Pai: "Está consumado".

Para refletir:

Lembre-se desse amor imensurável e sem reservas. Aleluia! Glórias a Deus nas alturas.

POR RUTE FERREIRA

DIA 174

"METANOIA" — O QUE É ISSO?

"...mas deixem que Deus os transforme por meio de uma completa mudança da mente de vocês." Romanos 12.2 (NTLH)

Quando olho para o berço do Cristianismo, vejo o Império Romano, que fora constituído por um estilo de governo diferenciado, em que o rei ou o imperador centralizava uma parte do poder juntamente com o senado romano. Um dos maiores impérios que o mundo já viu tinha uma forma de dominação que possibilitava aos povos conquistados terem a cidadania romana, mesmo que por meio de pagamento.

Paulo, em sua carta aos romanos, destaca exatamente essa situação ao confrontar a Igreja, que tinha, em sua composição, judeus e gentios. Eles deveriam abandonar o estilo de vida romano e aderir ao do evangelho. Isso seria fruto de uma transformação da mente deles, da maneira de pensar, o que no original grego seria a palavra "Metanoia".

Logo, o mesmo sentimento e atitude se impõe a nós. Devemos também abandonar o estilo de vida mundano, traçar uma nova rota em nossa caminhada e cada dia desfrutar dessa mudança real de vida. Cada dia com Cristo é uma experiência nova, o resultado de uma "Metanoia", de um arrependimento verdadeiro. Deixemos "nossa Roma" para trás e sigamos para a Jerusalém celestial.

Para refletir:
E você? Está pronto para viver o extraordinário de Cristo em sua vida?

POR FELIPE DOLCI

NÃO DESISTA!

DIA 175

"Esforçai-vos, e ele fortalecerá o vosso coração, vós todos que esperais no SENHOR." Salmo 31.24

Não desista, permaneça. Por mais que a nossa vida seja cheia de inseguranças e incertezas, permaneça. Entenda que, na corrida da fé, não se faz necessário chegar em primeiro lugar. O importante mesmo é que, no fim dessa maratona, você esteja na linha de chegada.

Pense em como você era antes de encontrar a Cristo: andava cabisbaixo, parecendo um perdedor, e hoje, pelo sangue de Cristo, Ele lhe faz mais que vencedor. Entendo que às vezes, diante de novos desafios, pensamos em desistir. Lembre-se de Josué: quando ele assumiu a responsabilidade de levar o povo de Israel para conquistar a Terra Prometida, Deus, por mais de três vezes, lhe disse: "Seja forte e corajoso".

Talvez essa luta ou esse novo desafio que você está enfrentando tem lhe causado medo e o desencorajado a lutar. Quem sabe o inimigo tem plantado em sua cabeça um desejo de desistir, mas lembre-se: não desista, permaneça!

Para refletir:

Diante das lutas, você tem pensado em desistir?

POR JADER GALHARDO DIAS

DIA 176

NÃO ESPERE: MUDE HOJE!

"E fez o que era reto aos olhos do SENHOR, conforme tudo quanto fizera Davi, seu pai." 2 Crônicas 29.2

Durante o reinado de Acaz, Israel abandonou o verdadeiro Deus; fecharam as portas do templo, não ofereciam sacrifícios e ainda se deixaram influenciar por outros deuses. Acaz fez tudo o que era ruim aos olhos do Senhor, e, por esse motivo, veio a ira de Deus sobre Judá. A nação estava falida, financeira e espiritualmente. Por volta do ano 710 a.C, morre o rei Acaz, e Ezequias reina em seu lugar. O jovem rei, no primeiro mês do ano primeiro de seu reinado, reabriu as portas do Templo (2Cr 29.3). Ele fez tudo o que era certo aos olhos de Deus. Porém, o versículo 2 diz que Davi era seu pai: "...conforme tudo quanto fizera Davi, seu pai". Ezequias não queria se espelhar na imagem fracassada de seu pai. Ao contrário, queria se espelhar em quem agira certo. A partir desse momento, Deus começa a abençoar o Seu povo, e a nação começa a receber as maravilhas de Deus.

Ezequias não se deixou levar pelos erros causados por seu antepassado e teve a ousadia de se levantar para mudar. Não aceitou seguir um futuro de fracasso, mas um olhar otimista de vitória.

E você, nos dias de hoje, precisa começar a se levantar e agir; precisa ter mudança, precisa sair da zona de conforto e partir para o encontro das mudanças. Para colher as bênçãos, é necessário reconhecer que precisamos de Deus. E, a partir daí, Ele trabalhará para nos dar vitória.

Para refletir:

Em quem você tem se espelhado?

POR BRUNO LETRINA

O FIM PARA O HOMEM
É O COMEÇO PARA DEUS

DIA 177

"E eis que uma mulher que havia já doze anos padecia de um fluxo de sangue..." Mateus 9.20

A mulher do fluxo de sangue havia gastado tudo o que possuía para ficar curada. Mesmo assim, esgotando todas as suas opções, ela sofreu durante um longo período de tempo, até encontrar Alguém que poderia solucionar o seu problema. Depositou, então, sua última esperança nesse homem cujas maravilhas eram grandiosas. Nessa passagem de Mateus 9, podemos ver que o milagre dessa mulher era de extrema urgência. Contudo, para que ele acontecesse, era necessário ela encontrar o Mestre.

Em nossa vida, esperamos que as coisas aconteçam da nossa maneira e ao nosso tempo, porém, para que a glória de Cristo seja manifestada, é necessário esperar o tempo dele. Existem momentos em que algumas pessoas podem falar que é o nosso fim, e o inimigo se levanta dizendo que não temos para onde correr. Todavia, quando tocamos em Cristo, a cura é alcançada. Para aquela mulher era o fim, mas para Jesus era apenas o começo, o ponto de partida onde uma história seria reescrita.

Da mesma forma, você que lê esse devocional, se achar que está tudo acabado, toque em Jesus e receba seu milagre. Então, haverá o recomeço de uma nova história, escrita pelo dedo de Deus.

Para refletir:

Você acredita na cura divina mesmo quando tudo diz que não?

POR LUCAS ELIZAMA CARVALHO

DIA 178

QUE HOMEM É ESTE...?

"Que homem é este, que até os ventos e o mar lhe obedecem?" Mateus 8.27

Quando os discípulos estavam no mar e se sentiram apavorados por causa da tempestade que estava acontecendo, Jesus, que estava dentro do barco, acalmou a tempestade. Todos os que vivenciaram aquela experiência perguntaram: "Quem é este? Quem é este que até o vento e o mar lhe obedecem? Quem é este que acalma a tempestade?".

Então Ele se apresentou. Ele é Jesus, que tem o nome acima de todo nome. O caminho a verdade e a vida, a ressurreição e a vida, aquele que venceu a morte, a Fonte de água viva, o Médico dos médicos, que está à destra do Pai esperando pela nossa chegada ao Céu. Não há outro nome igual a esse, que nos levanta quando estamos caídos, que não ama o pecado, mas ama o pecador e quer salvar sua alma e o levar para o Lar celestial. Jesus é um nome sem igual!

Jesus venceu por mim e por você, morreu na cruz do calvário para nos libertar do pecado. E hoje Ele requer apenas que tenhamos intimidade com Ele, para um dia podermos subir ao Céu, cear juntos e cantar no grande coral que estará à nossa espera.

Para refletir:

Jesus, a quem até o vento e o mar obedecem, vem para buscar a Sua Igreja amada, a qual somos nós.

POR MAGDIEL LEMES DA FONSECA

DESPERTANDO OS SENTIDOS

DIA 179

"E, ouvindo que era Jesus de Nazaré, começou a clamar e dizer: Jesus, Filho de Davi, tem misericórdia de mim!" Marcos 10.47

A Bíblia diz que Jesus e Seus discípulos, em passagem por Jericó, encontraram um cego chamado Bartimeu pedindo esmolas. O evangelista Marcos não relata se ele era cego de nascença ou teria perdido a visão no decorrer da vida.

Naquela época, ter uma deficiência física era interpretado pela comunidade judaica como impureza e pecado. Portanto, era malvisto pela sociedade, além de limitar as atividades do indivíduo, tanto na questão de trabalho e sustento como no culto a Deus, visto que os deficientes eram impedidos de adentrar ao Templo. Sendo assim, Bartimeu tinha uma vida muito difícil, a ponto de pedir esmolas para sobreviver.

O versículo 47 diz que Bartimeu, ouvindo que era Jesus, começou a clamar pelo Senhor e Sua misericórdia. Estudos e pesquisas revelam que deficientes visuais costumam desenvolver uma audição mais apurada, e Bartimeu, com sua audição aguçada, ouviu Jesus se aproximando.

Às vezes, passamos por dificuldades e provas que dificultam nossa caminhada, a ponto de pensarmos em desistir. Então nos voltamos à oração, à leitura da Palavra, buscamos a presença do Senhor e obtemos vitória, pois com Jesus a vitória é certa.

Talvez você esteja passando por provações hoje, mas saiba que você tem armas poderosas. Deus está trabalhando, lhe fazendo desenvolver sentidos e habilidades que jamais teria, e o está forjando, revestindo e preparando. Essas situações trazem lições valiosas para que possamos ser usados no reino do Senhor e alcançar o nosso objetivo, que é vivermos eternamente com Cristo.

Para refletir:

Com Jesus a vitória é certa.

POR MAYKON MESSIAS RODRIGUES

DIA 180

O TEMPO DE DEUS

"Tudo tem o seu tempo determinado, e há tempo para todo o propósito debaixo do céu..." Eclesiastes 3.1

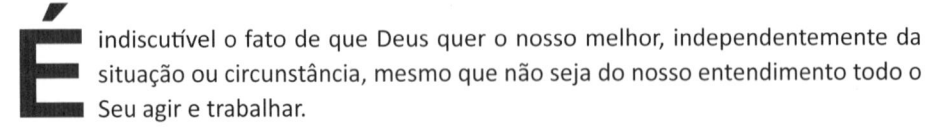

É indiscutível o fato de que Deus quer o nosso melhor, independentemente da situação ou circunstância, mesmo que não seja do nosso entendimento todo o Seu agir e trabalhar.

Analisemos a vida de José: um menino que desde cedo passou por desafios, perseguições e situações extremamente difíceis. Porém, Deus já havia reservado algo para ele. José aguentou e perseverou até o final sendo fiel a Deus, permitindo ser moldado para cumprir o plano de Deus em sua vida. Isso nos ensina que Deus tem tudo preparado para nós e que existe um tempo para as lutas e as vitórias. Contudo, mesmo nas lutas, Ele nunca lhe dará um fardo que você não poderá aguentar.

Já parou para pensar que o que você está passando hoje é para o seu bem? Se você está numa fase boa na sua vida, agradeça a Deus. Porém, se você estiver chorando, faça o mesmo. A Bíblia também diz que Ele é poderoso para fazer tudo muito mais abundantemente além daquilo que pedimos ou pensamos. Então pare de tentar desvendar os mistérios de Deus, isso vai além de qualquer entendimento. Baixe sua cabeça agora e agradeça. Agradeça por ter acordado, agradeça pela misericórdia de Deus, ou agradeça mesmo que Ele esteja fazendo você passar por uma situação que você não gostaria de estar enfrentando. Amanhã será um novo dia! Acredite em mim: o que o espera lá na frente é lindo!

Para refletir:

Lembre-se de que Ele o ama e tem um propósito para tudo.

POR NATALY MOLETTA GUIMARÃES DIOGO

UMA OPORTUNIDADE DE MUDANÇA

DIA 181

"Assim que, se alguém está em Cristo, nova criatura é: as coisas velhas já passaram; eis que tudo se fez novo." 2 Coríntios 5.17

Todo mundo tem algo sobre si mesmo que gostaria de mudar. Muitas vezes trata-se apenas de aspectos externos, como a forma ou o tamanho do nariz. Porém, o desejo de mudança é mais profundo. Por exemplo, alguém pode querer ser mais amoroso, outro pode querer ser mais honesto. Contudo, logo percebemos que nos faltam força e, acima de tudo, boa vontade para fazê-lo.

No entanto, o versículo do dia promete que há uma oportunidade de mudança. Além disso, nos promete não apenas sermos capazes de quebrar um único hábito, mas nos tornarmos uma pessoa totalmente nova. Só que essa promessa vem com uma condição: devemos "estar em Cristo".

O que isso significa em termos concretos? Estar em Cristo significa que temos um relacionamento vivo com Jesus Cristo. Nossa natureza pecaminosa, porém, impede esse relacionamento. Jesus é santo e puro, então nossos pecados nos impedem de ter comunhão com Ele. É exatamente por isso que Jesus veio a esta Terra, cerca de 2.000 anos atrás, e morreu na cruz por amor a nós. Mas Ele não ficou na sepultura; Cristo ressuscitou dos mortos. Porque Ele vive agora, podemos receber o perdão dos nossos pecados se pedirmos de coração. Quando esse passo é dado, nada impede a comunhão com Deus.

Talvez você esteja lutando contra uma característica ou até mesmo um vício há anos, apenas para descobrir no final de cada dia que não foi capaz de mudar a si mesmo. Confie-se a Deus de todo o seu coração, e Seu poder o transformará na nova criação prometida na Bíblia!

Para refletir:

Aproveite a oportunidade de mudança que Deus lhe concede hoje.

POR EVERTON RODRIGUES

DIA 182

IDENTIDADE CRISTÃ

"E o chefe dos eunucos lhes pôs outros nomes..." Daniel 1.7

A Bíblia nos conta a história de quatro jovens que são retirados das suas casas para viver em exílio em terra estrangeira. São eles Daniel, Hananias, Misael e Azarias. Jovens de boa aparência, inteligentes e tementes a Deus.

Nos tempos bíblicos, cada nome tinha um significado: Daniel significava "Deus é meu juiz";

Hananias queria dizer "Deus foi gracioso"; Misael, "Quem é como Deus?", e Azarias, "Deus ajudou".

Todos são nomes que, em seu significado, adoram ao Senhor. Porém, o chefe dos eunucos, servo de Nabucodonosor, lhes dá nomes babilônicos, que fazem menção aos seus falsos deuses.

Quando olhamos para a história desses quatro jovens, entendemos que a intenção do mundo é tirar a nossa identidade moldada por Cristo e trazer uma identidade moldada pelo pecado.

Para refletir:

Por mais que estejamos em terra estrangeira, não pertencemos a ela. Nosso lugar de origem é o Céu, e estamos aqui só de passagem.

POR EMIDIO GOMES

ESTEJA PRESENTE, MAS ESPIRITUALMENTE

DIA 183

"Eu, na verdade, ainda que ausente no corpo, mas presente no espírito..." 1 Coríntios 5.3

O texto de 1 Coríntios 5 é duro, pois relata um problema sério que Paulo teve que resolver com a igreja de Corinto. Esse problema era tão grave que o homem que cometeu o pecado foi excluído da igreja.

A questão sobre a qual desejo que você, caro leitor, reflita, não está ligada ao pecado que aquele homem cometeu, mas sim ao discernimento espiritual que, mesmo distante (bem distante), Paulo teve. Quando Paulo escreve a primeira epístola aos coríntios, ele se encontrava fisicamente em Éfeso, a aproximadamente 1.711 quilômetros de distância. Essa distância é um pouco maior que de Curitiba/PR (cidade de onde escrevo) a Cuiabá/MT. Ou seja, muito longe. O que precisamos entender é que, estando perto ou longe, podemos estar ligados ou desligados espiritualmente.

Os irmãos em Corinto estavam tão inflados por suas próprias convicções que sequer se sentiam tristes com a situação que estava acontecendo, que dirá estarem preocupados com o pecado. Contudo, Paulo, mesmo distante, estava ligado no Espírito e mais presente do que os que estavam, literalmente, ao lado da situação.

Independentemente de se você está fisicamente perto ou longe daqueles que Deus confiou em suas mãos, seja você a diferença, esteja espiritualmente presente e leve o verdadeiro amor de Cristo.

Para refletir:

Você está espiritualmente presente na vida das pessoas?

POR LUCAS DIOGO PEREIRA

DIA 184

A CURA DO PARALÍTICO

"E Jesus vendo-lhes a fé, disse ao paralítico: Filho, perdoados estão os teus pecados." Marcos 2.5

Jesus estava novamente em Cafarnaum, e logo o povo se reuniu ao Seu redor e lhe trouxeram um paralítico. Mas a forma como o paralítico é levado até Jesus me chama a atenção. Se não fosse pela atitude de quatro homens, talvez o enfermo não tivesse tido a oportunidade de encontrar com Jesus e ser curado.

É importante analisarmos que esses homens se colocaram no lugar do paralítico, ou seja, tiveram compaixão e tomaram a atitude de levá-lo a Jesus. Eles também foram ousados e não temeram o desafio de enfrentar os obstáculos que havia, pois a Bíblia diz que a casa estava cheia, portanto, não havia espaço para entrar. Por isso, eles removeram a parte da cobertura da casa e ali baixaram a cama em que estava deitado o paralítico. Através da união, coragem e fé que esses homens tiveram, a vida do paralítico foi transformada, e todos glorificaram a Deus dizendo: "Nunca vimos nada igual!".

Para refletir:

Que possamos a cada dia fazer a diferença neste mundo, sendo sal e luz onde estivermos!

POR ISABELLA ALVES CUNHA CARVALHO

A DECISÃO DE DAVI

DIA 185

"E Davi disse a Saul: Não desfaleça o coração de ninguém por causa dele; teu servo irá, e pelejará contra este filisteu." 1 Samuel 17.32

Você já parou para pensar que Davi só venceu Golias porque Deus estava com ele, mas quem decidiu lutar foi o próprio Davi? Deus não expressou uma ordem direta para que ele decidisse enfrentar o gigante, nem mesmo deu-lhe habilidades sobrenaturais. No entanto, ele viu a situação e se ofereceu para fazer alguma coisa. "E Davi disse a Saul: Não desfaleça o coração de ninguém por causa dele; teu servo irá, e pelejará contra este filisteu." Quase como se dissesse: "Deixem que eu resolvo isso!".

Davi era um adolescente de 17 anos, nunca tinha estado em combate assim. Oferecer-se prontamente para lutar em nome do seu povo exigia, no mínimo, que ele fosse confiante. Davi não se sentiu intimidado por não ser um soldado, até mesmo recusou-se a vestir as armaduras do próprio rei: "Não posso andar com isto, pois nunca o experimentei. E Davi tirou aquilo de sobre si" (1 Sm 17.39). A maturidade dele me impressiona. Parafraseando, é como se ele dissesse: "Não preciso do que não é meu. Confio que Deus está comigo e vai me usar com o que eu sei fazer, por meio da minha funda e as pedrinhas que eu estou indo lá pegar do rio. Obrigado!".

Pergunto a mim mesma se eu teria esse nível de confiança em Deus, mas também a autoconfiança e a maturidade de Davi para decidir lutar como ele lutou. Para quem escuta essa história desde criança, parece bem natural Davi tomar essa decisão. Mas não é não. Ele foi muito corajoso e fez isso porque confiava em Deus e sabia quem ele mesmo era!

Para refletir:

E aí, pronto para derrotar seus gigantes sendo você mesmo?

POR THAMIRES HADASSA

DIA 186

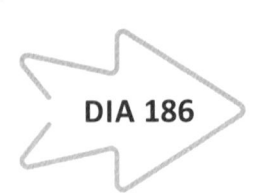

A FÉ QUE TRANSPORTA MONTANHAS

"...e nada vos será impossível."
Mateus 17.20

Alguns pensam na fé simplesmente como uma ferramenta para alcançar o favor de Deus. São inúmeros sacrifícios a fim de exercer uma fé que remove montanhas, porque está escrito: "...se tiverdes fé como um grão de mostarda, direis a este monte: Passa daqui para acolá — e há de passar; e nada vos será impossível" (Mt 17.20). No entanto, essa fé que remove obstáculos, ou seja, problemas de impossível solução humana, não se trata de expressar em palavras aquilo que se crê, ou de dizer em nome de Jesus isto ou aquilo acontecerá. Na realidade é uma vida diária de confiança em Deus.

No contexto dessa passagem bíblica, um desesperado pai de um menino lunático se lança de joelhos aos pés de Jesus e pede por ajuda. Antes ele já se dirigira aos discípulos, que nada puderam fazer. Por isso, o Senhor chama aquela geração de incrédula e perversa, o que, em outras palavras, quer dizer que eles sofrem por causa da incredulidade. Em outra passagem, quando o Senhor esteva pregando em Nazaré, lemos: "E não fez ali muitas maravilhas, por causa da incredulidade deles" (Mt 13.58).

Os discípulos lhe perguntam a Jesus por que não conseguiram resolver o problema daquele menino. O Mestre lhes responde que a fé que possuíam era pequena. Logo, a falta de fé viva, de uma vida de fé, fidelidade a Deus, é um problema para aquela geração, para os discípulos, para os cidadãos de Nazaré, e pode ser para você também.

No entanto, o Senhor diz que se tivermos fé, crendo de fato que Ele é poderoso, ainda que ela pareça pequena e insignificante, poderá transportar montes. Não importa o tamanho dos problemas que o afligem, tenha fé de que haverá uma solução.

Para refletir:

A escolha é individual: incredulidade ou fé?

POR JIMMY ALAN DE OLIVEIRA

A INFINITA MISERICÓRDIA DE DEUS

DIA 187

"Porque o SENHOR, vosso Deus, é piedoso e misericordioso e não desviará de vós o rosto..." 2 Crônicas 30.9

Frequentemente confundimos as palavras graça e misericórdia, mas afinal, qual é a diferença entre elas? A graça é o favor imerecido de Deus para conosco. Em João 3.16 fica evidente que, mesmo sem merecermos coisa alguma, Deus nos ama incondicionalmente, a ponto de entregar Seu único Filho para morrer em nosso lugar. Mesmo que nós sejamos indignos, Ele estende Sua maravilhosa graça sobre a nossa vida. Assim sendo, todas as bênçãos por nós recebidas são resultado da graça de Deus, e devemos agradecer constantemente a Ele.

Misericórdia é quando não somos castigados por algo que fizemos. Ou seja, quando pedimos a Deus que tenha misericórdia de nossa vida, estamos pedindo-lhe que suspenda o juízo que certamente *merecemos*. Para alcançarmos a misericórdia, devemos nos *arrepender verdadeiramente* dos nossos pecados e pedir perdão a Deus. Como está escrito em Provérbios 28.13, quem confessa a Deus seus pecados e os abandona encontra misericórdia.

Então, diferentemente da graça, que é imerecida e incondicional, a misericórdia é condicionada ao arrependimento e afasta um juízo que merecemos. Devemos ter um coração quebrantado e temente a Deus assim como o rei Davi, que reconheceu seu erro e se humilhou na presença do Senhor, suplicando o perdão e pedindo-lhe para que não removesse dele o Seu Espírito.

Servimos a um Deus amoroso e misericordioso, por isso não podemos deixar a culpa nos afastar da presença do Pai. Que possamos nos achegar cada vez mais a Ele e, pela Sua maravilhosa graça, seremos fortalecidos dia após dia!

Para refletir:

Você tem confessado seus pecados ao Senhor? Ele é fiel, justo e infinitamente misericordioso!

POR RAFAEL DE GODOI DUARTE

DIA 188

A NATUREZA REVELA O PODER DE DEUS

"Os céus manifestam a glória de Deus e o firmamento anuncia a obra das suas mãos." Salmo 19.1

Estamos vivendo um período de grande turbulência, em que a nossa fé está sendo testada constantemente. O mundo inteiro está em meio a uma pandemia, e pessoas queridas e amadas por nós descansam eternamente no Senhor. São lutas e adversidades que muitas vezes nos fazem questionar a Deus.

O texto que lemos no Salmo 19.1 nos fala sobre a majestosa glória de Deus e como podemos ver Seu imensurável poder em tudo. As árvores, os animais, o ar que respiramos e tudo que conhecemos é resultado da obra de Suas mãos. Toda a natureza testifica Sua grandeza. Ao ler esse versículo, o Espírito Santo nos revela que Deus tudo pode, nada é impossível para Ele, porém há processos que precisamos passar para chegar a um propósito e uma vitória. Todas as coisas que acontecem são pela vontade permissiva de Deus, e o nosso papel é aceitar isso, buscar a Deus e o adorar independentemente do que ocorra.

Devemos ser gratos a Deus por tudo que existe, ser gratos por Sua bondade, Sua misericórdia e Seu amor. Temos que aprender a enxergar Deus no nosso dia a dia, desacelerar a correria e priorizar sempre um tempo para Ele. Temos que confiar em Deus e acreditar que Ele tudo pode fazer. E se, por algum acaso, duvidarmos de Sua grandeza, basta olharmos ao nosso redor: a natureza revela Seu grande poder.

Você tem agradecido ao Pai pela vida, por Seu amor e pela graça imerecida? Que você possa enxergar a grandeza de Deus e o adorar diariamente de todo coração.

Para refletir:
Você tem agradecido a Deus por tudo que Ele já fez e está fazendo na sua vida?

POR FRANCYELLE NASCIMENTO

A ORAÇÃO DOS RESSECADOS

DIA 189

"...um coração quebrantado e contrito não desprezarás, ó Deus." Salmo 51.17

Imagine que você está na praia e procura gravetos para escrever algo na areia. Mas, então, após escolher um e tentar escrever, ele se quebra, fazendo um "crack". O galho estava frágil e seco demais para suportar a força que você imprimiu sobre ele.

O sentido de quebrantamento é semelhante a isso. O quebrantar é o som que sai de um objeto seco ao se quebrar. A raiz latina da palavra é *crepantare, crepo + are*, fazer ruído seco. E o que é ser quebrantado? Primeiro é preciso estar seco e depois, ser quebrado. Explico.

Considere uma árvore que foi cortada. Agora, sem suas raízes e exposta ao sol, ela seca e morre. Quebrantar-se diante de Deus é permitir ser cortado desse mundo. É despir-se de seus frutos, os argumentos humanos. Também despir-se de suas folhas, sua vaidade. E de suas raízes, ficando sem reservas. E, depois disto, deixar-se totalmente exposto, até que toda a sua natureza seque. Até que a nossa mentalidade humana vá, progressivamente, perdendo a força e, finalmente, estejamos totalmente vulneráveis ao Senhor. Ficaremos mais pertinho do Deus cuja presença poderosa vem e faz "crack". Vem e nos quebra, pois não podemos suportar.

Como aquele graveto da praia, estamos quebrantados: secos e quebrados. Secamos para sermos cheios de novo e somos quebrados para sermos refeitos. Quebrantar-se é a oportunidade de brotarmos novamente, mas diferentes de como éramos. Com um novo coração, um novo pensamento e uma nova postura. É estar perto de quem está sempre perto de nós.

Para refletir:

Há algum coração querendo ser ressecado aí?

POR THAMIRES HADASSA

DIA 190

A QUALIDADE DOS SEUS FRUTOS

"Não pode a árvore boa produzir frutos maus, nem a árvore má produzir frutos bons." Mateus 17.18

O sabor que o poder oferece à uma pessoa pode trazer dois resultados: A destruição de si mesmo e/ou de quem está à sua volta, que, cedo ou tarde, vai acontecer. Ou a edificação de si mesmo "e" de quem está à sua volta. Isso sim, só traz crescimento. O poder revela muita coisa, e é necessário preparo e muito cuidado para tê-lo. Junto com o poder, vem a responsabilidade, e as nossas decisões podem gerar grandes consequências, sejam elas positivas ou negativas.

Se ainda há tempo para corrigir certas ações, não se pode deixar passar a oportunidade, pois uma coisa é certa: a lei da semeadura é para todos, e a colheita é obrigatória e proporcional. Ao semear coisas boas, os frutos serão extremamente saborosos e fartarão muitos sem fazer mal algum. No entanto, quando semeamos coisas ruins, a árvore dará frutos de destruição. Ou, como disse Jesus: "...toda árvore boa produz bons frutos, porém, a árvore má produz frutos maus. Não pode a árvore boa produzir frutos maus, nem a árvore má produzir frutos bons. Toda árvore que não produz bom fruto é cortada e lançada no fogo. Assim, pois, pelos seus frutos os conhecereis" (Mt 7.17-20).

Sendo assim, para que possamos produzir bons frutos, é imprescindível que estejamos ligados ao Senhor, pois Ele mesmo nos ensina: "Estai em mim, e eu em vós; como a vara de si mesma não pode dar fruto, se não estiver na videira, assim também vós, se não estiverdes em mim" (Jo 15.4). Jesus é a nossa fonte de alimento e o único capaz de nos fazer produzir bons frutos.

Para refletir:

O que temos semeado e qual será a qualidade dos nossos frutos?

POR ANDRÉ LUÍS SILVA DA COSTA

QUANDO AS REDES ESTÃO CHEIAS

DIA 191

"E, quando acabou de falar, disse a Simão: faze-te ao mar alto, e lançai as vossas redes para pescar." Lucas 5.4

Já ouvimos falar muitas vezes dessa história em aulas da Escola Bíblica e nas pregações. Simão acabara de voltar de uma noite inteira de pesca fracassada quando Jesus entra em seu barco e ordena que ele volte novamente para o mar alto e jogue novamente as suas redes. Simão, em um primeiro momento, até questiona Jesus dizendo que tinha acabado de voltar de lá e que não pegara nada a noite inteira. Porém, como era Jesus que estava pedindo, Simão obedeceria. O final da história é um grande milagre, as redes ficaram tão cheias que o barco quase vira e é necessário chamar seus companheiros para ajudar a puxar a rede.

É um milagre espetacular que mostra que Jesus também é Senhor até debaixo da água. No entanto, e depois que as redes estão cheias, o que fazer? Simão poderia ido vender esses peixes, era o trabalho dele e certamente o dinheiro da venda daria a todos um salário muito farto. Porém, o que mais me chama a atenção é que Simão nem se importa com os peixes, ele se importa em seguir o Deus que proveu o milagre.

Essa passagem nos ensina uma lição: devemos seguir a Jesus nos momentos de fartura. Parece óbvio, mas muitas vezes quando estamos no período de bonança nos esquecemos do Senhor, deixamos nossas orações e a leitura da Palavra de lado e focamos em outras coisas que deveriam ser secundárias.

Para refletir:

Não se trata do quanto Jesus pode encher a sua rede, trata-se de continuar a seguir a Cristo mesmo quando a sua rede está cheia.

POR EMIDIO GOMES

DIA 192

AINDA HÁ ESPERANÇA

"Porque há esperança para a árvore [...] ao cheiro das águas brotará..." Jó 14.7-9

Quem nunca ficou intrigado com a história de Jó? Quem nunca leu os discursos de seus supostos amigos e não ficou revoltado com tamanhos julgamentos e maus juízos que aqueles homens fizeram? Eu sei, nós conhecemos a história e já sabemos todo o contexto e até mesmo o final de um relato que começa bem e termina melhor ainda. A vida daquele homem não foi fácil. Talvez nós, em alguns momentos, sejamos mais parecidos com a esposa de Jó e nem conseguimos condená-la por ter se rebelado tão fria e incredulamente. Nem todos possuem a paciência e virtudes de Jó.

Porém, percorrendo os 42 capítulos deste livro, nos deparamos com uma meditação e/ou oração sobre a brevidade da vida. É nesse ponto que percebemos que, apesar do infortúnio que lhe acometia, Jó conseguia ver a esperança. Deixou isso claro em uma analogia que fez de uma árvore que, mesmo tendo sua raiz envelhecida e tronco morto, ao cheiro das águas, a planta se renovaria.

E assim também é na vida daquele que busca, espera e confia em Deus. Mesmo que esteja fraco, cansado, abatido e até desgostoso da vida, ainda assim, no Senhor Jesus, ele encontrará renovo, revitalização, ânimo, força e disposição. Cristo é a fonte de água viva e sua Palavra é o alimento que sacia a sede e a fome da nossa alma. Somos revigorados na presença do nosso Deus, bastando apenas uma palavra dele e nossa vida será liberta e transformada. Não cesse de buscá-lo, de o adorar, de servi-Lo, pois há uma recompensa para aquele que for perseverante e persistente até o fim. "Se fiel até a morte e dar-te-ei a coroa da vida" (Ap 2.10).

Para refletir:

Em meio à dor ainda é possível ter esperança.

POR GIZELE CAMARGOS

ALGO INDISPENSÁVEL AO CRISTÃO

DIA 193

"...mas o justo, pela sua fé, viverá."
Habacuque 2.4

Habacuque vive uma mudança extraordinária. Diante de uma crise espiritual, resultado das injustiças e imoralidades do povo de Judá, ele questiona o porquê de Deus não julgar a nação. Porém, a resposta o deixa ainda mais intrigado por não entender os planos do Altíssimo, pois o Senhor lhe diz que usaria os babilônios, uma nação ainda pior do que Judá, para castigar o Seu povo. No entanto, Deus promete trazer juízo também sobre os babilônios, pois Ele é justo Juiz. Mas o que de fato tranquiliza Habacuque? Não, não é o satisfatório juízo sobre os injustos, mas sim, uma palavra que recebe: "...mas o justo, pela sua fé, viverá" (Hc 2.4).

O profeta é transformado por meio da fé para a vida ao receber essa palavra. Aquele que questionava os planos de Deus, agora está expressando sua confiança, dizendo: "Porquanto, ainda que a figueira não floresça, nem haja fruto na vide; o produto da oliveira minta, e os campos não produzam mantimento; as ovelhas da malhada sejam arrebatadas, e nos currais não haja vacas..." (3.17) o profeta continua dizendo que, independentemente da crise, da dificuldade ou problema que enfrentar: "...todavia, eu me alegrarei no SENHOR, exultarei no Deus da minha salvação" (v.18).

Assim sendo, aprendemos com essa conversa entre Habacuque e Deus que não importam as circunstâncias, pois o indispensável na vida não são os bens materiais, as riquezas desta Terra, entre outras coisas, mas a *fé*. Ah! Essa não pode faltar, pois dessa fidelidade a Deus dependemos e ela sempre é algo indispensável na vida de um cristão, uma vez que vencemos sempre confiando no Senhor.

Para refletir:

Diante das crises desta vida, a sua fidelidade a Deus lhe fará permanecer tranquilo?

POR JIMMY ALAN DE OLIVEIRA

DIA 194

ALMA ABATIDA

"Por que estás abatida, ó minha alma, e por que te perturbas dentro de mim? Espera em Deus, pois ainda o louvarei. Ele é a salvação da minha face e o meu Deus." Salmo 42.11

Não foram poucas as vezes que os filhos de Corá louvaram ao Senhor. Em meio à guerra, eram eles que se levantavam e animavam as tropas entoando louvores a Deus. Porém, neste Salmo vê-se a expressão máxima da angústia, anseio e agonia da alma deles.

Há momentos em que a batalha em nossa vida é tão grande que parece que desfaleceremos. No entanto, as batalhas que travamos conosco mesmos são as mais difíceis de vencer. Nessas horas, sentimos sede e fome de ouvir algo da parte do Papai Celestial. Mas em meio a esse período tão sufocante, sequer conseguimos esboçar palavras, e o derramar das lágrimas é inevitável; também adorar se torna algo fora de cogitação. Esses dias são pesados, nos oprimem, desanimam e nos comprimem de maneira a não sair nem um gemido de nossos lábios.

O adorador de verdade não murmura, não contende, não confronta, mas inevitavelmente não compreende o silêncio de seu Criador. Diante de tamanho conflito interno, ousa pedir esclarecimentos, e o Espírito Santo é tão perfeito que, enquanto a pergunta está sendo feita, Ele usa a própria boca do questionador para trazer conforto e alívio àquele que nele espera.

Toda espera tem uma recompensa, e acredite, Jesus está mais interessado em se revelar a você do que em responder à sua pergunta. É fechando a porta do seu quarto, dobrando seus joelhos e falando com o Pai em secreto que toda tristeza, insegurança e dúvida serão eliminadas. É na intimidade e buscando relacionamento íntimo e verdadeiro com Cristo que a alegria e a paz que excede todo entendimento farão morada permanente em nossa alma.

Para refletir:

Nem toda aflição de alma é investida maligna, pode ser Deus chamando-o para um momento em particular.

POR GIZELE CAMARGOS

ALMA NÃO TEM COR

DIA 195

"...Amarás o teu próximo como a ti mesmo."
Marcos 12.31

Não, não! Não era para os olhos enxergarem a cor humana, não era para que o sentimento fosse estimulado pela cor, não era para que as ações se justificassem pela cor, as palavras não deveriam ser proferidas conforme a cor de quem as ouve.

A alma não tem cor, o amor não tem cor. Em algum momento, o ser humano tornou-se mau. Infelizmente, carregamos em nosso DNA uma herança genética negativa, que torna nossa natureza tendenciosa a tudo que é ruim, fazendo com que as coisas boas sejam sempre as mais difíceis de serem executadas.

Sim, o ser humano é tendencioso a praticar o mal. E a maldade não veste terno, não veste uniforme, não veste jaleco, muito menos farda. Ela veste o corpo, o qual já está corrompido e destituído da glória de Deus pelo pecado do primeiro Adão. No entanto, podemos ser redimidos pela pureza do segundo Adão, Cristo. Ele, sem pecado, entregou-se como sacrifício vicário em favor de *todos*. Seus olhos não faziam diferença da cor humana, Ele não tinha Seus sentimentos estimulados pela cor da pele, não agia justificando tais ações pela cor, e não proferia palavras apenas pela cor. Não, não!

Jesus olhava a alma, e as amava. Não via a cor, terno, farda, ou jaleco e tampouco via uniforme. Porém, mesmo que nós sendo maus, Ele nos amou, não incitou violência, pregou o respeito em todo tempo — inclusive, sobre as autoridades, que foram instituídas por Ele. Por fim, nos convidou a sermos Seus imitadores, amando a Deus acima de tudo, e nosso próximo como a nós mesmos.

Para refletir:

Jesus é nosso maior exemplo e guia espiritual, civil e de relacionamentos. Quem ama a Cristo respeita e ama o próximo.

POR ANDRÉ LUIS SILVA DA COSTA

DIA 196

AME!

"Mas, sobretudo, tende ardente amor uns para com os outros, porque o amor cobrirá a multidão de pecados..." 1 Pedro 4:8

Tendo poucos meses de convertida, eu queria fazer amizade com as irmãs da minha idade. Algo tão comum, não? Mas, quando fui conversar com uma delas, fui simplesmente ignorada todas as vezes que tentei. Pensei que poderia ser apenas um desencontro. Certa vez, resolvi mandar uma mensagem, mas ela conversou comigo de modo estranho. Porém, relevei e fui para o culto. Quando todos já estavam indo embora, a mãe dela me chamou a atenção dizendo: "Você não pode obrigá-la a ser sua amiga", e "Você chegou agora, eu estou há anos aqui na igreja". Essas foram frases que me marcaram. Eu não estava querendo obrigar, só não estava entendendo a situação. Enfim, fui uma nova convertida profundamente desiludida e entristecida.

Muitas vezes tratamos as pessoas de forma indiferente e nos esquecemos do que o pastor, apóstolo e irmão João nos diz em sua primeira epístola: "...quem não ama seu irmão permanece na morte" (3.14). Pedro e João nos admoestam a amar porque foi Jesus nosso professor. Pedro ainda é mais enfático e diz "ardente amor", algo que nos reme a jamais tratar as pessoas de forma como se fôssemos superiores, uma vez que o sangue derramado foi o mesmo para todos, independentemente da classe social.

Se alguém o ferir, ore por essa pessoa, e Deus fará o restante. Não se preocupe com nada, o Pai cuida de você! Amar é algo primordial para a caminhada cristã. Ame sem medo ou restrições. E se alguém o ferir por conta do amor, maior é Deus para o recompensar.

Para refletir:

Mesmo que venha a doer, ame!

POR LETICIA LUCIO DE AZEVEDO

APENAS PARE!

DIA 197

"A minha boca relatará as bênçãos da tua justiça e da tua salvação todo o dia..." Salmo 71.15

Assim como o povo hebreu, muitas vezes esquecemos dos milagres de Deus em nossa vida quando chega um novo problema. Um bom exemplo é que Deus abriu o mar Vermelho para o povo passar, mas eles esqueceram disso quando sentiram sede no deserto. Quantas vezes nós não fazemos parecido com esse povo?

Fomos criados para glorificar o nome do nosso Senhor, seja com nossos louvores, nossas palavras, nossas atitudes. Mas, às vezes, quando a dificuldade chega à nossa porta, esquecemos do alimento que Deus proveu ou do trabalho que não faltou. Parece que não estamos satisfeitos e sempre queremos mais. Foram 40 dias murmurando no deserto, assim então o povo ficou 40 anos mais distantes da Terra Prometida. Já parou para pensar que nós mesmos estamos afastando os milagres de Deus da nossa vida quando murmuramos ou reclamamos?

Pare de reclamar da enfermidade e louve pelo fôlego; pare de reclamar pelo leito e louve pela vida; pare de reclamar da tribulação e louve pelo alento de Deus sobre você. O louvor nos aproxima de Deus, o louvor liberta, quebra os grilhões que nos prendem e nos impedem de sermos abençoados e abençoar a todos ao nosso redor.

Engrandeça o nome do Senhor em todo momento, não foque nas coisas que estão dando errado. Não reclame, apenas louve!

Para refletir:

Quando você louva, um milagre é direcionado para a sua vida!

POR GLEICE KETTELEN SCHOLZ

DIA 198

A MINHA CONFIANÇA VEM DO SENHOR

"Só ele cura os de coração quebrantado e cuida das suas feridas." Salmo 147.3 (NVI)

Deus é o nosso especialista, Ele sabe bem como cuida de um coração partido. Ele sabe estancar a nossa dor. Cada lágrima de sofrimento que derramamos, nem sabemos mensurar, ou sequer saber se ela tem valor. Mas Ele... ah, Ele sabe! O valor de cada lágrima de dor que molha seu rosto, Ele sabe! O valor de cada soluço reprimido! Talvez você não saiba... é, você não sabe, porém, Ele afaga a sua alma abatida nos dias de aflição, nos dias de angústias e nos dias de luto e sofrimento. Ele é o Deus eterno que o fortalece, é o soberano que renova suas forças, o Deus insondável que lhe sonda e conhece todos os seus pensamentos! E os pensamentos dele são ainda maiores do que os seus!

É normal passarmos por momentos difíceis. Como machuca a dor de uma traição, de uma ingratidão, de uma ilusão ou de uma decepção! Então, muitos pensamentos rondam a nossa mente, porque geralmente não o esperamos. Mesmo em meio à dor, o Senhor tem algo a nos ensinar, Ele nos mostra que nunca nos deixa só, e que só nele podemos confiar plenamente.

Gosto de Jeremias 17.9, que diz: "Enganoso é o coração, mais do que todas as coisas, e perverso; quem o conhecerá?". E aí compreendo que há um lado bom na dor, pois ela nos coloca de volta ao centro da vontade de Deus, nos mostrando o quanto dependemos somente dele e como somos sujeitos e passíveis de falhas, pois somos humanos. Por isso nossa confiança tem que ser somente no Senhor, Ele não nos decepciona, Ele nos ouve, nos compreende e nos dá a verdadeira paz e alegria que nosso coração quebrantado tanto precisa. Além disso, Deus ainda nos ensina a perdoar, para que Ele possa curar as nossas feridas.

Para refletir:

Você já se sentiu enganado, traído, iludido ou decepcionado? Entregue tudo nas mãos de Deus, espere e confie! Ele não o desamparará!

POR ANDRESSA SANTOS

APROVEITE O VERÃO. DEPOIS PODE SER TARDE.

DIA 199

"Vai ter com a formiga, ó preguiçoso; olha para os seus caminhos, e sê sábio." Provérbios 6.6

Somos uma geração imediatista e de muitas facilidades, isso não há dúvida — a chamada geração "fast food". Isso nos leva a querer tudo para ontem e sem fazer maiores esforços. Essa facilidade tem confundido a cabeça de alguns ao imaginar que tudo é fácil e tudo vem de "mão beijada", seja financeiramente, emocionalmente e espiritualmente. Salomão é claro ao falar para olharmos os caminhos da formiga. Então, como elas fazem?

Vamos pensar: Elas trabalham 100% da vida? Não! Mas trabalham *muito*, com *muita* carga para ter o necessário no inverno. A formiga não tem "chefe, nem guarda, nem dominador (Pv 6.7)". Ou seja, ela não precisa de um patrão "no pé dela" para conquistar o seu dinheiro. Ela vai, trabalha e conquista aquilo que pode. Não precisa de um pastor ou um líder forçando-o a convidar aos cultos, orar, jejuar e estudar. Ela simplesmente vai lá e faz (se é que você me entende). Esse inseto tão incrível "prepara no verão o seu pão; na sega ajunta o seu mantimento (Pv 6.8)".

Fica aqui uma lição incrível de que, enquanto ela pode, enquanto ela tem forças e enquanto há condições, ela desempenha sua função, faz o seu trabalho, para que, depois, possa apenas aproveitar daquilo que fez.

Do mesmo modo, você tem o seu propósito aqui na Terra, tem uma função no Corpo de Cristo, que é a Igreja. Porém, para colher aquilo que Deus lhe prometeu, você *precisa* fazer a sua parte: trabalhar, trabalhar e trabalhar, para que possa usufruir daquilo que Deus tem preparado para você.

Para refletir:

Aproveite para construir algo no verão de sua vida. Depois pode ser tarde.

POR LUCAS DIOGO PEREIRA

DIA 200

ATÉ O PARDAL

"Até o pardal encontrou casa..."
Salmo 84.3

Você já viu alguém vendendo pardal? Ou então, aprisionando-os em gaiolas a fim de desfrutar do seu cântico, como se faz com outros pássaros mais nobres? Creio que para ambas as perguntas, a resposta é: Não! E isso porque o pardal é considerado um dos pássaros mais comuns existentes no mundo e pode ser encontrado em muitos lugares do planeta. Talvez se fôssemos classificá-lo, ele ficaria entre os mais insignificantes.

Achei maravilhoso perceber que, em meio a uma infinidade de pássaros, o salmista, de forma categórica e talvez proposital, afirma: "Até o pardal encontrou casa" (84.4) Até o mais insignificante dos pássaros encontrou abrigo! E sabe o que é mais surpreendente ainda? O insignificante pardal sou eu! Um dia também encontrei abrigo na presença do Senhor. Sim, eu o "insignificante pardal" achei em Deus a paz e a segurança adequada para fazer o meu ninho.

Lembro-me das palavras do salmo 124.7 que exemplificam a nossa situação antes de desfrutar da salvação em Cristo Jesus. Estávamos presos como pássaros no laço do passarinheiro, mas o laço se quebrou e nós escapamos! E hoje somos livres em Cristo.

Bem, às vezes me pergunto: O que o pássaro do salmo 124.7 fez depois de livre? Ou ainda: por um acaso esse pássaro, cuja sorte foi conseguir escapar, seria o mesmo do salmo 84.3, que, depois de livre, encontrou abrigo seguro para fazer o seu ninho? Difícil saber...

Porém uma coisa é certa: todos aqueles que, por meio do sacrifício de Cristo na cruz do calvário, foram libertos do passarinheiro (inimigo de nossa alma) encontraram abrigo na presença do bondoso Deus. Todos, até o "pardal"!

Para refletir:

Somos livres em Cristo!

POR ELIAS MALTA NOGUEIRA

VERDADEIROS IMITADORES

DIA 201

"...Em Antioquia, foram os discípulos, pela primeira vez, chamados cristãos." Atos 11.26

O nome cristão significa "seguidor de Cristo". Os seguidores de Jesus, antes chamados de "discípulos" ou "os do caminho", agora são chamados cristãos por causa não apenas da fé que declaravam, mas também por moldarem sua vida nos princípios e ensinamentos deixados por Cristo. Todo aquele que se diz Cristão é, por essência, um imitador de Cristo

O mundo moderno tem criado seu próprio Jesus, baseado em seus gostos e anseios. Criaram um Jesus hippie, um Jesus socialista, um Jesus liberal, um Jesus histórico etc. Infelizmente, muitos que se dizem cristãos acabam criando para si um Jesus para seguir, muito vezes firmados em vãs filosofias de homens. Acabam por ser cristãos apenas de nome, pois não buscam seguir o Jesus verdadeiro, mas um fabricado.

Contudo, se queremos imitar Jesus Cristo, precisamos conhecê-lo, e o único lugar onde Jesus se revelou é nas Sagradas Escrituras (Jo 5.39). Aqueles que buscam conhecer Cristo precisam conhecer o que Cristo ensinou e como Ele viveu direto da fonte mais confiável do mundo: a Bíblia. Através das Escrituras é gerado em nós o caráter de Cristo, aprendemos não só a confiar no Jesus ressuscitado, mas também a viver como Ele viveu.

Para refletir:

Você tem buscado imitar o Jesus das Escrituras?

POR ELIEZER MOREIRA GARCIA

DIA 202

CHAMADOS PARA AQUECER

"...e tenha cuidado dele, e durma no seu seio, para que o rei, nosso senhor, aqueça." 1 Reis 1.2

O rei Davi estava muito velho, os cobertores já não conseguiam aquecê-lo e seus empregados sugeriram encontrar alguém que pudesse fazer isso. Abisague foi a escolhida. "E era a moça sobremaneira formosa, e tinha cuidado do rei, e o servia; porém o rei não a conheceu" (1Rs 1.4).

Pense comigo cruamente: o que temos nessa situação? Uma mulher jovem, muito bonita e que tinha a vida pela frente. Ela poderia estar fazendo qualquer outra coisa ou criando sua própria família. Mas foi escolhida para servir e aquecer um idoso cujo corpo já nem conseguia produzir calor. É difícil imaginar uma situação dessa se a gente pensar a partir da nossa própria cultura. Mas para os padrões da época, era algo bem comum.

Hoje, obviamente, ninguém nos obrigaria a fazer algo assim. Mas fiquei pensando, será que alguma coisa me levaria a abrir mão voluntariamente de parte da minha juventude para aquecer e servir alguém? Não fisicamente assim, é claro. Mas emocional e espiritualmente.

Fazer missões é isso, sabia? Usar habilidades que poderiam ser para a sua própria felicidade, mas, em vez disso, voluntariamente se doar para servir e partilhar do seu calor humano. Honrar as pessoas por quem elas são e não como estão hoje, preservando a vida delas enquanto e como for necessário. Deitar-se sobre o peito de alguém e ouvir seu coração, em oração, demonstrando compaixão e unidade em Deus. Você toparia um chamado com o de Abisague?

Para refletir:
Há um coração missionário aí?

POR THAMIRES HADASSA

COMO AMAR A DEUS?

DIA 203

"Por isso, te digo que os seus muitos pecados lhe são perdoados, porque muito amou..." Lucas 7.47

Já nos pegamos por diversas vezes questionando sobre o nosso amor em relação a Deus. Será que o amamos? Por que outras pessoas parecem amar tanto a Deus? Certo dia, meditando durante um louvor, tive consciência sobre três coisas que nos levam a amar Deus.

A primeira delas é conhecê-lo, pois é impossível conhecê-lo e não o amar. Um Deus santo, de amor, de misericórdia, que deu Seu Filho por mim. É constrangedor. Quando alguém nos faz um favor, logo pensamos em retribuir. Assim é quando conhecemos Deus através das Escrituras. Comprados com preço de sangue. Ao conhecermos a obra da salvação, não entregamos nada menos que tudo. Esse conhecimento nos leva retribuir esse amor com tudo que há em nós. Eu o conheço à medida que leio a Bíblia, e me deleito no que Ele fez, faz e nas promessas para mim.

Em segundo lugar, termos a consciência de que Ele nos amou primeiro e é apenas por causa disso que somos capazes de amá-lo. Nosso amor por Deus é apenas um reflexo do amor dele por nós. Eu não poderia amá-lo sem que antes tivesse sido amado. É exatamente pela razão de descobrir que sou amado, que busco pelo meu amado.

E por fim, vem aqui o que é mais constrangedor: entender o quanto fomos perdoados e o tamanho da nossa dívida. E, diante dessa consciência revelada pelo Espírito Santo, amá-lo na mesma proporção do pecado perdoado. A dívida era impagável e Jesus entra na história para resolver o problema para sempre. Dessa maneira, a resposta que damos a Ele é o amarmos.

Para refletir:

Quanto temos amado a Deus em relação ao conhecimento dessas três verdades?

POR FERNANDO HENRIQUE DINIZ MIRANDA

DIA 204

O CHORO PODE DURAR UMA NOITE!

"O choro pode durar uma noite, mas a alegria vem pela manhã." Salmo 30.5

"Nossa vida é feita de momentos", assim diz o ditado popular. Em partes esse dizer tem lá seus fundamentos. Segundo o sábio Salomão, em Eclesiastes 3, essa frase possui seu lado verdadeiro. Em nossa vida, sempre existirão momentos de aflição e de vitórias. Dois momentos distintos na vida de um cristão. Distintos, porém quando vividos de forma espiritualmente sábia, cada um ao seu tempo, pode ser uma receita infalível para a formação de um cristão espiritualmente saudável! Lembrando que, para toda boa formação, não se pode pular etapas. Sim, "o choro" tem uma duração. Ele durará o tempo necessário, até que em nós surta o efeito desejado por Deus!

Relembrando as palavras do salmista: "O choro (a aflição; a prova) pode durar uma noite (apenas um momento), mas a alegria (a vitória; o escape) vem pela manhã". Além do mais, é confortante saber que em meio às "nossas noites tenebrosas", Deus está conosco.

Para refletir:

Não estamos sozinhos. Deus está conosco atento ao nosso "choro", pois o guarda de Israel nunca dorme!

POR ELIAS MALTA NOGUEIRA

LEVANTE-SE!

DIA 205

"...Estando nós ainda mortos em nossas ofensas, nos vivificou juntamente com Cristo (pela graça sois salvos)." Efésios 2.4-5

Quando alguém que amamos morre, é difícil encontrar as palavras certas. O sofrimento muitas vezes nos atinge profundamente. Mas como Deus reage em tal situação? Naim era uma linda cidadezinha em Israel nos dias de Jesus. O único filho de uma viúva morrera, e dela foi tirado o meio da vida (Lc 7.11-17). Um duro golpe para a viúva, pois era o fim de todas as suas esperanças. Um lugar inteiro chora. A morte não para, nem mesmo para os jovens. A morte é o fim de todos os relacionamentos.

O jovem é colocado em uma maca e levado ao cemitério. Mas, de repente, surge uma multidão liderada pela própria "vida", Jesus! Ele se aproxima, vai direto para a maca. E o que Ele diz a esta viúva? "A morte faz parte da vida" ou "já vi coisa pior"? Não, pelo contrário. "Quando o Senhor a viu, compadeceu-se dela e disse-lhe: 'Não chores'" (v.13). A Bíblia usa uma palavra "movido de íntima compaixão", que significa "comovido por dentro, atravessando Sua medula e ossos". Ele se aproxima, toca a maca e diz: "Jovem, eu te digo, levanta-te!" (v.14). A vida está voltando, um milagre! Jesus não está atrasado! Ele tem poder sobre a vida e a morte!

Como este jovem, estamos "mortos" em nossos pecados. Isso significa não ter um relacionamento vivo com Deus e estar sob Sua ira. Mas há esperança para nós! Deus tem compaixão da nossa situação, Ele veio a esta Terra, em Jesus, para nos salvar! Você já ouviu seu "despertar"? Jesus lhe oferece vida, vida além da morte. Ele quer perdoar todos os seus pecados e trazê-lo de volta à vida da sua "morte pelo pecado". É por isso que Ele lhe fala hoje: Eu lhe digo, levante-se!

Para refletir:

Ouça o que Jesus diz!

POR EVERTON RODRIGUES

DIA 206

UMA GERAÇÃO QUE VIVE OS PROPÓSITOS DE DEUS

"Então, mandou em busca dele e o trouxe (e era ruivo, e formoso de semblante, e de boa presença). E disse o SENHOR: Levanta-te e unge-o, porque este mesmo é." 1 Samuel 16.12

Na Palavra de Deus há somente verdades. Uma das que eu considero como mais importantes é a de que Deus não chamou, para viver os propósitos designados por Ele, ninguém que não estivesse trabalhando. Davi, nesse exemplo, estava no campo trabalhando para seu pai enquanto o profeta Samuel estava em sua casa para ungir o novo rei de Israel. Tentando nos colocar no lugar de Davi, podemos imaginar o que se passava no coração do jovem. Porém, o temor ao Senhor e a certeza de que estava trabalhando naquilo que era certo o fez permanecer lá até ser chamado para a casa de seu pai.

A história nos mostra que, no momento certo, Davi foi convocado à presença do profeta e ungido como novo rei sobre Israel. Todavia, ser ungido como futuro rei não fez que ele fosse colocado imediatamente no cargo, mas o direcionou para viver aquilo para que ele fora chamado.

Quando Deus tem um propósito na nossa vida, significa que seremos preparados diariamente para vivê-lo. Esse preparar de Deus vai nos moldar nas mais diversas áreas da nossa vida. O que precisamos ter em mente é que Aquele que nos chamou é fiel para cumprir todas as promessas desde que nós possamos entender e compreender o Seu trabalhar em nossa vida e que, ao mesmo tempo, estejamos dispostos a viver tudo o que Ele tem preparado para nós.

Para refletir:

Ser chamado por Deus é o primeiro passo para viver os propósitos dele na sua vida. O que você tem feito em relação ao seu chamado?

POR LEONARDO RIBEIRO

UM NOVO FUTURO

DIA 207

"...de agora em diante, serás..."
Lucas 5.10

A partir desse tempo, começava um novo ciclo! Um antes e um depois... Observe e pondere. Pedro, Tiago e João foram impactados com a pesca maravilhosa. Eles eram exímios pescadores, mas naquela noite, mesmo tendo trabalhado incansavelmente, nada apanharam. No entanto, agora, sob a palavra de Jesus, tudo mudou. A pesca maravilhosa era uma realidade palpável.

Porém, Jesus estabeleceu um novo tempo, um chamado excepcional: "de agora em diante, serão pescadores de homens".

1. Todo milagre tem um propósito exclusivo de Jesus a ser revelado!
2. O Dono do mar e dos peixes tem tudo sob o Seu controle!
3. Nosso esforço só será efetivamente recompensado se estivermos pautados na Palavra de Jesus!
4. Responda positivamente ao chamado de Jesus.

Seja o que Ele quer que você seja! Exerça o ofício que Ele lhe designou! Faça o que Ele determinar!

Para refletir:

Renda-se ao plano de Deus para você!
Viva o que Ele deseja para a sua vida!

POR NATANAEL SILVA

DIA 208

RESPEITE O TEMPO!

"... E foi a tarde e a manhã: o dia primeiro."
Gênesis 1.5

Anos, meses, semanas, dias, horas, minutos e segundos. Essas é a maneira de se medir o tempo, ao qual todos estamos sujeitos. Funcionamos 24 horas por dia, 7 dias por semana e isso não é à toa. Criança, adolescente, jovem, adulto e idoso — assim classificamos a vida, e cada palavra dessas tem uma etapa dentro do seu determinado tempo. Eclesiastes 3 afirma isso: "Tudo tem seu tempo determinado...".

Isso tudo é reflexo da criação. Em Gênesis, encontramos a expressão "Disse Deus" seguida de: "E foi a tarde e a manhã: o dia...". Em toda a Sua sabedoria, Deus poderia ter criado tudo em um dia, ou em minutos, simplesmente usando o "haja". Porém, Ele decidiu realizar a criação em etapas, reservando a cada dia uma parte de Seu projeto, incluindo o tempo para descansar.

Cada etapa de sua vida é parte de um grande projeto que não pode ser concluído somente em um momento. Não desperdice tempo pensando somente no futuro. Isso é ansiedade e Cristo recomenda que não andemos dessa forma.

Lembro-me de quando decidi incluir a corrida em minha rotina. Planejei iniciar a atividade no outro dia bem cedo. Vi vídeos sobre o melhor tênis, a melhor pisada etc. Durante a noite, pronto para dormir, planejei percursos e imaginei em quanto tempo eu poderia correr uma meia maratona. Resultado: perdi o sono, acordei cansado e atrasado, o que me impossibilitou iniciar a minha vida como corredor.

O exemplo é simples, mas traz uma grande lição: pensar nos problemas de amanhã é roubar a energia de hoje! Imaginar-me correndo muitos quilômetros não me acrescentou em nada, apenas roubou o descanso necessário para iniciar o projeto.

Para refletir:

"Não vos inquieteis, pois, pelo dia de amanhã, porque o dia de amanhã cuidará de si mesmo. Basta a cada dia o seu mal" (Mt 6.34).

POR JADER GALHARDO DIAS

SOLITÁRIO E EM SILÊNCIO

DIA 209

"Assente-se solitário e fique em silêncio; porquanto esse jugo Deus pôs sobre ele". Lamentações de Jeremias 3.28 (ARA)

Ah, o meio do caminho! Quando já andamos o suficiente para não podermos voltar, mas o percurso que nos falta ainda é longo. Pouco a pouco, os pensamentos dão lugar à percepção do fardo que carregamos. Fardo este que fica, a cada passo, mais presente, mais pesado e não pode mais ser ignorado.

Ah, o meio do caminho! Aquele momento em que nada tememos, mas também nada celebramos. Quando, em um instante, a nossa esperança é suficientemente capaz de equilibrar o cansaço, e noutro, tão em seguida, essa balança faz-se tão instável que até uma inspiração mais profunda é capaz de mudar tudo de lugar, levando-nos, de repente, a olhar para baixo ou para trás.

Ah, o meio do caminho! Quando parar e se sentar é o melhor que podemos fazer por uma alma cansada. Assentar-se sozinho. Em silêncio. É só o meio do caminho. E há consolo no meio do caminho. Sim, descanso e escape no meio do caminho. Não caminhamos sozinhos. "Bom é o SENHOR para os que esperam por ele, para a alma que o busca. Bom é aguardar a salvação do SENHOR e isso, em silêncio. Bom é para o home suportar o jugo na sua mocidade. Assente-se solitário e fique em silêncio; porquanto esse jugo Deus pôs sobre ele" (Lm 3.25-28, ARA).

Há um abraço o aguardando nessa oração de Jeremias. Se puder, leia-a de novo. Talvez, todo o capítulo 3 do livro de Lamentações. Deixe Deus falar. Só você e Ele, sozinhos e em silêncio.

Para refletir:

Você pode se sentar um pouco, viajante?

POR THAMIRES HADASSA

DIA 210

A CURA É UMA PESSOA PRESENTE

"...pelas suas pisaduras, fomos sarados."
Isaías 53.5

Imagine que um jovem cardiologista dedicou a vida a encontrar a cura para uma doença que havia hereditariamente atingido toda a humanidade. Depois de muito tempo e pesquisa, descobriu a inédita e tão necessária cura. Em pouco tempo, se tornou muito famoso e reconhecido mundialmente. Sua agenda estava repleta dos mais diversos pacientes com os mais variados diagnósticos. O caminho da cura era sempre a medicação de uso contínuo que tinha descoberto.

Com o tempo, alguns pacientes abandonaram o tratamento, apesar da contraindicação do cardiologista. Por desacreditarem que algo tão milagroso trouxesse tanta dependência, preferiram retornar às suas enfermidades ao invés da vida saudável que experimentaram durante o tratamento.

A Bíblia diz que Jesus "...é antes de todas as coisas. Nele tudo subsiste" (Cl 1.17). Jesus não é simplesmente um remédio para humanidade ou alguém que faz o milagre que esperamos. Ele mesmo é o Autor e Consumador da nossa fé, não a bênção, a provisão ou a cura. Cristo deseja um relacionamento eterno conosco, "...a vida eterna é esta: que te conheçam a ti o único Deus verdadeiro, e a Jesus Cristo, a quem enviaste" (Jo 17.3).

Preferir a cura em vez daquele que levou sobre si as nossas enfermidades não é somente ingratidão, mas também nos priva daquele "...que é poderoso para fazer infinitamente mais do que tudo quanto pedimos ou pensamos, conforme o seu poder que opera em nós" (Ef 3.20). O Todo-Poderoso já começou a trabalhar e é fiel para terminar. Cabe a nós permanecer nele.

Para refletir:
Para você é mais importante ter Jesus, ou o que Ele tem para lhe dar?

LÉO GUÍMEL DE SOUZA AMORIM

QUANDO O MUNDO CAI AO MEU REDOR

DIA 211

"Deus é o nosso refúgio e fortaleza, socorro bem-presente na angústia. Pelo que não temeremos..." Salmo 46.1-2

Nós, no século 21, pensamos que temos tudo em nossas mãos. Muitas vezes nos sentimos intocáveis. Infelizmente, este é um engano fatal. Enquanto escrevo, a mídia está relatando diariamente sobre o surto do coronavírus. Um único vírus é suficiente para desligar o mundo, e percebemos quão dependentes e pequenos somos. Tudo parece estar desmoronando, as consequências são difíceis de prever. Países inteiros estão parados, ninguém sabe como isso vai acabar. Um amigo meu descobriu recentemente pelo médico que ele tinha câncer terminal.

Quando essas coisas surgem em nosso caminho, e quando o mundo cai ao nosso redor e corremos o risco de perder o equilíbrio, o que vamos fazer? Há um lugar onde podemos encontrar ajuda? Há um refúgio para onde podemos fugir? No versículo do dia, fica claro que os escritores deste salmo conheciam tal refúgio. Não é um lugar em si, mas o próprio Deus! "Deus é o nosso refúgio e fortaleza."

O que distingue Deus para que Ele possa ser um refúgio para nós? Ele é Deus, um ajudador provado em necessidade. O versículo também pode ser traduzido como "um ajudante que é fácil de encontrar em tempos de necessidade". Quando as coisas ficam difíceis, Deus não simplesmente foge ou se retira. Pelo contrário! É fácil de o encontrar, e Ele é um verdadeiro "ajudante" comprovado!

Em todos os momentos, Deus se deixa encontrar por quem o busca. Ele ajuda aqueles que se voltam para Ele em suas necessidades. Como é bom saber disso! Existe um Deus que se preocupa com as nossas necessidades. Quem o busca sinceramente, quem se apega a Ele, não ficará desapontado.

Para refletir:

Ainda que o mundo caia ao seu redor, confie no Senhor. Somente nele você encontrará refúgio.

POR EVERTON RODRIGUES

DIA 212

JESUS JÁ VENCEU TODO MAL

"E, tendo despojado os principados e potestades, os exibiu publicamente e deles triunfou na mesma cruz." Colossenses 2.15 (ARA)

Todos, em algum momento, já ouvimos aquele ditado popular: "eu mato a cobra e mostro o pau". Mas o correto seria: eu mato a cobra e mostro a cobra, não é mesmo? Pois é, todo aquele que vence mostra a arma que usou, exibe o troféu, a medalha, mas Jesus, quando morreu na cruz do Calvário e ressuscitou ao terceiro dia, fez mais do que exibir as chaves da morte e do inferno. Ele expôs publicamente para que a Terra, os céus e o inferno pudessem contemplar que Satanás está derrotado desde então. Isso mesmo, o inimigo de nossas almas foi rendido e vencido.

Portanto, entenda, de uma vez por todas, esta verdade: Jesus não o chamou para derrotar o diabo, pois Ele já o fez por você. O inimigo já caiu. Já perdeu. Estão perseguindo você? Declararam guerra contra você? Sua luta não é contra a carne e sangue. Sujeite-se a Deus, resista ao diabo e ele fugirá (conforme Tg 4.7). Resista! Há força, poder e vitória no nome de Jesus.

Para refletir:

Descanse no Senhor. Declare neste dia:
Sou mais que vencedor! Jesus já venceu por mim!

POR GIZELE CAMARGOS

QUEM DEUS É
E O QUE ELE QUER?

DIA 213

"Então, respondeu Jesus e disse-lhe: Ó mulher, grande é a tua fé. Seja isso feito para contigo, como tu desejas." Mateus 15.28

O que você suportaria por alguém que você ama?

Em Mateus 15.21-28, temos a história de uma mulher que insistiu muito e provou sua fé até conseguir o que ela queria. Sua filha estava dominada por um espírito maligno e estava sofrendo muito. Desesperada, essa mãe pediu ajuda. Jesus havia saído de Israel por um momento e ido para a Fenícia. Porém, Ele não estava ali para ver as pessoas. De repente, essa mulher siro-fenícia chega e começa a gritar: "Filho de Davi, tem misericórdia de mim!" (v.22). Sendo ignorada, ela insistiu. Os discípulos a mandaram ir embora porque ela estava fazendo muito barulho. No entanto, ela continuou. Então, Jesus respondeu "Não é bom pegar o pão dos filhos e deitá-lo aos cachorrinhos" (v.26). E ela respondeu: até os cachorrinhos se alimentam das migalhas.

Jesus foi duro em Seu discurso para provar a fé daquela mãe e ensinar algo aos discípulos. Eles realmente achavam que outros povos eram menos dignos e não teriam os mesmos direitos que eles. Contudo, Jesus veio para todos e provou isso naquele momento, mesmo antes do tempo. Finalmente, Ele disse: "Ó mulher, grande é a tua fé. Seja isso feito para contigo, como tu desejas". Naquele momento, a filha dela ficou curada.

Será que você seria capaz de insistir por alguém dessa maneira? Espero que descubra que sim, pois foi para isto que Jesus nos chamou: para termos o correto entendimento de quem Cristo é e o que Ele quer. E então, pediremos ajuda por quem não está em condições, mesmo que a nossa fé seja provada no caminho.

Para refletir:

Você tem fé para insistir por quem você ama?

POR THAMIRES HADASSA LEITE PEREIRA COSTA

DIA 214 — ALGUMA COISA ACONTECEU

"E a Sete mesmo também nasceu um filho; e chamou o seu nome Enos; então, se começou a invocar o nome do SENHOR." Gênesis 4.26

O capítulo 4 de Gênesis merece uma atenção especial. Ele começa dizendo que Adão e Eva tiveram dois filhos. Por causa do culto a Deus, a aceitação do Senhor ao culto excelente de Abel e a Sua rejeição ao culto de Caim, acontece o primeiro homicídio. Caim mata seu irmão Abel por inveja de seu culto ao Senhor.

Mesmo fugindo de Deus, a descendência de Caim prosperou debaixo de uma atmosfera de impiedade e rebelião. Não satisfeito com a linhagem ímpia de Caim prosperando, Deus deu a Adão e Eva outro filho chamado Sete, no lugar de Abel que havia morrido. Anos mais tarde Sete teve um filho chamado Enos, e aí tudo muda. Nos dias de Enos uma chave foi virada entre os homens: começou a consciência da oração. Um avivamento despertou corações. Mas quem foi o canal? Quem foi o pregador? Que hino foram cantados? Não sabemos, pois a Bíblia não responde essas curiosidades. Mas sabemos que algo aconteceu. Depois desse evento nos dias de Enos, a linhagem justa de Sete começou a prosperar.

Certo dia, o grande pregador D. L. Moody estava andando pela Wall Street, em Nova York, quando o Espírito Santo veio sobre ele. A presença de Deus era tão poderosa, que ele precisou entrar correndo em uma casa, e cair de joelhos, a ponto de gritar: "Meu Deus, eu não aguento mais." Ondas elétricas pareciam invadir o seu corpo. E o pregador sempre se lembrava desse dia, como um dia que Deus respondeu suas orações.

Posso lhe contar um segredo? Sinto em meu espírito que algo está para acontecer. Talvez não aconteça entre todos os homens, mas se alcançar a nossa família, a nossa igreja, a nossa cidade... Uau! Já será algo incrível.

Para refletir:
Que a nossa geração tenha sensibilidade para não confundir a voz de Deus em meio à dos pecadores e força para começar um avivamento!

POR FRANKLIN COUTINHO

A QUEM ENVIAREI?

DIA 215

*"Depois disso, ouvi a voz do Senhor, que dizia:
A quem enviarei, e quem há de ir por nós? Então, disse eu:
eis-me aqui, envia-me a mim."* Isaías 6.8

Russell Philip Shedd nasceu em 10 de novembro de 1929, na Bolívia. Seu ministério foi grandioso. Além da sua relevante contribuição para a teologia, com a publicação de livros e produção de material técnico, ele foi uma grande referência como missionário. Faleceu aos 87 anos, em 26 de novembro de 2016.

William Franklin "Billy" Graham Junior nasceu em 7 de novembro de 1918, nos Estados Unidos. Foi um dos maiores evangelistas pentecostais do século 20. As pregações dele foram ouvidas por centenas de milhares de pessoas, além é claro, dos inúmeros milagres que ocorreram através de sua vida. Faleceu aos 99 anos, em 21 de fevereiro de 2018.

Quando ambos morreram, ouvi várias vezes a mesma indagação: "Quem será o próximo Russell Sheed? Quem será o próximo Billy Graham?". A cada ano, Deus chama para si muitos homens e mulheres tementes a Ele. Deus está chamando para si evangelistas, teólogos, pastores, cantores, intercessores.

Apenas no ano de 2020, em consequência da COVID-19, foram inúmeros irmãos e irmãs, conhecidos ou não, que passaram a morar com Deus. Pessoas que nos deixaram um legado intenso.

Será que poderemos, nos próximos 30, 40, 50 anos ou mais, dedicar nossa vida a Deus da forma inteligente como eles fizeram? Será que daqui a 30, 40 ou 50 anos, seremos lembrados por termos deixado um legado tão relevante como muitos desses que partiram para a eternidade fizeram?

Para refletir:

Poderemos hoje responder ao chamado de Deus como Isaías fez?

POR BRUNNA REGINA PICOTE

DIA 216

FAÇA A DIFERENÇA!

"Então, vereis outra vez a diferença..."
Malaquias 3.8

Dentro da uniformidade ou padrão estabelecido, fica muito difícil identificar as diferenças existentes. Em um grupo padronizado as diferenças são escondidas ou ficam ocultas. Para identificá-las é necessário sair do meio da uniformidade.

Identifica-se, no texto de Malaquias, a necessidade de sair da zona de conforto e assim se colocar como uma luz em meio às trevas (Mt 5.14). Não podemos nos restringir somente em nossos templos, e sim deixar que a luz de Cristo em nós resplandeça sobre aqueles que estão em trevas. Estamos sendo chamados para fora!

O lugar onde Deus nos colocou, é o mais adequado para que a Luz de Cristo resplandeça. Não queremos apenas identificar um justo entre ímpios, porém desejamos que aquilo que conquistamos por meio de Cristo seja alcançado por mais pessoas. Que o justo não seja apenas "eu", mas todas as pessoas que precisam ser alcançadas pelo amor de Deus. O justo sempre tem a obrigação e a responsabilidade de não ser apenas diferente, mas de influenciar, a ponto de fazer a diferença no meio em que vive, levando o ímpio ao conhecimento da verdade, pois assim ela o libertará.

Coloque-se como instrumento nas mãos do Senhor, pronto para se posicionar como verdadeiro servo. Busque transformar não só o local onde está, mas também influenciar as pessoas a serem melhores. Acredite que você é escolhido para um propósito bem definido por Deus, não para ser mais um.

Para refletir:

Não seja apenas diferente, mas faça a diferença!

POR AUZIAS PAULO NAZARIO RODRIGUES

Chamados para Fora

LIBERDADE DE EXPRESSÃO

DIA 217

"Então, me invocareis, e ireis, e orareis a mim, e eu vos ouvirei." Jeremias 29.12

A sociedade contemporânea preza muito pela liberdade de expressão. Porém, não pense que esse é um direito adquirido desde nossa nascença. Nossa liberdade de expressão para com Deus foi conquistada por Jesus Cristo.

A palavra grega *parrhesia* é uma combinação de *pas* (todos) e *rhesis* (falar), significando "liberdade de todos expressarem seus pensamentos". Posso falar com liberdade porque Jesus, por meio de Seu sacrifício, abriu a porta e me deu o direito de acessar o Santo dos Santos.

Nos dias de hoje, a liberdade de expressão é algo natural, mas nem sempre foi assim. No império Romano, no primeiro século, as pessoas não podiam expressar a sua opinião diante o imperador César, ou falar livremente na frente de qualquer autoridade. As consequências seriam terríveis.

Mas e falar diante do Rei do Universo, diante do Criador dos céus e Terra, as consequências também seriam terríveis? Talvez alguém possa responder como o profeta Isaías: "sou um homem de lábios impuros" (6.5). De fato, temos lábios impuros. Mas Jesus dá-nos o direito de falar livremente com o Pai. "Tendo, pois, irmãos, ousadia para entrar no Santuário, pelo sangue de Jesus..." (Hb 10.19-20). Esta é a maior liberdade de expressão de todas: expressar-se livremente diante de Deus, sem reservas, sem protocolos. Que privilégio!

Você tem falado com Deus? Durante a minha caminhada cristã aprendi que a solução para todos os problemas reside no diálogo. Dialogar com Deus resolveu muitos problemas que enfrentei e ainda evitou que eu entrasse em tantos outros. Aproveite a sua liberdade de expressão e se expresse diante do Senhor. Ele está interessado em o ouvir.

Para refletir:

Deus não apenas ouve nossas orações, mas tem o prazer em respondê-las, cada uma em Seu tempo.

POR EVERTON RODRIGUES

DIA 218

DEUS O ESCOLHEU PARA ESTE MOMENTO!

"Porque, se de todo te calares neste tempo, socorro e livramento de outra parte virá para os judeus, mas tu e a casa de teu pai perecereis; e quem sabe se para tal tempo como este chegaste a este reino?" Ester 4.14.

Sabe aquele livro que você ama meditar? Para mim, esse livro é o de Ester. Sempre fui ensinada pela minha mãe, quando ainda menina, a ler histórias de princesa.

Ester era uma moça bonita, humilde, amada, corajosa, acima de tudo temente a Deus. Como é inspirador ler essa história! Uma moça que teve a ousadia de ir até a presença do rei e pedir por misericórdia em favor do seu povo. Deus a escolheu para aquele momento. Ele confiou-lhe algo muito importante porque ela era capaz. Deus confiou a ela uma grande missão. E qual a resposta diante de tantas evidências da direção de Deus? Ela prosseguiu e foi, simples assim.

Creio que Deus o chamou para um grande propósito também. Sim! Ele o escolheu e disse: "Venha!". Fomos chamados para glorificar o nome do Senhor e fazer a vontade dele. Todos os muitos momentos difíceis que Ester viveu se transformaram em glorificação a Deus.

O Pai o escolheu para este momento! Não deixe para amanhã. Não permita que o seu coração e as suas vontades ou até mesmo o seu cotidiano o distraiam de fazer a vontade dele. Deus o escolheu para esse tempo!

Para refletir:

"A Terra está abarrotada de sarças celestiais e comuns que ardem com a chama de Deus. Mas somente aquele que vê tira as sandálias dos pés." —Elizabeth Barret

POR JUCYELI LINDSE PORTO RODRIGUES

Chamados para Fora

O REI TEM QUE MORRER!

DIA 219

"No ano em que morreu o rei Uzias, eu vi ao Senhor assentado sobre um alto e sublime trono..." Isaías 6.1

Uzias foi um rei um jovem e muito próspero, que começou a reinar com apenas 16 anos e reinou em Jerusalém por 52 anos. Em sua gestão, havia fartura, as guerras eram vencidas, cidades eram edificadas e sua fama corria por toda parte. Seu segredo era apenas buscar ao Senhor (2Cr 26.5).

Outro personagem muito conhecido nessa história é Isaías, o profeta. Isaías era filho Amós, que era irmão de Amazias, rei de Judá e pai de Uzias. Ou seja, Isaías era primo de Uzias. Imagino na infância deles correndo, brincando, se divertindo e crescendo sob os cuidados do palácio. Mas, aos 16 anos, a realidade muda para Uzias, e consequentemente para Isaías: agora Uzias é rei!

Com essa mudança repentina, tudo foi alterado e seu primo, Isaías, se tornou assessor do rei. Nesse cargo, toda sua vida girava em torno das vontades e demandas do rei, seu tempo e disponibilidades estariam 100% dedicados ao serviço real e aos assuntos do palácio. Porém, o Senhor Deus tinha um plano específico para Isaías. Certo dia, chegou ao palácio a triste notícia da morte de Uzias (2Cr 26.21), e com ela uma nova e radical mudança aconteceria na vida de Isaías.

Embora, Isaías convivesse entre os profetas e fosse conhecedor das Escrituras, ele nunca tinha tido um encontro real e genuíno com o Senhor. Afinal, seu comprometimento era com as coisas do rei Uzias. Somente após a morte desse monarca, Isaías ficou totalmente disponível para o Senhor e ao Seu reino. Então, teve uma visão grandiosa e uma transformação completa em sua vida e disse: "Eis-me aqui, envia-me a mim" (Is 6.8).

Para refletir:

A qual "rei" você está servindo (algo que tira seu foco e o seu tempo de Deus e consome sua vida)? Qual "rei" precisa morrer?

POR MARCELO HALLEY

DIA 220

ESTÁ VALENDO A PENA?

"...mas a palavra da pregação nada lhes aproveitou, porquanto não estava misturada com a fé naqueles que a ouviram." Hebreus 4.2

Se Deus é bom e tem bênçãos celestiais disponíveis para todos, por que alguns recebem e outros não? Para perguntas assim não existe resposta absoluta, mas eu o convido a refletir a respeito.

Em Hebreus, no capítulo 4, o autor começa um raciocínio sobre como a promessa que Deus fez ao povo de Israel ainda não havia se cumprido e que o verdadeiro Descanso não era terreno, mas celestial. Então, Ele diz que isso foi anunciado ao povo, mas que essa mensagem não lhes valeu de nada, porque eles não creram. "Porque também a nós foram pregadas as boas-novas, como a eles, mas a palavra da pregação nada lhes aproveitou, porquanto não estava misturada com a fé naqueles que a ouviram" (v.2). Então, eles ouviram, mas essa escuta não foi acompanhada de fé. Aí está um ponto importante, não basta ouvir.

A mensagem só terá efeito sobre nós e valerá de alguma coisa se for acompanhada de fé! Então, permita-me perguntar: como você tem ouvido? Está valendo a pena a mensagem que escuta? Você tem fé? Lembre-se: "Sem fé é impossível agradar a Deus, pois quem dele se aproxima precisa crer que ele existe e que recompensa aqueles que o buscam" (Hb 11.6, NVI). Sim, de fato, muitos escutam. Porém, só desfruta aquele que crê!

Para refletir:

Vamos fazer valer aquilo que escutamos de Deus?

POR THAMIRES HADASSA

GRAÇA

DIA 221

"E disse-me: A minha graça te basta, porque o meu poder se aperfeiçoa na fraqueza. De boa vontade, pois, me gloriarei nas minhas fraquezas, para que em mim habite o poder de Cristo." 2 Coríntios 12.9

Quantas vezes nós passamos por dificuldades, desertos, necessidades e até perseguições, e, em vez de fazer disso uma experiência para o nosso crescimento espiritual, acabamos absorvendo tudo como algo negativo e improdutivo em nossa vida?

Entenda que se sentir fraco não é sinal de derrota, ou que você está sozinho, mas que você tem um Deus poderoso acima dos céus, pronto para o direcionar ao caminho da vitória. E é justamente nos momentos da ausência da bonança, que somos lapidados. Em meio ao processo sofrido pelo qual todos nós passamos constantemente em determinadas fases de nossa vida, temos que encarar com fé, esperança e gratidão pela provação permitida pelo próprio Deus para que sejamos mais fortalecidos. E o que precisamos compreender, é que esse fortalecimento só encontramos fora da nossa zona de conforto. Aí o extraordinário de Deus acontece!

Então confie na graça de Deus que é suficiente para você enfrentar qualquer deserto, por mais desesperador que pareça.

Para refletir:

Só vive milagre quem confia no Senhor e em Seus propósitos.

POR LARIZA SANTOS

DIA 222
DEUS ESTÁ À PROCURA DE OPERADORES DE MILAGRES!

"E, vendo a multidão, teve grande compaixão deles, porque andavam desgarrados e errantes como ovelhas que não têm pastor." Mateus 9.36

Paulo, em 1 Coríntios 11, orienta para que *todos* busquem aprender mais dos dons espirituais. Minha pergunta é: Quantos de nós têm se interessado pela busca dos dons espirituais? Deus deixou 9 dons à disposição da Igreja, para usarmos como ferramentas de extensão do Seu poder. Será que temos desejado ardentemente essa busca? Como tem sido o anseio do nosso coração pela busca do Espírito Santo?

Vivemos dias em que cada vez mais a sociedade tem nos incentivado a buscar por poder, dinheiro, fama. Não é errado termos objetivos de crescimento nessa Terra. Pelo contrário, tudo o que formos fazer *deve* ser para a honra e glória de Deus! Contudo, quanto do nosso coração tem buscado fazer a diferença?

A vida cristã tem me ensinado muito sobre fazer a diferença no pouco a pouco. Todos os dias há jovens precisando de uma palavra de sabedoria, cura na alma, serem impactados com uma fé extraordinária. Deus nos chama nesse tempo para operarmos milagres! Ele nos chama para fazer a diferença nesses últimos dias!

Precisamos romper com todos os empecilhos que nos distanciam de sermos operadores de milagres. Há alguém do meu e do seu lado clamando por um milagre. Seja ousado e peça a Deus os dons. Use a palavra de sabedoria para aconselhar, profecia para confortar, fé para ousar, cura e milagres para surpreender... Só não deixe de fazer a diferença!

Há ferramentas disponíveis, mas há operadores de milagres disponíveis? "A seara é realmente grande, mas poucos são os ceifeiros. Rogai, pois, ao Senhor da seara que mande ceifeiros para a sua seara" (Mt 9.37-38).

Para refletir:

Seja um operador de milagres!

POR BRUNNA REGINA PICOTE

NÃO OLHE PARA TRÁS

DIA 223

"Voltou, pois, [Eliseu] de atrás dele, e tomou uma junta de bois, e os matou, e, com os aparelhos dos bois, cozeu as carnes, e as deu ao povo, e comeram. Então, se levantou, e seguiu a Elias, e o servia." 1 Reis 19.21

Eliseu foi um homem de Deus que mostrou tamanha fé e certeza na sua chamada já no primeiro passo que, quando o profeta Elias joga a sua capa sobre ele, uma de suas primeiras ações é retornar para a sua casa e se desfazer de tudo o que prendia ao seu passado. Isso, com toda certeza, foi um diferencial em seu chamado, uma vez que ele optou por uma vida orientada pelo próprio Deus. As evidências de que, durante todo o seu ministério, o profeta Eliseu foi cuidadosamente guiado e preparado pelo próprio Deus foram muitas. Assim, ele pode experimentar a provisão e o cuidado do próprio Senhor em toda sua vida ministerial.

Em nossa vida cristã acontece da mesma forma. Desde o momento em que fomos chamados pelo Senhor, Ele nos molda e prepara para vivermos todos os propósitos que Ele tem designado sobre a nossa vida. Contudo, em muitos momentos, nós, diferentemente do profeta Eliseu, insistimos em deixar âncoras em nosso passado, que nos prendem e, em alguns momentos, evitam avanços necessários na nossa caminhada. Precisamos viver como Eliseu que, desde o princípio, teve a certeza de quem o chamou e que tudo aconteceria no momento certo e da forma que fosse permitida pelo Pai.

Entenda que o Deus que o chamou vai cuidar de tudo e que você, criatura escolhida por Ele, vai vivenciar experiências incríveis desde que esteja disposto a entregar e confiar em quem o escolheu.

Para refletir:

Você se considera capaz de entregar, confiar e abandonar tudo o que o afasta do seu propósito?

POR LEONARDO RIBEIRO

DIA 224

A DESCULPA DA RELIGIOSIDADE É UMA RELIGIÃO

"Por isso, se a comida escandalizar a meu irmão, nunca mais comerei carne..." 1 Coríntios 8.13 (ACF)

Não é dúvida para ninguém que Cristo, ao se sacrificar na cruz, nos trouxe livre acesso ao Pai, ao rasgar sua carne e consequentemente rasgar o véu. Ainda, é claro o combate à religiosidade que Jesus enfrentou em Seu ministério terreno ao discutir e debater com os fariseus. Enquanto Jesus enfrentava a religiosidade, Ele nos ensinava o que era o verdadeiro amor a Deus.

Ainda, sobre a religiosidade, lembremos que Paulo a combatia veementemente, principalmente em algumas discussões com cristãos de berço judaico.

Em nosso tempo não é diferente. Muitas pessoas estão se desprendendo de suas práticas religiosas e se voltando ao verdadeiro amor a Cristo. Entretanto, muitos "cristãos" têm se apegado à "religiosidade" e transformando princípios bíblicos em religião, tudo como mera desculpa para poder continuar com suas práticas pecaminosas.

Entenda que sua liberdade (ou falsa liberdade) pode escandalizar o irmão que você entende como "ignorante". Assim, tome cuidado para não encarar como religiosidade algo que realmente o afasta do pecado e o aproxima de Cristo.

E, caso você acredite que sua opinião divergente seja a correta, não a ponha em prática, pois isso pode escandalizar o seu irmão e assim, você também estará pecando.

Para refletir:

Você prefere escandalizar o seu irmão a mudar de atitude?

POR LUCAS DIOGO PEREIRA

O POBRE JOVEM RICO

DIA 225

"Bom Mestre, que bem farei, para conseguir a vida eterna?" Mateus 19.16

Ao final desse capítulo 19 de Mateus, a Bíblia nos conta que, apesar de ter um encontro com o Mestre, o jovem rico sai da presença de Jesus com o coração triste ao questionar Jesus sobre o que ele poderia fazer para conseguir a vida eterna. Jesus primeiro o questiona sobre os mandamentos, os quais cumpre, quase todos, com maestria e devoção. Porém, há um que o jovem não guardou em seu coração: ele não amou a Deus de todo o seu coração e decidiu colocar tudo o que possuía em primeiro lugar.

Isso não quer dizer que ele não amasse a Deus. Certamente, ele nutria um amor grande por Deus e por Seus mandamentos e até ansiava pela vida eterna. Ao deixar de ouvir o conselho de Jesus, ele perdeu a maior riqueza que poderia encontrar: o próprio Jesus. E nas Escrituras vemos o jovem rico mais pobre já descrito; ele até poderia ter riquezas, mas deixou o maior tesouro de lado.

Jovem cristão, não deixe que as coisas desse mundo tomem o lugar no seu coração que deveria ser de Deus. Nada vale mais que o amor do nosso Pai que está nos céus. A vida eterna só faz sentido se Jesus estiver nela. É em Jesus que temos a verdadeira vida.

Para refletir:

Nenhum homem viveu verdadeiramente se ainda não teve um encontro com o Autor da vida.

POR EMIDIO GOMES

DIA 226

SOMOS MILHARES

"Depois destas coisas, olhei, e eis aqui uma multidão, a qual ninguém podia contar, de todas as nações, e tribos, e povos, e línguas, que estavam diante do trono e perante o Cordeiro..." Apocalipse 7.9

Somos milhares! Se pudéssemos ver como Deus, perceberíamos que somos muito mais do que conseguimos enxergar, fazemos parte de uma família espalhada por todos os cantos do mundo. O poeta Isaac Watts, ao se deparar com o Salmo 72, escreveu: "De norte a sul os príncipes se encontram para prestar homenagem a Seus pés; enquanto os impérios ocidentais possuem seu Senhor, e tribos selvagens atendem à Sua Palavra. Pessoas e reinos de todas as línguas pensam em Seu amor com a mais doce canção, e vozes infantis proclamarão Suas primeiras bênçãos em Seu nome".

A grandiosidade da Igreja do Senhor é extraordinária. Se você olhar para os lados, vai perceber que aí onde você está é muito provável que haja algum de nós, alguém notável, corajoso e cheio de fé. Quem nós somos? Somos jovens, velhos, meninos e meninas, somos negros, brancos e pardos. Alguns de nós já descansam no Senhor, uns foram zombados por fazerem parte dessa família, outros enfrentaram leões, decapitações e muitas perseguições (Hb 11.37). Muitos de nós já influenciaram reinos e nações.

Nós somos a Igreja do Senhor, aquela que nem mesmo Nero, Décio e Valeriano conseguiram destruir. Somos o povo da cruz, os que levam consigo as marcas de Jesus. Somos os anunciadores das boas-novas do Senhor. Somos aquela que carrega consigo a cura para todo o mal. Somos a morada do altíssimo! E diante de nós nem as portas do inferno prevalecerão!

Para refletir:

Somos adoradores do único Deus que provêm de todas as tribos, povos e raças!

POR EVERTON RODRIGUES

O PODER DO HÁBITO

DIA 227

"...e orava, e dava graças, diante do seu Deus, como também antes costumava fazer." Daniel 6.10

O problema de Daniel surgiu quando o rei Dario instituiu 120 pessoas para administrarem seu império e, sobre elas, 3 supervisores, sendo Daniel um deles. Ele se destacou tanto que o rei planejava o colocar à frente de todo o governo. No entanto, os administradores e os outros supervisores resolveram criar alguma situação para acusar Daniel e se livrar dele. Dessa forma, conseguiram fazer com que o rei assinasse um decreto proibindo qualquer um de orar a qualquer deus ou homem que não o rei.

Daniel, ao descobrir sobre isso, foi à sua casa para orar, e, o mais surpreendente, é que o senso comum diria que ele deveria apenas orar escondido. Mas Daniel tinha o hábito de orar três vezes ao dia e, de janelas abertas, dava ação de graças ao Senhor. Mesmo com a ameaça, ele não permitiu que esse hábito fosse mudado por qualquer homem que fosse. Sendo assim, foi encontrado orando ao Senhor e lançado na cova dos leões como consequência. No dia seguinte, foi encontrado vivo e bem, pois o Senhor o tinha livrado.

Muitas vezes, nos entristecemos tanto com algo, que acabamos perdendo até a vontade de orar. Entretanto, assim como Daniel que, mesmo diante o risco de morte permaneceu firme em seu relacionamento com Deus, não podemos deixar a adversidade mudar o nosso hábito de orar, buscar ao Senhor e dar graças a Ele. Desse modo, assim como Deus fechou a boca dos leões naquela cova, Ele fechará a boca do leão que se levanta contra você e lhe dará a vitória.

Para refletir:

Como a adversidade tem refletido em seus hábitos?

POR DANRLEY NASCIMENTO

DIA 228 — NOSSO VALOR PERANTE DEUS

"Pois, quanto mais vale um homem do que uma ovelha? É, por consequência, lícito fazer bem nos sábados." Mateus 12.12

Em nosso versículo do dia, Jesus queria curar um homem que tinha uma das mãos doente. Os escribas e fariseus eram contra porque era um dia de descanso, o sábado. Do ponto de vista deles, nenhum trabalho era permitido naquele dia, ou seja, não era permitido nem mesmo "curar". Jesus raciocinou que eles também resgatariam uma ovelha deles que caísse em uma cova no sábado. E lhes perguntou: "Quanto mais valioso é um homem do que uma ovelha?".

Qual é o seu valor aos olhos de Deus? Você sabe o que a Bíblia diz a seu respeito. Pessoalmente você é único, é uma criatura magnífica de Deus, é feito e parece exatamente como Deus planejou. Deus já o reconheceu no ventre, como um embrião. Eles são feitos de uma maneira incrível e excelente. Deus conhece todos os seus pensamentos e compreende o seu ser mais íntimo. Você é tão valioso para Deus! Infinitamente mais que uma "ovelha"! Deus está muito interessado em você. Ele quer conhecê-lo. Ele quer curá-lo de dúvidas, quer carregar suas dores. Deus quer ouvi-lo, quer que você se sinta seguro com Ele. Quer banhá-lo com o Seu amor.

O Senhor oferece isso a todos os que se deixam salvar por Jesus, que concordam com o veredicto de Deus sobre nossa vida de que somos culpados diante dele, como nossa consciência às vezes aponta com urgência. Àqueles que confiam em Deus para perdoar a culpa e restaurar o relacionamento com Ele porque Jesus Cristo pagou o preço com Sua vida em nosso favor. Estenda a mão, assim como aquela pessoa que estava procurando ajuda fez. Jesus não apenas curará a sua mão, mas a encherá abundantemente.

Para refletir:

Acredite no que Deus pensa sobre você.

POR EVERTON RODRIGUES

DESCANSE!

DIA 229

"E chegou a um lugar onde passou a noite [...]; e tomou uma das pedras daquele lugar, e a pôs por sua cabeceira, e deitou-se naquele lugar. E sonhou..." Gênesis 28.11-12

Imagine a cena: sua mãe lhe diz para fugir, pois seu próprio irmão, literalmente, quer matá-lo. O motivo é simples, você roubou a bênção da primogenitura que era dele por direito, em sua cabeça permeiam ameaça e culpa. Além disso, seu pai o orienta a encontrar uma esposa nesse caminho de fuga. Agora, além de ameaça e culpa, sua mente está ansiosa em saber quem será sua mulher.

Responda-me com sinceridade. Nesse momento, você dormiria? Por motivos mais simples, eu já perdi o sono. Quem dirá enquanto ameaçado de morte e a poucos instantes de conhecer a futura esposa! Sem dúvida, a ansiedade e o medo já teriam me dominado, porém com Jacó foi diferente. Ele descansou, pegou uma pedra e dormiu. Não porque ele fosse insensato e não se preocupasse com seu futuro, mas descansou porque estava debaixo da promessa feita pelo Deus de seu pai, Isaque, e de seu avô, Abraão.

Se Jacó perdesse o sono imaginando como seria sua esposa, ele não sonharia o sonho de Deus que ia além de lhe dar uma mulher, mas de o tornar uma grande nação. *"E a tua semente será como o pó da terra"* (Gn 28.14). Se Jacó perdesse a tranquilidade e o sono, preocupado com o que seu irmão poderia fazer com ele, perderia a promessa de Deus que disse: *"E eis que estou contigo, e te guardarei por onde quer que fores"* (v.15).

Entenda algo poderoso para sua vida: existe um segredo em descansar em Deus. Quando descansamos no Senhor, trocamos o fardo pesado por um leve, deitamo-nos à porta do esconderijo do Altíssimo e entramos para descansar à sombra do onipotente. Descanse!

Para refletir:

Você tem descansado no Senhor? Tem depositado nele a sua confiança?

POR JADER GALHARDO DIAS

DIA 230

A CONFIANÇA NO SENHOR

"Nesta peleja, não tereis de pelejar; parai, estai em pé e vede a salvação do Senhor para convosco..." 2 Crônicas 20.17

Não é segredo que na antiguidade ocorriam várias guerras e, nelas, a quantidade de guerreiros era crucial para a vitória de uma nação. Nesse contexto, vemos o rei Josafá desesperado por causa do exército numeroso que se levantara contra Judá. Ele, então, toma a atitude de buscar o Senhor e promover jejum em todo o território.

Josafá sabia que, diante dos inimigos, ele estava em grande desvantagem, de forma que apenas o Senhor poderia entregar a vitória a eles naquela peleja. No entanto, Josafá teve a atitude mais sábia: foi buscar o Senhor, que, mais uma vez, livrou o Seu povo e lhe tornou vitorioso fazendo com que o exército inimigo destruísse a si mesmo.

Muitas vezes, hoje em dia, nos vemos contra um obstáculo aparentemente invencível, seja na área profissional, financeira, sentimental e até ministerial. Por vezes nos deixamos abater, nos esquecendo que Deus "não deixará vacilar o teu pé..." (Sl 121.3).

Acabamos nos desesperando diante do obstáculo sem ao menos nos lembrar de buscar o Senhor. Com isso, acabamos perdendo noites de sono ou até perdendo horas do nosso dia nos preocupando demais. Porém, o Deus que fez com que o inimigo de Judá se destruísse por si só é o mesmo que opera em nossa vida e pode resolver nossos problemas em um instante. Dessa forma, diante de qualquer situação, busque o Senhor e descanse nele, pois assim, já não será você pelejando e sim o Senhor, pronto para lhe entregar a vitória.

Para refletir:
Você tem confiado e descansado o suficiente no Senhor?

POR DANRLEY NASCIMENTO

FIXANDO O OLHAR EM DEUS

DIA 231

*"...até que entrei no santuário de Deus:
então entendi eu o fim deles."* Salmo 73.17

Todos nós já tivemos dias em que chegamos a questionar a Deus sobre a Sua justiça. Como pode um Deus tão justo permitir que pessoas más prosperem, muitas vezes passando por cima de pessoas boas?

Nesse salmo, Asafe vai dizer que chegou até a invejar os soberbos, pois via a prosperidade dos ímpios. Ele se indigna ao ver que os ímpios estão sempre cercados de segurança enquanto ficam cada vez mais ricos.

Esse é um questionamento que até hoje nos assombra, olhamos para o mundo e vemos aqueles que praticam a maldade sempre saem impunes. Mas, quando deixamos de olhar para o mundo e fixamos nossos olhos em Deus, entendemos que é mil vezes melhor viver debaixo do cuidado do Senhor.

Para refletir:

"Mas, para mim, bom é aproximar-me de Deus; pus a minha confiança no SENHOR Deus, para anunciar todas as tuas obras" (Sl 73.28).

POR EMIDIO GOMES

DIA 232 — A LEI DAS COISAS OCULTAS

"Porque Deus há de trazer a juízo toda obra e até tudo o que está encoberto, quer seja bom, quer seja mau." Eclesiastes 12.14

É próprio do homem tentar esconder algumas coisas. Mas a lei das coisas ocultas nos coloca em estado de atenção a respeito de tudo aquilo que pensamos que Deus não sabe. Mas que Ele sabe.

Assim, tudo o que os homens fazem em oculto por amor a Deus, ou contra a Sua Palavra, será revelado por Ele. Há exemplos na Bíblia sobre coisas que algumas pessoas fizeram contra Deus em oculto e que acabaram resultando em vergonha pública. O pecado de Acã, por exemplo, foi algo sigiloso, até Deus trazer a público com consequências seríssimas (Js 7.21). O juízo de Deus com as coisas ocultas não poupou nem mesmo Seu amado Davi, que, após cometer os pecados de adultério e um homicídio, teve seu segredo revelado por Deus para todo o reino (2Sm 12).

Mas temos outros exemplos de coisas feitas para a glória de Deus em oculto, e que o próprio Deus as tornou manifestas. A coragem de Gideão, que mesmo correndo risco de vida, ia malhar trigo no lagar para salvar sua colheita dos inimigos. Essa atitude chamou a atenção de Deus, fazendo virar a chave para seu futuro e propósito glorioso. Deus tornou pública a coragem de Gideão (Jz 6.11). Mardoqueu foi leal ao rei desfazendo uma conspiração de traição à coroa, sem que o próprio rei o soubesse. Certa noite, Deus tirou o sono do rei, para o fazer ler as crônicas do reino e saber que no palácio havia um homem cuja honra merecia ser exposta. O resultado disso foi uma exposição pública de honra (Et 6). Jesus nos ensina a respeito das esmolas que não devem ser propagadas, caso contrário, receberemos aqui mesmo nosso galardão, mas, quando as damos "em secreto", o Pai nos honrará "publicamente" (Mt 6.4).

Para refletir:
Tudo o que fazemos por amor a Deus e Sua Palavra, sem que ninguém veja ou perceba, obterá recompensa em Deus (1 Coríntios 4.5).

POR FRANKLIN COUTINHO

DEUS

DIA 233

"Eu sou o SENHOR teu Deus, que te tirei da terra do Egito, da casa da servidão. Não terás outros deuses diante de mim." Êxodo 20.2-3

Deus é um, e além dele não há nenhum outro! Deus é um Deus, há apenas um. Deus é o único Deus, exclusivamente. Existem milhares de deuses, mas quem está por trás deles? Deus é um Deus ciumento que merece toda a nossa adoração e atenção. Deus é único. Ele se revelou em Seu Filho, Jesus Cristo, que, no poder do Espírito Santo, realizou as obras de Seu Pai! Somente a Deus pertencem a glória, a força e o poder. Glória ao Deus trino — Pai, Filho e Espírito Santo!

Gostemos ou não, Deus é exclusivista em Sua reivindicação. Ele não compartilha a Sua honra com ninguém. Não há muitos caminhos para o Céu, embora estejamos felizes em escolher o nosso. Somente Jesus Cristo é o caminho para o Céu, para Deus Pai e a eternidade. A Bíblia claramente centraliza tudo em Deus, somente em Deus!

Deus é único em Sua justiça e longanimidade, em Seu amor e misericórdia, em Seu julgamento e comunicação. Ele é o Criador e Sustentador de toda a humanidade! Ele é o princípio e o fim! Ele é o primeiro e o último! Ele será o último a permanecer na Terra! E todos se ajoelharão diante dele e o adorarão. Mesmo aqueles que hoje ignoram a Sua existência.

Deus é completamente confiável porque Ele se revelou e se estabeleceu na Bíblia como o Criador de todas as coisas. Deus, que é luz e amor em Seu ser, age soberanamente, faz o que é correto. Ele nunca viola a Sua integridade e não vai contra as Suas palavras.

Para refletir:

Os Dez Mandamentos são as regras básicas de Deus para nós humanos. Devemos organizar nossa vida de acordo a Sua infalível Palavra.

POR EVERTON RODRIGUES

DIA 234 — UMA PALAVRA QUE CONFRONTA

> *"E Neemias, que era o governador, e o sacerdote Esdras, o escriba, e os levitas que ensinavam ao povo, [...] então não vos lamenteis, nem choreis. Porque todo o povo chorava, ouvindo as palavras da lei."* Neemias 8.9 (ARA)

Foi glorioso quando Esdras tomou as Escrituras Sagradas e as leu para todos os que estavam reunidos. Contudo, antes de iniciar a leitura, Esdras louvou a Deus e todos os que ali estavam se juntaram ele adorando o Senhor prostrados com o rosto em terra.

Quantas vezes pegamos a Bíblia para ler de maneira desatenta e esquecemos de louvar a Deus? Para muitos, a Bíblia é um livro como qualquer outro, mas para nós ela é a Palavra de Deus. Portanto, sigamos o exemplo de Esdras e adoremos o Senhor por Seus feitos.

Depois desse grande culto, a Palavra de Deus não foi simplesmente lida, mas também elucidada para o povo, e o resultado não poderia ser outro, pois quem ouve e compreende as Escrituras é profundamente tocado por elas. Essa combinação de ouvir e compreender faz que percebamos quão longe nos encontramos da vontade de Deus. Aquele que lê a Bíblia de forma descuidada deixa de gozar dos seus benefícios. Porém, quem medita na lei de Deus é profundamente tocado por Seu infinito amor.

Israel ouviu e compreendeu a lei depois de adorar ao Todo-Poderoso. O povo, ao ser tocado pela Palavra, chorou. Quando meditamos nas Escrituras e percebemos quão pecadores somos, a tristeza toma conta do nosso coração. Mas é nesse momento que o Senhor vem ao nosso encontro como o Deus de toda consolação e, com o Seu grande amor, nos conforta.

Sua intensidade em meditar na Palavra de Deus lhe proporcionará uma intimidade ainda maior e mais profunda com o Senhor. Cada vez que ela o confrontar, alegre-se, pois o Senhor está lhe dando a oportunidade de se tornar mais parecido com Ele.

Para refletir:

Não chore, pois este dia em que você entende a Palavra de Deus é santo e deve ser celebrado.

POR EVERTON RODRIGUES

"NUNCA MAIS TE CHAMARÃO DESAMPARADA"

DIA 235

"Nunca mais te chamarão Desamparada, nem a tua terra se denominará jamais Assolada..." Isaías 62.4

Você conhece a cidade de Jerusalém? Um dia Deus fez uma carta de amor para ela, que está em Isaías 62, e é umas das passagens que mais impressionam na Bíblia. Sim, coisas terríveis aconteceram em Jerusalém naqueles dias. Quanta tristeza na cidade que foi edificada para abrigar a paz! Então, Deus diz que não se calaria para sempre e que ela nunca mais seria chamada Desamparada.

Quem sabe, você se sinta assim também. Como uma cidade abandonada. Seus moradores partiram, há ameaçada dia e noite. Invadiram você, não há mais segurança. Porém, escute. Ainda assim você é Jerusalém do Senhor. Casa onde Ele habita e Ele não se calará. Não se calará o Senhor! Eu sei que não. Você sabe também?

Ah, cidade! Você não ficará abandonada para sempre! Existe um Deus que sarará sua terra e fará com que você seja como antes: cidade forte, alegre e bela! E "Nunca mais te chamarão Desamparada, nem a tua terra se denominará jamais Desolada; mas chamar-te-ão Minha-Delícia; à tua terra, Desposada; porque o SENHOR se delicia em ti; e a tua terra se desposará. Porque, como o jovem desposa a donzela, assim teus filhos te desposarão a ti; como o noivo se alegra da noiva, assim de ti se alegrará o teu Deus" (Is 62.4-5, ARA). Nunca mais o chamarão "Desamparado". Nunca mais!

Para refletir:

Embora possa não estar falando neste momento, o Senhor não se calará para sempre.

POR THAMIRES HADASSA

DIA 236

A AFLIÇÃO QUE GERA MULTIPLICAÇÃO

"Mas quanto mais os afligiam, tanto mais se multiplicavam, e tanto mais cresciam; de maneira que se enfadavam por causa dos filhos de Israel." Êxodo 1.12

No período da história em que meditaremos hoje, o povo de Israel estava passando por uma aflição gerada pelo Faraó do Egito, pois o povo escolhido por Deus não parava de crescer e se multiplicar. O que me chama atenção nesse relato é que o Faraó estabelece um decreto para afligir o povo de Israel, fazendo-o trabalhar mais pesado e reduzindo os seus ganhos, uma vez que trabalhavam mais, porém recebiam menos.

Contudo, o texto nos mostra a mão de Deus sobre os israelitas. Quanto mais o Faraó os atormentava mais o povo crescia e se multiplicava. Em meio às aflições, eles não pararam de crescer. Em meio às dores, eles continuavam se multiplicando. Em meio às provas, eles não pararam. Em meio às dores, eles olhavam para frente e seguiam no propósito. A angústia gerou o crescimento e a multiplicação do povo.

Se você está passando por aflição na sua vida ou algumas provações, creia que Deus está causando um crescimento e uma multiplicação por meio dessa dor. As aflições vêm sobre a nossa vida, são geradas para que tenhamos crescimento e maturidade na nossa vida cristã. Cada dor tem um propósito gerado por Deus para um aprendizado extraordinário que será usado em todas as áreas da nossa vida.

Agora você pode não entender o porquê de tanta luta ou provação, mas lá na frente Deus mostrará o propósito dessa dor com o seu crescimento e maturidade. No futuro, você contará seu testemunho de vitória, poderá olhar para trás e dizer que a aflição gerou quem você seria no futuro.

Para refletir:

Não pare em meio às aflições, siga em frente caminhando com o Senhor Jesus.

POR GUILHERME NASCIMENTO

AS CORDAS DO PIANO

DIA 237

"...irmãos, tudo o que é verdadeiro, tudo o que é honesto, tudo o que é justo, tudo o que é puro, tudo o que é amável [...] nisso pensai." Filipenses 4.8

Quando Deus criou o mundo, Ele olhou para o Seu trabalho e achou que era "muito bom". Isso também incluiu a alma humana. O primeiro casal era como pianos bem afinados, nos quais a música podia ser tocada em homenagem ao Criador.

Então veio a queda, e o diabo foi autorizado a desordenar as coisas. Ele apertou tanto algumas cordas, que elas se partiram. Outras, afrouxou de tal modo, que mal se podem tocar. E tem feito isso de maneira cruel, eliminando toda a harmonia.

Como o orgulho é o pecado mais comum desde então, todos consideram o seu próprio humor de alma o mais correto, pelo menos o mais razoável, e por isso consideram o do outro exagerado ou, na melhor das hipóteses, ingênuo. Mas isso dificilmente pode levar a uma harmonia. Na maioria dos casos, gera brigas e mais discórdias.

Todavia, Deus não desistiu de Seu povo e os convida a confessar-lhe a sua discórdia, e, fazendo-o com sinceridade, o processo de reajuste das cordas começará. Corda por corda deverá ser afinada de acordo com o padrão original, até que finalmente a harmonia que se pretendia surja cada vez mais claramente. E porque Deus ama a harmonia, Ele não nos uniu como indivíduos, mas como comunidades.

A palavra bíblica para essa obra do Espírito Santo em nossa alma é santificação. Isso não é nada extravagante, nada de especial, apenas o retorno à eufonia para a qual realmente fomos criados.

O autor do hino 342 da *Harpa Cristã*, Nils Kastberg, em sua bela canção escreveu: "Se provar esta afinação queres. Hoje chega-te à cruz com amor; Harmonia terás se estiveres em Jesus, o teu afinador! Aleluia! Glória a Deus, que no Gólgota a minha alma afinou!"

Para refletir:

Comece ainda hoje a entoar uma nova melodia, som de vida e libertação!

POR EVERTON RODRIGUES

O FOGO LÁ DO CÉU

DIA 238

"...este vos batizará com o Espírito Santo e com fogo."
Lucas 3.16

É muito comum, em viagens em família, eu ouvir meus pais cantarem uma espécie de "pot-pourri" de hinos antigos. Tem aquele: "o fogo lá do Céu não faz mal pra ninguém, o fogo lá do céu não faz mal pra ninguém". Também há outro: "Manda fogo. Fogo meu Senhor, manda. Faz meu coração arder". O ritmo deles é um forró bem alegre. Eu gostaria que você pudesse ouvi-los em sua mente agora.

Enfim, lembrei deles porque desejo falar sobre esse fogo lá do céu. Em Lucas 3.16, João Batista estava falando que ele batizava com água, mas que viria outro depois dele que batizaria com o Espírito Santo e com fogo. E, de fato, Cristo veio e, depois que voltou para o Pai, enviou Seu Espírito no Dia de Pentecostes, batizando com fogo, conforme Atos 2. Então, o fogo é um dos símbolos da manifestação do Espírito Santo e suas características falam também do modo como Ele age em nós.

Tal qual o fogo, o Espírito Santo nos aquece. É como um abraço em um dia triste ou um salto de fé em um dia difícil. Ele ilumina nossa mente, dando-nos discernimento das coisas e clareza sobre quem somos. É o Espírito Santo que nos convence do pecado, tal qual o fogo auxilia no processo de purificação de materiais. Além disso, o calor movimenta e aproxima partículas.

Da mesma forma que o ganho de energia diminui o tempo de algumas transformações químicas, o agir do Espírito Santo faz que a obra do Senhor flua de maneira mais eficaz. Pedir fogo não é só rogar para falar em línguas, mas é pedir para ser revestido de poder em todas as áreas da nossa vida!

Para refletir:

O fogo que vem lá do Céu não faz mal para ninguém.

POR THAMIRES HADASSA

HONRA

DIA 239

"E Mefibosete, filho de Jônatas, o filho de Saul, veio a Davi, e se prostrou com o rosto por terra e inclinou-se; disse Davi: Mefibosete! E ele disse: Eis aqui teu servo." 2 Samuel 9.6

No cenário bíblico, encontramos inúmeras referências a homens e mulheres de Deus que, uma vez chamados para viver os propósitos designados pelo Senhor, passaram por grandes provações e situações em que tiveram de expor todo o caráter transformado pelos processos aos quais foram submetidos em sua jornada. Davi foi um homem pecador, mas, desde o início de sua chamada, foi reconhecido como homem segundo o coração de Deus pela sua resiliência e por coração puro, baseado em suas reações cada vez que cometia um pecado.

Na situação descrita acima vemos Davi, já rei de todo Israel, usando de misericórdia com o último herdeiro de Saul. Mefibosete era filho de Jônatas e, devido à amizade entre o novo rei e seu pai, ele foi honrado como último herdeiro do antigo rei de Israel. Ele era deficiente com resultado de um acidente que havia sofrido na sua infância, e mesmo assim foi honrado por Davi. Nesse cenário todos saíram ganhando: Mefibosete, que deixa Lodebar para viver nos palácios junto ao rei Davi. E o próprio Davi, que, por obedecer ao Senhor e aplicar a justiça sobre uma pessoa inocente, continuou sentado ao trono do povo escolhido do Senhor.

Que assim como Davi nós possamos entender que obedecer e seguir o que é certo, nos trará grande aprendizado e honra sobre a nossa vida.

Para refletir:

Quanto mais você obedece, mais ganho você terá. Há uma relação direta entre aprender e receber bênçãos do Céu.

POR LEONARDO RIBEIRO

DIA 240

A DÉCADA 20-20

"A força e a glória são as suas vestes, e ri-se do dia futuro." Provérbios 31.25

A década 20-20 é a década da visão perfeita. Ela iniciou quando Deus revelou a nossa fragilidade. Tivemos que enxergar o quão frágil somos. Mas o que vem a seguir? Acredito que seja revelado agora o poder de nossa resiliência. Nossa unidade precisa ser mais intencional do que nunca. Pois o Criador está falando com o mundo. E o que Ele falará de Seus filhos? Ou o que Ele já tem lhes falado? Este é o tempo de lavarmos nossos olhos com o colírio que Deus ofereceu à igreja de Laodiceia (Ap 3.18), de discernirmos o nosso estado atual e nos posicionarmos em Deus. Precisamos olhar para o futuro pelas lentes da esperança da Palavra de Deus. Não há o que temer, pois Ele está conosco (Mt 28.20).

Na década 20-20, moveremos nosso corpo, alma e espírito para nos ajustar à profecia de Deus para este tempo. Teremos de nos posicionar como quem tem a solução para o mundo, pois nós a temos. Temos Cristo em nós, esperança da Glória (Cl 1.27). A pedra que foi arremessada sem o auxílio de mãos, e que desfez os grandes reinos dos homens, reduzindo-os ao pó estabelecendo o reino de Deus (Dn 2.34). Jesus falou sobre o reino de Deus de forma diferente, dizendo que ele não vem com aparência exterior, e ninguém poderá dizer que está ali, ou lá; porque o reino de Deus está em nós (Lc 17.20-21).

Estamos lutando diariamente contra um inimigo invisível que tem usado de todos os meios para abater nossa coragem, nossa alegria, nossa ousadia. Entenda que tudo o que anula a sua coragem em Deus não vem de Deus. Precisamos recobrar a nossa consciência de que maior é Aquele que está em nós do que aquele que está no mundo (1 Jo 4.4).

Para refletir:

Nosso futuro está seguro no Pai
(Jeremias 29.11)!

POR FRANKLIN COUTINHO

UM LUGAR DE REPOUSO

DIA 241

"Sobre ti fui lançado desde a madre; tu és o meu Deus desde o ventre de minha mãe." Salmo 22.10

Por nove meses, as batidas do coração de uma mãe definem a vida de um bebê. Em um curto período, o feto já estará maior e formado, e, na escuridão do ventre, esse som traz a paz e o sossego que o pequeno ser precisa. Logo ele estará pronto para o milagre do nascimento em um impulso da natureza.

Tudo agora é novo: os sons, imagens e sentimentos sensoriais. Esse novo mundo causa estresse na pequena criança, que somente recupera a segurança no colo da mãe junto às batidas do coração dela. O som familiar tranquiliza o bebê. Isso justifica a necessidade constante em estar no conforto dos braços maternais.

O salmista, sensível a essa realidade, nos demonstra qual é o sentimento quando nossa alma descansa nos braços do Pai. Somente quem já repousou no esconderijo do Altíssimo é capaz de entender a segurança e a paz que os braços do Senhor nos proporcionam.

Aquele que passou pelo novo nascimento poderá tentar encontrar paz em outros ambientes, mas somente nos braços do Pai encontrará a real segurança, assim como a criança encontra segurança nos braços da mãe que a gerou. O Senhor é o nosso Deus desde o ventre da nossa mãe, e somente nele encontraremos descanso. Em um mundo agitado, cheio de tumultos e incertezas, ainda existe um lugar de segurança e repouso, um lugar onde a hesitação não prevalece, onde o medo é transformado em audácia, onde a guerra é convertida em paz, onde o amor é quem impera.

Se hoje você pode confessar que o Senhor é o seu Pastor, há a garantia de que nada lhe faltará. Não faltará o vale da sombra na morte, mas também não lhe faltarão pastos verdejantes, e acima de tudo a presença gloriosa do Pai.

Para refletir:

Confie e descanse nos braços do Senhor!

POR EVERTON RODRIGUES

DIA 242

PROMESSAS

"E abrindo-a, viu ao menino e eis que o menino chorava; e moveu-se de compaixão dele, e disse: Dos meninos dos hebreus é este." Êxodo 2.6

Moisés foi um dos grandes homens de Deus na Bíblia. Sua história começa de forma dramática, pois o povo escolhido do Senhor estava cativo no Egito e sendo cada vez mais maltratado. Porém Deus levanta um homem em meio a um cenário improvável para que não houvesse dúvidas do seu chamado. Colocado em um rio dentro de um cesto, ainda bebê foi encontrado e adotado pela filha do Faraó. Em idade adulta, teve um encontro com o Senhor que direcionou a sua vida e mudou a sua história completamente.

Como o libertador do povo de Deus, Moisés precisaria ser perfeito e muito bem instruído em todas as áreas? Não! Moisés, após ser chamado, passou a seguir tudo quanto o Senhor lhe falava. Assim, ele foi responsável pela libertação do povo de Deus do Egito. E todos vivenciaram diversas demonstrações de que Deus estava com eles, como o mar Vermelho se abrindo, a coluna de fogo durante a noite, a nuvem de dia e o maná vindo dos céus, entre outras coisas.

Como Moisés, todos temos uma promessa de Deus para nossa vida, um propósito designado pelo próprio Deus para que sirvamos o reino com todo o nosso potencial. Independentemente das nossas competências e habilidades, precisamos ter a certeza de que o próprio Deus escreveu uma história para nós e que ela se cumprirá, desde que aceitemos viver os desígnios dele.

Moisés também teve medo e duvidava do que Deus havia prometido. Porém, se há uma palavra dos céus para a sua vida, a única coisa que deve subsistir em seu coração é a certeza de que maior é que o chamou do que os obstáculos que se levantarão contra você.

Para refletir:

Ter um chamado de Deus não quer dizer que não haverá dificuldades, mas Ele é fiel para cumprir tudo o que lhe prometeu.

POR LEONARDO RIBEIRO

O DEUS CRUCIFICADO

DIA 243

"Eles, entretanto, gritavam ainda mais:
'Crucifica-o! Crucifica-o!'" Lucas 23.21 (KJA)

Pilatos, diante das intensas súplicas pela morte de Jesus, estava apresentando à multidão o que, para ele, seria o argumento necessário para a retirada da acusação e o arrefecimento do ódio contra o Carpinteiro. A voz, regada pela ironia, ressoava a frase: "Eis o homem". Ele estava apontando para alguém dilacerado por uma quarentena de açoites, vilipendiado, escarnecido marcado pela fragilidade e pela fraqueza. Em outras palavras, era como se dissesse: "Vejam, aí está, seria este homem a grande ameaça para o império? Seria ele ameaça contra Cezar?".

Certo de que ouviria um grito da multidão comovida pelo quadro do ensanguentado homem de Nazaré, Pilatos se frustra. Ao verem-no, os principais sacerdotes e os religiosos unanimemente bradavam: "Crucifica-o! Crucifica-o!" Os representantes daquela religiosidade cega, opressora, que cativa o ser humano aprisionando-o nas correntes do medo, culpa e ambição estavam gritando pela morte do Deus que se fez homem. A sentença de morte foi decretada, pois Jesus não atendia os padrões de suas projeções.

O deus da religião não pode ser independente, autônomo, soberano, antes deve ser prestativo, obediente e pronto para levar as pessoas para onde elas desejarem. O deus da religião é customizado às aspirações e vaidades individuais, é exatamente o fruto da imaginação humana.

Cristo é crucificado, visto que Ele era o oposto do modelo criado pelo pensamento religioso. Ele, amoroso, acolhia os pobres, abraçava os carentes, amava os rejeitados. Logo não servia para a religião que espera um vingador, um valente guerreiro para destruir Roma.

Para refletir:

Para o ser humano, é mais fácil buscar um "realizador de sonhos" do que um transformador de caráter.

POR ANDRÉ SANTOS

DIA 244
O PODER DA PALAVRA DIVINA

"Assim será a minha palavra, que sair da minha boca; ela não voltará para mim vazia, antes fará o que me apraz, e prosperará naquilo para que a enviei." Isaías 55.11

O profeta Isaías faz uma defesa da palavra de Deus nesse capítulo. Ele faz um convite ao sedento para que venha às águas. Também aconselha a que se busque o Senhor enquanto é possível e que Ele seja invocado enquanto está perto. Depois, no verso 9, ele afirma que os pensamentos e caminhos de Deus são mais altos do que os dos homens.

Assim, percebe-se que Deus tem um caminho e um pensamento acerca de cada pessoa. Ele projeta o futuro e planeja uma vida de bênção para cada um. Cabe aos Seus servos se deixar levar pelos planos de Deus e cumprir a Sua vontade.

Mas como descubro a vontade divina para mim? Em Isaías 55:10-11, Deus responde. Se você viver os seus próprios pensamentos e caminhos, ficará vazio das bênçãos divinas. O Senhor exemplifica com a neve e a chuva que descem, regam a terra, fazem a semente brotar e produzir o fruto (trigo), e esse, por sua vez, produzirá pão ao que come. Deus ordena uma sequência de fatos que ocorrem ao descer a chuva, que não volta mais para o céu. Da mesma forma será a Palavra que proceder de Sua boca, ela não voltará vazia, mas produzirá com abundância onde ela chegar.

Portanto, o segredo é olhar para a Bíblia com amor, lê-la e guardá-la no coração. Apropriar-se de suas promessas e crer que aquilo que Deus projetou é melhor do que o que nós queremos. Acredite no poder da Palavra de Deus e naquilo que ela assevera.

Que assim como a neve cai, rega a terra e cumpre o seu caminho, também a Palavra divina cumpra o seu propósito na sua vida. Que você seja próspero e frutífero no reino de Deus!

Para refletir:

Acredite no poder da Palavra de Deus!

POR OZÉIAS VIEIRA DOS SANTOS

DEUS ESTÁ À PROCURA DE EMBAIXADORES

DIA 245

"De sorte que somos embaixadores da parte de Cristo, como se Deus por nós rogasse. Rogamo-vos, pois, da parte de Cristo, que vos reconcilieis com Deus." 2 Coríntios 5.20

Quando leio a Bíblia, quero fazer parte de tudo aquilo que Deus disse que eu poderia fazer parte. Dentro do meu coração brota uma fonte inesgotável de sonhos, planos, desejos sobre participar do que Ele me designou para fazer. Isso foi sempre assim? Não! Em alguns momentos da minha vida, acreditei muito que o que Deus havia me prometido era meu e somente meu. Eu não entendia que tudo o que eu faço deve ser em benefício de algo maior: o reino de Deus.

Por muitos anos, minha mente foi dividida entre as coisas da igreja e as da minha vida. Porém, na verdade, tudo é de Deus. Alguns dos meus erros aconteciam porque eu não lia a Bíblia como um livro para me transformar. Eu a lia como um livro para melhorar os outros. No entanto, quando descobri que a Bíblia é um livro para melhorar a mim e depois ao mundo, entendi que existia um mar inteiro para eu navegar, e eu estava apenas brincando com a marola na areia.

O Espírito Santo quer fazer de nós embaixadores de Cristo nesta Terra. Contudo, como faremos isso se não estudarmos as Sagradas Escrituras? Um embaixador fala por seu próprio país. Quando o faz, sua voz é a de sua pátria. Transmite a mensagem, a decisão e a política de seu país. A honra de um país está nas suas mãos. Ouvem-se suas palavras, observam-se suas ações e as pessoas dizem: "Essa é a maneira que esse país pensa e age".

O cristão tem que falar por Cristo. Nas decisões e conselhos do mundo, sua voz deve ser a que ofereça a mensagem e a palavra de Cristo à situação humana. Nestes últimos dias da Igreja na Terra, Deus deseja fazer de nós embaixadores, e nós precisamos abraçar essa responsabilidade.

Para refletir:

Faça parte da embaixada de Cristo e se aprofunde sobre as verdades da nossa pátria: os céus.

POR BRUNNA REGINA PICOTE

251

DIA 246
A ALIANÇA E O TESTAMENTO EM JESUS CRISTO

"...é Mediador de um novo testamento, para que, intervindo a morte para remissão das transgressões [...], os chamados recebam a promessa da herança eterna." Hebreus 9.15

A carta de Hebreus, de autoria desconhecida, contém informações relevantes. Duas delas têm suma importância: a primeira, mostrar aos cristãos judeus que o judaísmo havia se encerrado em Cristo Jesus; e a segunda, ensinar aos novos crentes que não voltassem ao perigo do judaísmo. A carta também ensina uma fórmula de enfrentar os obstáculos, frustações e tentações, da vida.

O autor escreve de forma a motivar, fortalecer, incentivar os novos cristãos a permanecerem firmes no que haviam crido: "retenhamos firmes a confissão da nossa esperança, porque fiel é o que prometeu" (Hb 10.23). A confissão que veio por meio da fé (11.1). O autor contempla uma visão totalmente inovadora na Nova Aliança, antigamente no formalismo, agora em um memorial, conforme dito por Paulo: "e, tendo dado graças, o partiu e disse: Tomai, comei; isto é o meu corpo que é partido por vós; fazei isto em memória de mim" (1Co 11.24).

Hebreus 9 mostra duas ações realizadas por Jesus em favor daqueles que o buscam e o servem, ações essas que vão direcionar de forma inspiradora a todos que acreditam e seguem a Cristo. O autor então identifica a Aliança que Jesus faz em vida (*diatheke*), um pacto e testamento que serviria durante a Sua morte (*diatithemi*), um tratado. Na aliança, Jesus nos deu a salvação, perdão e regeneração; no testamento recebemos a recompensa, galardões. "E, se nós somos filhos, somos, logo, herdeiros também, herdeiros de Deus e coerdeiros de Cristo; se é certo que com ele padecemos, para que também com ele sejamos glorificados" (Rm 8.17).

Para refletir:

Um testamento recompensa os herdeiros. Aguardemos nossa recompensa em Deus.

POR SERGIO LUIZ SCHROEDER

UM CASTELO DE AREIA

DIA 247

"...e não a pôde abalar, porque estava fundada sobre rocha." Lucas 6.48

Toda criança já brincou de construir castelos na areia. Com certeza é algo nostálgico para muitos adultos e tenho certeza de que, se pudessem, alguns ainda voltariam no tempo para reviver esses momentos. Agora, acredito que quase nenhuma criança cavou a areia até encontrar o que está debaixo dela. Spoiler: rochas de diferentes tamanhos.

Já imaginou construir uma casa na areia? Sabemos que não é seguro, pois a cada momento pode vir uma tempestade e derrubar a sua construção. Mas e se cavarmos um pouquinho mais e construirmos o seu alicerce sobre as pedras? Claro, o trabalho vai aumentar excessivamente, não será fácil e provavelmente levará muitos dias, mas eu tenho certeza de que valerá a pena. Visualmente não terá diferença, mas o importante é o fundamento.

A nossa intimidade com Deus é semelhante a esse exemplo. Quando estamos no raso, qualquer coisa poderá nos abalar. Mas quando cavamos, dobramos nossos joelhos em nosso quarto, jejuamos, adoramos a Deus e lemos a Sua Palavra, nada poderá nos abalar.

Sabe qual a diferença deles? É que o secreto de um existe e o do outro não. É difícil, é trabalhoso, é no secreto. É onde Deus quer trabalhar e moldar para que você seja firme e sólido nele. O que vai garantir a sua vida espiritual é o que está por baixo, aquilo que ninguém está vendo.

Para refletir:

Como está o seu secreto com Deus?

POR NATALY MOLLETA

DIA 248

O VALE DA DECISÃO

"Multidões e multidões no vale da Decisão!"
Joel 3.14

Como todo profeta, Joel é a voz de Deus para sua geração anunciando, por meio da metáfora dos gafanhotos, um terrível ataque que viria ao Reino do Sul. No entanto, além de ser uma voz para seu tempo, ele vai vaticinar acontecimentos que ultrapassam a sua dispensação, deixando um legado literário que é considerado o mais profundo registro escatológico do Antigo Testamento por carregar um esquema profético completo na antiga aliança. Joel vai apresentar uma linha cronológica passando por cenários como o grande derramamento do Espírito Santo, que começou em Pentecostes, culminando no grande e terrível Dia do Senhor, o Dia do Juízo, apresentado neste versículo.

Nesse dia, Deus julgará todos os povos e nações, toda boca se calará, Ele derramará a Sua ira sobre todos aqueles que desprezaram a Sua voz e viveram dissolutamente. O lugar onde esse juízo acontecerá, Joel chama de Vale da Decisão, o que, além de apresentar um direcionamento profético, revela uma das características divinas: Deus é um Deus de decisão!

Se Ele é um Deus decidido, Ele espera que você e eu também sejamos pessoas decididas. É por este motivo que, no ato da criação, o Senhor nos deu três característica: raciocínio, domínio próprio e poder de escolha. Em toda história sagrada, Deus dá ao homem o direito de escolher. Alguns pensadores modernos apontam que o ser humano é fruto do ambiente em que está inserido ou resultado das projeções paternas. Entretanto, pelas lentes bíblicas, sempre haverá um momento em que todos podem decidir romper com seu passado para viver algo novo.

Para refletir:

Portanto, decida ser o que Deus quer, viver o que Deus quer e estar onde Deus quer.

POR ANDRÉ SANTOS

O PERIGO DA DÚVIDA

DIA 249

"E logo Jesus, estendendo a mão, segurou-o e disse-lhe: Homem de pequena fé, por que duvidaste?" Mateus 14.31

Quem nunca se deparou com uma questão de prova em que acaba ficando em dúvida entre duas alternativas? Geralmente escolhemos uma e continuamos, mas antes de entregar, resolvemos mudar a resposta e, muitas vezes, no final vemos que trocamos a certa pela errada.

A recomendação é sempre manter a primeira escolha e pagar para ver o resultado dela. Em Mateus 14:22-32, podemos ver o que se passa com Pedro quando Jesus o chama para andar sobre as águas. O que me chama atenção nessa passagem é que os discípulos ficaram com medo ao ver o Mestre andando sobre o mar, e a pedido de Pedro, Jesus o chama a também andar sobre as águas. Pedro fez o mesmo que nós: após fazer a escolha certa, acabou abrindo brechas para a dúvida e começou a afundar. Jesus, ao resgatá-lo, diz: "por que duvidaste?". O texto diz que todos ficaram com medo, mas Jesus não repreendeu Pedro por ter medo, apenas por duvidar.

Quantas vezes isso acontece no nosso dia a dia! Inicialmente, escolhemos o certo, mas, em vez de mantermos nossa escolha, abrimos espaço para a dúvida e começamos a nos afogar nos problemas, mesmo após Jesus já nos tendo feito andar sobre eles. Ter medo é normal, somos limitados e sem Deus nada podemos fazer. Porém, duvidar é diferente. Servimos ao Deus que desconhece derrota.

Hoje eu o convido a ter uma postura diferente e passar depositar nas mãos de Deus cem por cento do que o aflige. Deus é fiel e estará sempre cuidando de cada passo que dermos. Amém?

Para refletir:

Está pronto para abandonar a dúvida?

POR DANRLEY NASCIMENTO

NÃO DESANIME!

DIA 250

"Não to mandei eu? Esforça-te, e tem bom ânimo..."
Josué 1.9

Após a morte de Moisés, Josué recebe a difícil missão de liderar o povo de Israel para chegar à Terra Prometida. A responsabilidade dessa missão era muito grande, pois ele teria que zelar por esse povo, resolver conflitos e travar batalhas até o dia em que chegassem a Canaã. Imagine como Josué deve ter ficado quando viu toda essa responsabilidade em suas mãos! Provavelmente o seu pensamento era de que não daria conta do serviço, era muita responsabilidade. Mas Deus o exorta dizendo que ele não estaria sozinho nessa.

Quando Deus nos dá uma missão para realizar, podemos ter toda a certeza de que Ele vai conosco. Espantamo-nos com as coisas que Deus tem preparado para nós porque Ele é tão grande que prepara coisas muito maiores do que conseguimos imaginar.

Não devemos desanimar, há trabalho a ser feito, há almas para resgatar e temos que cumprir o "Ide" que Jesus deixou para nós.

Para refletir:

Esforce-se, tenha bom ânimo, levante a cabeça e siga em frente porque o Senhor que lhe ordenou estará com você!

POR EMIDIO GOMES

É SOBRE ISSO E... NÃO ESTÁ TUDO BEM

DIA 251

"E os que são de Cristo crucificaram a carne com as suas paixões e concupiscências." Gálatas 5.24

Não sei em que ano você está lendo esse texto, mas, em 2022, virou moda falar que "é sobre isso, e está tudo bem". Temos vivido uma época em que tudo é normal, tudo é permitido, um tempo que valoriza muito a própria percepção do correto e idolatra os próprios sentimentos. Isso tem criado uma geração egoísta, uma geração que pensa em si mesma e apenas em seu próprio eu.

Então, as pessoas pensam que é sobre isso, que é sobre os seus desejos e opiniões e que isso precisa ser aceito porque, afinal, está tudo bem. A Bíblia diz uma coisa, e eu faço outra, mas... está tudo bem.

É sobre trair e estar tudo bem, é sobre fornicar e estar tudo bem, é sobre se embriagar e estar tudo bem, é sobre criar inimizades e estar tudo bem, é sobre ignorar a Bíblia e estar tudo bem, é sobre isso e... não, não está tudo bem.

Não está tudo bem você se sentir bem ao pecar, não está tudo bem você se afastar de Cristo, não está tudo bem alimentar a sua carne. Entenda que você precisa crucificar sua carne, seus desejos, suas paixões, suas vontades e então, sim, estará tudo bem. É sobre caminhar com Cristo, e aí sim, estará tudo bem!

Para refletir:

E sobre sua vida com Jesus, está tudo bem?

POR LUCAS DIOGO PEREIRA

DIA 252

TRANSFORMADOS

"Disse-lhes Jesus: Enchei de água essas talhas..."
João 2.7

O primeiro milagre de Jesus é algo muito interessante de diversos pontos de vista. Até então o filho de José e Maria era apenas um moço presente em uma festa de casamento. Mas, após o pedido de Sua mãe, Ele realiza um grande milagre que traz honra a uma festa de casamento fadada ao fracasso.

O mais importante dessa passagem, e a reflexão que gostaria que você fizesse neste momento, é algo estritamente relacionado a ação de Jesus. Primeiro, Ele manda encher as talhas de água e depois transforma a água em vinho. Trazendo para o lado espiritual, podemos comparar a ser chamado pelo Senhor, e buscar nele estar cada vez mais íntimo e pronto para viver os propósitos designados por Ele.

Isso com certeza nos fará cheios de Deus assim como as talhas cheias de água. Porém, somente quando entendermos que, tão importante quanto ser cheio, é ser transformado por Ele (assim como o bom vinho que resultou desse milagre) fará toda a diferença.

Para refletir:

Busque sempre a presença do Senhor, queira viver os planos dele e, mais importante de tudo, deixe-se ser moldado e transformado por Ele.

POR LEONARDO RIBEIRO

"EI, SEU MICROFONE ESTÁ LIGADO!"

DIA 253

"Todo caminho do homem é reto aos seus olhos, mas o SENHOR sonda os corações." Provérbios 21.2

Desde a pandemia da COVID-19, quase todo mundo conhece e usa ferramentas online para encontros virtuais. Enquanto o *Zoom* e o *Skype* eram conhecidos anteriormente apenas por fãs de tecnologia, hoje é quase impossível imaginar nossa vida cotidiana sem eles. Sejam reuniões profissionais em *home office* ou eventos escolares virtuais — em pouco tempo a digitalização da cooperação nos ultrapassou e trouxe consigo experiências completamente novas. "Seu microfone ainda está desligado", de repente se tornou uma das frases mais faladas, repetida várias vezes, mesmo em teleconferências de políticos de alto escalão.

No entanto, as armadilhas da tecnologia trazem outros momentos estranhos junto com *insights* muitas vezes não filtrados em suas próprias quatro paredes. Entre eles, crianças ou animais de estimação passando, de repente, em frente à câmera são os mais inofensivos. Fica embaraçoso quando frases como: "Seu microfone ainda está ligado" ou "Sua tela ainda está visível". Então colegas ou amigos ouviram e viram coisas que na verdade não eram para eles. Fofocas sobre os outros, brigas na família, os sites que você visita na internet. Muitos se arrependeram de ter esquecido por um momento que o que se acreditava estar oculto foi revelado.

Mesmo que consigamos evitar esse constrangimento digital na frente das pessoas, os nossos pensamentos mais íntimos são revelados a Deus de qualquer maneira. Ele nos conhece por completo, não podemos enganá-lo. E no dia do julgamento, o que se acreditava estar oculto será revelado, e Deus julgará o pecado. Bem-aventurado aquele que já admite sua culpa diante de Deus e é perdoado.

Para refletir:

Como você se sente quando pensa que Deus o conhece por dentro e por fora?

POR EVERTON RODRIGUES

DIA 254

AS JUMENTAS OU O REINO?

"E quanto às jumentas que há três dias se te perderam, não ocupes o teu coração com elas, porque já se acharam." 1 Samuel 9.20

Havia um homem chamado Quis, descendente da tribo de Benjamim e possuidor de bens materiais. Quis tinha um filho que era moço, alto e tão bonito, que em Israel não havia ninguém como ele. Esse era Saul. Talvez, a história pudesse parar aqui, afinal esse é o objetivo de muita gente, não é? Ser jovem, belo e ter uma vida suficientemente confortável. Mas Deus tinha mais para Saul.

A família dele criava jumentas, e era ele o cuidador delas. Certo dia, esses animais se perderam. Saul partiu para procurá-las. Passou por uma cidade, por outra e nada de encontrar as jumentas. Seguiu mais ao norte, nas montanhas em Efraim e à diante. Continuou andando, como seria agora? Afinal, as jumentas eram o sustento de sua família. Mas essa busca acabou o levando à casa do profeta Samuel que, não por acaso, já o esperava para contar-lhe algo: "Saul, Deus escolheu você para reinar".

Sabe, Deus o chamou não só para ser mais um jovem, um bonitão ou uma bonitona. Não é só para "cuidar das jumentas", ou seja, para se ocupar com coisas que são boas, mas que, quando comparadas ao que Deus tem para você, são muito pouco! Não sei quais são as suas "jumentas", suas preocupações e sonhos hoje.

Quem sabe, você esteja angustiado como Saul. Quero lhe dizer que, talvez, quando "as jumentas se perderem" vez ou outra, seja Deus dizendo "Venha! Descubra o que eu tenho para você!". Não tenha dúvidas, Ele sabe exatamente onde elas estão. Mas se você caminhar um pouco mais, vai descobrir que o Reino e o seu lugar à mesa estão logo ali o aguardando!

Para refletir:

Você está pronto para se dedicar ao reino de Deus?

POR THAMIRES HADASSA

BELA FLOR

DIA 255

"...porque ele tem cuidado de vós."
1 Pedro 5.7

Dizem que flores são poesias. Em sua simples forma é uma demonstração de carinho, uma demonstração de amor. Se você extrair o seu cheiro, garantirá um perfume maravilhoso e único. Porém, as flores não são eternas, elas precisam ser cuidadas, regadas e podadas. Em alguns momentos, algumas folhas vão se machucar e cair, mas isso será necessário para que outras, ainda mais bonitas, venham nascer no mesmo lugar.

Deus nos vê assim. Somos flores que precisam ser cuidadas, amadas, porém também podadas. Essa pode ser a parte mais difícil, entretanto nenhuma poda é por acaso. Às vezes é um galho seco ou algo que impeça o florescer. Podem vir pragas querendo atacar ou ervas daninhas querendo interferir no crescimento, mas Ele as combaterá uma a uma para protegê-las. Semelhantemente, Ele aplicará a quantidade de água necessária. Nem mais, nem menos. Tudo sendo cuidado nos mínimos detalhes para que você seja a flor mais linda de seu jardim.

A flor é dependente do seu Criador. Confie sem questionamentos, sabendo que o que Ele faz com ela é o melhor possível.

Para refletir:

Como está a sua confiança no seu Criador?

POR NATALY MOLLETA

DIA 256

SARANDO A NOSSA TERRA

"...eu ouvirei dos céus, e perdoarei os seus pecados, e sararei a sua terra." 2 Crônicas 7.4

Depois do grande esforço do povo de Israel na edificação do templo em Jerusalém, o Senhor apareceu ao rei Salomão e lhe deu as condições para que a sua presença permanecesse naquele lugar. Mais do que construírem um templo, "o povo que se chama pelo Seu nome" deveria edificar a sus vida no Senhor.

Deus queria habitar no meio do Seu povo, mas eles precisavam mudar alguns hábitos e atitudes. Vemos aqui que Deus colocou algumas condições "e se o meu povo, que se chama pelo meu nome, se humilhar, e orar, e buscar a minha face, e se converter dos seus maus caminhos...". Se queremos a presença de Deus em nossa vida, precisamos manter um relacionamento íntimo com Ele. Isso inclui: busca pela Sua presença, gratidão por tudo que Ele faz e reconhecimento de nossas falhas, bem como o arrependimento por elas.

Agora sim, é a vez de Deus agir e cumprir o "...eu ouvirei dos céus, e perdoarei os seus pecados, e sararei a sua terra". Que coisa boa é saber que Deus ouve nossas súplicas e que Seu sangue nos purifica de todo o pecado! No entanto, o ponto chave aqui, é que não importa o quão feridos estejamos, ou aflitos, ou até desanimados, após nos ouvir e nos perdoar, Deus é fiel e poderoso para sarar a nossa terra e isso engloba todas as áreas de nossa vida, nossa casa, trabalho, faculdade, ministério etc. Então edifique sua vida em Deus, porque Ele está mais do que pronto para sarar a sua terra e lhe dar um fôlego novo.

Para refletir:

Você tem edificado sua vida ao Senhor?

POR DANRLEY NASCIMENTO

PASSANDO PELO DESERTO

DIA 257

"Recordar-te-ás de todo o caminho pelo qual o SENHOR, teu Deus, te guiou no deserto estes quarenta anos, para te humilhar, para te provar, para saber o que estava no teu coração..." Deuteronômio 8.2 (ARA).

No momento em que entregamos nosso coração ao Senhor Jesus, nos é concedida a oportunidade do novo nascimento e nosso coração é tomado de uma extraordinária alegria. Não poderia ser diferente, pois a vida com Jesus é uma alegre.

Entretanto, isso não significa que não passaremos por provações. Deus, em Seu infinito amor, por vezes nos chama até a Ele e nos conduz até o deserto, e lá Ele quer falar conosco. O deserto representa um ambiente árido e de dificuldades, repleto de provações. Isso fica claro quando olhamos para a história de Israel, em que não faltou murmurações e rebeliões. Porém, é nesse ambiente difícil e árido que Deus quer tratar conosco e nos moldar conforme a Sua soberana e perfeita vontade.

Muitas vezes, somos tomados pela tolice e nos insurgimos contra as provações por meio das quais Deus quer nos moldar à Sua imagem. É preciso entender que Ele nos ama e quer nos fazer ovelha do Seu pasto, e assim nos aproximar ainda mais Dele. O Senhor requer de nós que sejamos separados para Ele, e esse processo de separação por vezes dói, mas Ele, em Seu amor, que é infinito, não nos prova além das nossas forças. Deus jamais permitirá que sejamos provados além do que podemos suportar.

Após esse dolorido processo, nos tornaremos ainda mais próximos do Senhor e a alegria de lá do início, quando o conhecemos, se tornará maior e mais profunda.

Para refletir:

O deserto é o trabalhar de Deus que nos tornará ainda mais unidos ao Senhor em um único Espírito.

POR EVERTON RODRIGUES

DIA 258

DRONES OU ÁGUIAS?

"Mas os que esperam no SENHOR renovarão as suas forças e subirão com asas como águias; correrão e não se cansarão; caminharão e não se fatigarão." Isaías 40.31

Recentemente, li que na França quatro águias foram treinadas para destruírem drones que coloquem em risco a segurança nacional. Veio-me a pergunta: somos drones ou águias?

Drones não têm vontade própria, ou determinações pessoais, precisam ser controlados para funcionar. Voam, mas não apreciam o céu. Funcionam, mas não se alegram. Os ventos contrários lhes causam danos e podem derrubá-los. Não funcionam sem comando. Drones não têm vida.

Diferentemente das águias. Ninguém pode controlar uma águia. O céu é sua morada, a liberdade é sua amiga. O voo é sua vocação, a visão é sua identidade. Os ventos contrários deixam-nas mais fortes e as ajudam a voar mais alto. Sua missão está em seu DNA; o Criador, é sua razão de ser forte. Viver é seu dom.

Pensando nisso, creio que você não seja um drone controlado por um sistema corrupto e corruptor. Não somos robôs que podem ser manipulados. Deus nos deu inteligência, paixão, determinação, alegria, domínio próprio. Somos à imagem e semelhança dele, resplandecendo neste mundo a luz do Criador.

Muitos são convencidas de que devem reprimir sua alegria, negar os seus dons, ignorar os seus talentos, suprimir sua genialidade, cancelar a grandeza de seu propósito, apenas por não fazer sentido para outra pessoa. Mas não! Em Jesus, fomos libertos da escravidão da mente e recebemos a mente de Cristo. Precisamos todos os dias ser transformados pela renovação do nosso entendimento (Rm 12.2).

Precisamos viver nossa liberdade no Espírito Santo e produzir essa liberdade na vida de outros. Não somos drones controlados por um falso deus. Somos águias desfrutando nossa liberdade no Pai, e cumprindo nossa missão.

Para refletir:

O Céu não é apenas nosso destino, ele é nossa origem.

POR FRANKLIN COUTINHO

CORAÇÃO MENINO

DIA 259

*"...E o Senhor abriu os olhos do moço, e viu;
e eis que o monte estava cheio de cavalos e carros de fogo,
em redor de Eliseu."* 2 Reis 6.17

É bem provável que você já tenha lido aquele provérbio de Salomão que diz "Sobre tudo o que se deve guardar, guarda o teu coração, porque dele procedem as saídas da vida" (Pv 4.23). Apesar de saber disso, sinceramente, fico intrigada do quanto é difícil proteger nosso coração. Protegê-lo de tudo o que nos faz sentir longe de Deus. Protegê-lo contra o medo. Medo que cega, tornando-nos incapazes de confiar e descansar plenamente no Senhor.

Às vezes, penso que o coração é como um menino que nunca cresce. Parece nunca aprender ou ser capaz de acompanhar a nossa mente. E, não raramente, pode ser completamente cego, especialmente, quando estamos cercados e em perigo. Como na história de 2 Reis 6, em que o moço que servia Eliseu ficou desesperado ao ver que estavam cercados pelo exército inimigo: "eis que um exército tinha cercado a cidade com cavalos e carros; então o seu servo lhe disse: Ai, meu senhor! Que faremos?" (v.15).

"Ai, meu senhor", mesmo, não é? Quantas vezes, parece que estamos cercados, vulneráveis e fracos. Contudo, assim como disse Eliseu ao menino, estejamos certos de que há mais dos que lutam a nosso favor do que os que lutam contra nós. E se nosso coração moço e menino não for capaz de ver, que oremos como Eliseu "Senhor, peço-te que lhes abras os olhos, para que veja". Então, olhe outra vez, Coração! Maior é o que está com você!

Para refletir:

Já consegue ver o livramento do Senhor?

POR THAMIRES HADASSA

DIA 260

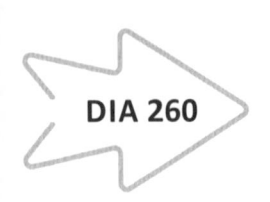

EMPREENDER

"Estou fazendo uma grande obra, de modo que não poderei descer; porque cessaria esta obra, enquanto eu a deixasse e fosse ter convosco?" Neemias 6.3

"Empreender" é preciso, mas empreender "você mesmo" é seu grande desafio. Sua mente, suas ideias, sua criatividade, sua capacidade de gerar soluções precisam ser estimuladas sempre. Dizia Guimarães Rosa: "o animal satisfeito dorme".

Entende a gravidade disso? A satisfação muitas vezes anula a energia que nos impulsiona ao novo. "Líderes nível-A não descansam sua criatividade". A mente é como uma pequena bexiga: com a medida certa de ar e força, ela se expande. Esse ar nos são as informações que precisamos para ir mais longe. Essas informações estão na Palavra de Deus, às vezes, na sabedoria popular, na análise técnica das situações. Está na observação dos detalhes, no encontrar novos caminhos para cada empreendimento.

Isso requer ar e força. Para maximizar seu potencial e atravessar a tão desejada plataforma do sucesso, você precisará expandir. Deverá vencer a *fronemofobia* (medo da sabedoria ou preguiça de pensar). Como já nos avisou o professor e filósofo Mário Sérgio Cortella em seu livro *Não nascemos prontos* (Vozis Nobilis, 2015): "gente não nasce pronta, e vai se fazendo".

Ouvi certa vez, que, há muitos anos, Ruth Bell Graham, esposa de Billy Graham, viu um letreiro em uma rua: "Fim da construção. Obrigado por sua paciência!". Sorrindo, ela disse que queria aquelas palavras na lápide de seu túmulo.

Sabe o que aprendemos com isso? Crescer causa transtorno. Empreender irrita quem gosta de sossego. Construir uma vida excelente causa desconforto em algumas pessoas. Mas peça paciência enquanto você cresce. E quando já tiver pronto, diga: Obrigado pela paciência.

Para refletir:

Estamos em construção.

POR FRANKLIN COUTINHO

SIFRÁ E PUÁ

DIA 261

"Mas, não vos alegreis porque se vos sujeitem os espíritos; alegrai-vos antes por estarem os vossos nomes escritos nos céus." Lucas 10.20

O segundo livro da Bíblia, o livro do Êxodo, começa com uma narrativa dramática. Como o povo de Israel está crescendo no Egito, o Faraó quer dizimá-lo severamente e ordena o infanticídio sistemático. Mas duas parteiras mostram força e coragem porque temem a Deus. Elas se opõem resolutamente aos planos cruéis do faraó e impedem que o pior aconteça.

O que me fascina no relato bíblico desse evento é que os nomes das duas parteiras, Sifrá e Puá, são expressamente mencionados, enquanto o nome do Faraó não é mencionado. O grande e absoluto governante do maior império da época é simplesmente chamado de "rei do Egito", enquanto duas piedosas parteiras são apresentadas pessoalmente pelo nome ao leitor. Até hoje, milhares de anos depois, os nomes dessas duas mulheres piedosas são impressos milhões de vezes em todo o mundo.

Isso é típico da visão de Deus sobre este mundo e sua história. Enquanto nossos livros de história dão muito espaço para aqueles que moldam o mundo com ambição, poder e dinheiro, Deus tem um foco especial naqueles que querem honrá-lo e viver com Ele. O Senhor conhece aqueles que são leais ao seu lado, mesmo que sejam desconhecidos na história mundial.

O próprio Jesus diz a Seus discípulos, em sua maioria humildes pescadores e artesãos da Palestina, que devem se alegrar porque seus nomes estão escritos no Céu. E isso ainda se aplica hoje. Todo aquele que crê em Jesus como seu Salvador tem a vida eterna e, portanto, o registro de seu nome no livro celestial da vida. Isso é mais valioso do que qualquer menção em um livro de história e uma verdadeira razão para comemorar.

Para refletir:

Onde estará seu nome daqui a três mil anos?

POR EVERTON RODRIGUES

DIA 262

CAPACITE-SE!

"...chamou os seus servos, e entregou-lhes os seus bens [...] a cada um segundo a sua capacidade..." Mateus 25.14-15

A parábola dos talentos é muito conhecida, porém, pouco se fala sobre a capacidade que os servos já possuíam, ou, adquiriram. Percebe-se que os mais preparados para receber os talentos foram os que mais receberam, pois, estavam realmente capacitados e saberiam a devida finalidade que precisariam dar ao que lhes fora confiado.

De nada adianta receber e não investir, ganhar e não saber o que fazer com o que ganhou. O que mais tinha mais capacidade, recebeu cinco talentos e o multiplicou. O que tinha menos capacidade recebeu um talento, o enterrou, escondendo-o. Assim não o fez render e tendo prejuízo, pois acabou desvalorizado. Os que mais fizeram render os talentos foram os que mais receberam talentos. Ou seja, os mais capacitados, porque o Senhor entregou conforme a capacidade de cada um.

Talvez este possa ser o motivo que Deus não lhe dá aquilo que você quer. Se você não possui capacidade para conquistar almas, para crescer profissionalmente, para lidar com um relacionamento, você simplesmente não terá, e se tiver, será de acordo com sua capacidade.

Se nós, meros pecadores, não confiamos nossas finanças a qualquer investidor ou bancário, não será Deus que confiará a Sua obra e as Suas bênçãos a alguém que não faz nada para melhorar.

Capacite-se e então receberá mais de Deus!

Para refletir:

Você está se capacitando?

POR LUCAS DIOGO PEREIRA

268 | **Chamados para Fora**

AVIVAMENTO EM TEMPOS DE CRISE

DIA 263

"Ouvi, Senhor, a tua palavra, e temi; aviva, ó Senhor, a tua obra no meio dos anos..." Habacuque 3.2

Diante do contexto decadente em que vive a igreja evangélica no Brasil, em que a Palavra de Deus é constantemente substituída por técnicas de manipulação de sentimentos que buscam agradar e prender os ouvintes, o que resulta é a deformidade ética e os constantes desvios de conduta dos fiéis. É perceptível que em muitos lugares a oração foi completamente desprezada das programações semanais de culto. Logo as ausências das manifestações de Deus estão se tornando cada vez mais constantes. Com isso, uma pergunta pode ser feita: se hoje não vemos mais ações sobrenaturais do Criador no meio da Igreja o que verão os nossos filhos?

Precisamos urgentemente nos posicionar diante desta atual crise, descruzar os braços e clamarmos incansavelmente a Deus para que Ele tenha misericórdia de nós, perdoe os nossos pecados e envie um avivamento. Só assim poderemos salvar a nossa geração dessa derrocada espiritual e garantir aos nossos filhos um caminho para experimentarem o relacionamento com o Deus que opera por meio dos homens.

De forma desenfreada e desgastante, muitos líderes buscam estratégias e métodos para manter seus fiéis e evitar uma possível falência de suas igrejas locais. Porém a resposta para essa crise não está na capacidade de líderes fenomenológicos em criar métodos ou estratégias, mas na busca por um avivamento.

Avivamento é Deus mudando o curso da religião, é o Dono da Igreja colocando-a de volta nos "trilhos" da Sua vontade. Somente um avivamento pode resgatar a fulguração desta Igreja.

Para refletir:

Que possamos, hoje, nos posicionar em busca incessante por um mover de Deus em nosso meio!

POR ANDRÉ SANTOS

DIA 264
FALE COM ATITUDES, NÃO APENAS COM PALAVRAS

"Sede meus imitadores, como também eu, de Cristo."
1 Coríntios 11:1

Você já parou para se questionar se as suas atitudes são condizentes com aquilo que você professa ou com aquilo que você acredita? O mundo está cheio de pessoas que falam muito e fazem pouco, isso não somente na vida espiritual, mas em todos os seguimentos. Quem nunca se deparou na internet com um "super coach" querendo vender um curso de como ganhar dinheiro, mas que você sabe que essa pessoa não tem dinheiro?

Estamos cercados de pessoas que dizem ser, mas não são. Isso afasta as pessoas da mensagem que você quer entregar. Se você professa algo e não possui uma vida coerente, ninguém jamais lhe dará ouvidos. O filósofo americano Ralph Waldo Emerson disse uma vez que "suas atitudes falam tão alto que eu não consigo ouvir o que você diz".

Faça as pessoas o ouvirem por suas atitudes, não apenas por suas palavras. Não viva como o mundo vive, mas viva uma vida cristã assim como Paulo, a ponto de falar para as pessoas o imitarem, porque você imita a Cristo.

Lembro que, certa vez, um colega da faculdade se "autoconvidou" para ir à minha igreja. Eu nunca havia verbalizado um único convite, porém, ele falou que queria conhecer a minha igreja porque gostava das minhas atitudes e via algo diferente em mim.

Quando entendermos que nossas atitudes falam mais alto do que nossas palavras, entenderemos o verdadeiro significado de imitar a Cristo.

Para refletir:

Suas atitudes são de um imitador de Cristo?

POR LUCAS DIOGO PEREIRA

ENTREGA E CONFIA

DIA 265

"Entrega o teu caminho ao SENHOR; confia nele, e ele tudo fará." Salmo 37.5

Você já entregou a sua vida ao Senhor? Talvez sua resposta seja sim. Porém, quero que reflita sobre a sua resposta. Será que você somente disse sim ao Senhor e não entregou de verdade os seus caminhos a Ele?

Desejo que você me entenda, na maioria das vezes quando entregamos algo que é nosso a alguém, geralmente, quando algo foge daquilo que imaginamos, nossa tendência é pegar de volta e tomar a direção daquilo que foi entregue. Lembre-se de quando entregou o seu caminho ao Senhor e da quantidade de vezes que você pegou de volta a direção da sua vida.

O que quero dizer é que, quando entregamos nosso caminho ao Senhor, devemos confiar que Ele tem o melhor para nós, ou seja, o processo de entrega está ligado diretamente ao processo de confiança. É entregar e confiar que Ele dirigirá a sua vida de maneira perfeita e que, independentemente dos "nãos", das portas fechadas, das direções mudadas, tudo está sob o controle daquele que tem o melhor para você.

Para refletir:

Você já entregou verdadeiramente o seu caminho ao Senhor? Confia nele a ponto de não pegar de volta?

POR JADER GALHARDO DIAS

DIA 266

QUAL O TAMANHO DE DEUS?

"Ó Senhor, Senhor nosso, quão admirável é o teu nome sobre toda a terra!" Salmo 8.9

Um menino perguntou ao pai: "Qual é o tamanho de Deus?". O pai não respondeu a princípio, olhou para o céu, viu um avião e perguntou ao filho: "Qual é o tamanho desse avião?". A criança respondeu sem hesitação: "Muito pequeno, pai, mal consigo vê-lo!". Algumas semanas depois, o pai visitou o aeroporto com seu filho. Enquanto olhavam para a aeronave estacionada no pátio do aeroporto, um Airbus A321 se aproximou. Então ele perguntou ao filho: "E agora? Quão grande está o avião?". Fascinado, o pequeno respondeu: "É enorme, pai!". Então o pai disse: "Assim é com Deus! Seu tamanho depende da distância que você mantém dele. Quanto mais perto você estiver dele, maior Deus se tornará em sua vida!".

De algum modo, somos como essa criança. Quando se trata de nós, Deus é muito pequeno, muitas vezes inexistente, imaterial. Mas quando chegam as crises, tsunamis, catástrofes, morte, sofrimento ou afins, lembramo-nos de Deus e o colocamos no banco dos réus com indagações: "Se és amor, por que permitiste isso? Por que Deus não impediu? Por que isso tinha que me atingir?". Nosso ponto de vista muda conforme a nossa localização.

Se você realmente quer saber quão grande é Deus, abra o seu coração para Ele, então você o experimentará a cada passo. De manhã cedo, os pássaros nos acordam com seu canto, o sol está brilhando, a ferida sangrando está se curando, a geladeira está cheia, o trabalho ou a escola estão esperando, os sentidos estão funcionando. De repente, isso não é mais natural, mas milagres de Deus. Coisas pequenas tornam-se grandes e coisas aparentemente grandes tornam-se pequenas.

Para refletir:
O ponto de vista de Deus muda conforme a sua localização em relação a Ele.

POR EVERTON RODRIGUES

SOBRE PEDIR E DEVOLVER

DIA 267

"...Ana concebeu, e deu à luz um filho, ao qual chamou Samuel; porque, dizia ela, o tenho pedido ao SENHOR." 1 Samuel 1.20

Acredito que existam duas formas de sonhar. Sonhar para nós mesmos e sonhar para Deus. É verdade que ambas as coisas são por Deus, afinal, sem Ele nada seria possível. Mas a diferença é que quando sonhamos para Ele, Sua multiforme graça faz com que o nosso sucesso seja bom não apenas para nós, senão para todos ao nosso redor.

Como na história de Ana. Ela pediu muito um filho, porém fez mais do que isso. Ana prometeu dedicá-lo ao Senhor. Ela gerou Samuel e, depois que o desmamou, cumpriu sua promessa. Abriu mão do direito que tinha de desfrutar sozinha do seu próprio sonho para entregá-lo ao Senhor e, assim, permitiu que toda sua nação fosse abençoada. Samuel tornou-se um grande líder. E tudo por meio de um desejo que partiu do coração dela: gerar um filho.

Assim como na história de Ana, você sabia que Deus se importa com seus pedidos? Ele também pode sonhar seus sonhos. E aquilo que você sente, pensa e quer pode se tornar algo maior do que imagina nas mãos dele! Pode ser a resposta da oração de alguém, pode ser a provisão para um povo. A questão é o quanto estamos dispostos a pedir e devolver a Deus tudo o que Ele nos tem dado.

Não menospreze seus sonhos, aquilo que seu coração pede ou pensa. Antes, entregue tudo a Deus. Tenha fé para pedir e coragem para devolver! Pode parecer que não, contudo mais alguém está esperando o seu Samuel!

Para refletir:

Está pronto para entregar seus sonhos a Deus?

POR THAMIRES HADASSA

DIA 268

O AVÔ E O NETO

"Mas pela graça de Deus sou o que sou..."
1 Coríntios 15.10

O menino de seis anos estava ansioso para ir à casa dos avós a semana toda. O sol está brilhando e o bom tempo deve ser usado para finalmente aparar a cerca viva no jardim. O neto gostaria de ajudar e recebe uma tesoura de papel. O vovô faz progressos rápidos com seu aparador de cerca viva, mas, depois de apenas alguns minutos ele é interrompido por um grito doloroso: o neto se cortara com a tesoura e estava chorando. O vovô interrompeu seu trabalho, pegou o pequeno nos braços e o carregou para dentro de casa. Lá o menino é recebido com um curativo e doces. O trabalho fora interrompido por um tempo, e a cerca viva, que estava cortada pela metade, teve que esperar até depois do almoço.

É mais ou menos o mesmo quando Deus nos permite cooperar com Ele em Sua obra. Porque Ele é gracioso e gentil, devemos ficar perto dele. Quantas vezes Deus precisa corrigir algumas coisas que estragamos? Todo o nosso serviço a Deus nada mais é do que a frágil "ajuda" do neto.

Seja pregando ou exercendo qualquer outro ofício na igreja, muitas vezes sentimos que nossas responsabilidades são muito importantes e esperamos reconhecimento daqueles ao nosso redor. Muitas vezes, até pensamos que Deus pode ficar feliz por estarmos fazendo esse serviço para a Ele. Mas devemos sempre tentar ver tudo sob a luz certa. Deus pode criar um colaborador de qualquer tijolo, Ele realmente não precisa de nós. Devemos perceber que é somente pela graça de Deus que nos é permitido ser o que somos. E no final, Deus é generoso o suficiente para nos dar uma recompensa pelas pequenas coisas que podemos fazer em Sua obra.

Para refletir:
Somos colaboradores de Deus.

POR EVERTON RODRIGUES

OUÇA A ORIENTAÇÃO DE DEUS

DIA 269

"Então, desceu e mergulhou no Jordão sete vezes, conforme a palavra do homem de Deus; e a sua carne tornou, como a carne de um menino, e ficou purificado." 2 Reis 5.14

A história de Naamã e Eliseu (2Re 5:9-14) é muito conhecida, principalmente em pregações infantis. Contudo, quando analisamos o comportamento de Naamã, observamos que nos enquadramos em determinadas situações semelhantes a dele.

Naamã precisava de uma cura, uma providência de Deus e buscou em Israel alguém que poderia curá-lo. Mesmo o profeta instruindo o que ele deveria fazer, não foi o suficiente para ele acreditar, pois ele pensara que o profeta o receberia e instruiria de outra forma. "Eis que eu dizia comigo: Certamente ele sairá, pôr-se-á em pé, e invocará o nome do Senhor, seu Deus, e passará a sua mão sobre o lugar, e restaurará o leproso" (v.11).

Há momentos em que nos comportamos da mesma maneira que Naamã, pois pensamos, projetamos e planejamos nossa vitória segundo nossa vontade e querer, mas quando ela não vem, acabamos nos frustrando e, em determinados momentos, culpando alguém. Porém, na verdade, foram nossas atitudes que nos colocaram nessa situação. Depois que Naamã se acalmou e ouviu o conselho dos seus servos, fez conforme a orientação do profeta e obteve a cura que tanto precisava.

Talvez você tenha acordado hoje pensando, projetando e planejando tantas coisas como Naamã. Mas o principal você esqueceu: é ouvir as orientações de Deus. Entretanto, não se preocupe, pois ainda dá tempo. Pare o que estava fazendo e ore a Deus, peça uma instrução para Ele no dia de hoje, fale o que o aflige e o que você precisa. Ele pode ouvir a sua oração e lhe conceder o que você precisa, mesmo que as circunstâncias sejam contrárias.

Para refletir:

Você crê na providência de Deus para sua vida?

POR MARCOS HIPÓLITO

DIA 270

NINGUÉM ESTÁ IMUNE

"Aquele, pois, que cuida estar em pé, olhe que não caia." 1 Coríntios 10.12

Você sabe por que uma vacina funciona? Seu efeito só é possível porque temos células de defesa que têm uma memória imunológica e, por isso, são capazes de guardar a receita do anticorpo contra o agente invasor.

Agora, será que somos capazes de produzir algo assim contra o pecado? Será que pode existir em nós algum tipo de imunidade contra ele? Como é uma metáfora, pode haver diferentes interpretações. Mas permita-me aqui, compartilhar uma delas. O apóstolo Paulo diz: "Aquele, pois, que cuida estar em pé, olhe que não caia" (1Co 10.12). Sendo assim, é razoável pensar que não importa os anos como cristão, as experiências sobrenaturais, o quanto sabemos sobre a Bíblia ou os ministérios e dons, o pecado sempre estará a nossa porta. E, sozinhos, jamais seremos capazes de nos proteger contra ele.

Somente recorrendo à misericórdia e à fidelidade de Deus, nos manteremos em pé. Não há nada em nossa natureza que nos garanta imunidade completa. Porque, mesmo tendo recebido a Cristo, "o tesouro está em vasos de barro" (2Co 4.7). Mesmo que sejamos espirituais e procuremos mortificar nossa natureza carnal, aqui, nesta Terra, sempre seremos tentados. Nossa única segurança está no fato de que Deus é fiel e proverá nosso escape! "Não veio sobre vós tentação, senão humana; mas fiel é Deus, que não vos deixará tentar acima do que podeis, antes com a tentação dará também o escape, para que a possais suportar" (1Co 10.13).

Para refletir:

Já que você não é imune ao pecado, busque a escapatória em Deus.

POR THAMIRES HADASSA

REVERSÕES INCRÍVEIS SÃO POSSÍVEIS

DIA 271

"E não vos conformeis com este mundo, mas transformai-vos pela renovação do vosso entendimento, para que experimenteis qual seja a boa, agradável e perfeita vontade de Deus." Romanos 12.2

Houve um silêncio tenso na sala de química. Todos os olhos direcionados para frente. Havia uma garrafa na mesa e um ovo cozido na abertura. A professora anunciou que em breve o ovo estaria intacto dentro da garrafa. Todos pensaram: "impossível"!

Talvez você conheça o "truque" para colocar o ovo cozido dentro da garrafa: primeiro encha a garrafa com água quente, despeje-a e coloque o ovo diretamente na abertura. O ar quente na garrafa cria uma pressão negativa que "suga" o ovo maleável para dentro da garrafa. Esse exemplo deixa claro que o que é realmente impossível torna-se possível através da transformação. O ovo se deforma e entra na garrafa.

Na Bíblia, lemos sobre Saulo, que perseguiu os cristãos e os assassinou em massa. Atos 9.1-2 diz que Saulo, ainda perseguindo os discípulos do Senhor com grande ira e ameaçando matá-los, pediu uma carta ao sumo sacerdote. Mas o próprio Jesus se opôs a Saulo em seu caminho. Após este encontro, ele mudou completamente: o perseguidor Saulo tornou-se o fiel sucessor e missionário Paulo.

Certamente muitas pessoas pensaram na época que Saulo nunca mudaria. Mas com Deus, reversões incríveis são possíveis! Isso se aplica não apenas a Saulo, mas também a nós. A mudança por meio de Jesus é possível. Inimigos de Deus podem se tornar amigos de Deus!

Para refletir:

Em qual área da sua vida você gostaria de experimentar a transformação?

POR EVERTON RODRIGUES

DIA 272

UM CORAÇÃO LIMPO

"Chegai-vos a Deus, e ele se chegará a vós. Limpai as mãos, pecadores; e, vós de duplo ânimo, purificai o coração." Tiago 4:8

Lavar as mãos sempre foi importante, definitivamente antes de comer e depois de usar o banheiro. Cada um de nós ainda pode ouvir a voz de advertência de nossos pais: "Você lavou as mãos?". Mãos limpas são importantes para nós e fazem parte do bom cuidado e asseio diário. Nos últimos anos a expressão "Lave as mãos!" foi uma das atitudes mais importantes para evitar que a pandemia de COVID 19 se espalhasse ainda mais. Era mais importante do que nunca, internalizar a higiene das mãos para proteger a si mesmo e aos outros.

Na Bíblia também encontramos o chamado para limpar as mãos. Mas não se trata da sujeira literal em nossas mãos, trata-se de nossos corações pecaminosos. O chamado para que limpemos as mãos deve deixar claro que estamos sujos por dentro. Nossos pecados não permitem o contato próximo com Deus. Assim como mãos sujas não são toleradas na mesa de jantar, Deus não pode nos aceitar com nossos maus pensamentos e ações.

Mas como podemos nos tornar limpos? A solução está no versículo escolhido para o dia de hoje: "Chegai-vos a Deus, e ele se chegará a vós. Limpai as mãos, pecadores; e, vós de duplo ânimo, purificai o coração" (Tg 4:8).

Deus se aproxima de nós! Ele fez isso por meio de Jesus Cristo. Na cruz, Deus nos oferece perdão pelos nossos pecados. Aqueles que confessam sua culpa e creem que Cristo morreu por eles terão seus corações lavados. Só então, perdoado, eles podem ter comunhão com Deus.

Um coração limpo não deveria ser muito mais importante para nós do que ter as mãos limpas?

Para refletir:
Lavar as mãos é importante, mas um coração purificado por Deus é ainda mais valioso.

POR EVERTON RODRIGUES

SEJA A VOZ DE DEUS

DIA 273

"Então, me disse: Profetiza sobre estes ossos e dize-lhes: Ossos secos, ouvi a palavra do SENHOR". Ezequiel 37.4

Ezequiel foi o instrumento usado por Deus para levantar um grande exército, ele contribuiu com a sua voz e Deus revelou-lhe as palavras. O profeta estava só, em meio a ossos e morte, mas não o vemos reclamando do local escuro onde o Senhor o havia colocado. Como luz em meio às trevas, ele confia, obedece e proclama a Palavra! Quem sabe o fardo em seu ombro estava pesado, porém tornou-se leve ao contemplar Aquele que o ordenou e ao ouvir Sua voz dizendo: "Estás no vale, mas eu estou contigo, não olhe as circunstâncias, olhe para mim". Podemos perceber que há um profeta no vale, mas ao mesmo tempo ele também está no centro da vontade de Deus. Como o profeta poderia reclamar se estava no centro da vontade divina que é boa, perfeita e agradável? Como consequência da obediência de um homem, todos os ossos reviveram.

Ser chamado para fora significa ser chamado para dentro. Fora dos templos, mas dentro das vielas e vales; fora da congregação, mas dentro dos hospitais e presídios, ajudando as almas que morrem ao lado de nossas igrejas. Lançar a semente do evangelho não é uma tarefa fácil, principalmente em meio à tantas trevas no trabalho, colégio, faculdade e até mesmo na família. Lembremo-nos de Quem nos ordena — Aquele que faz a chamada concede também a graça para prosseguirmos. Todavia, hoje em dia estamos presenciando grande rejeição e timidez quanto a obediência às ordens do Senhor. Eis que é chegada a hora da grande ceia, no entanto, os servos se recusam a buscar os pobres, mancos, aleijados e os cegos. Onde estão os pés dos que anunciam as boas-novas?

Que moldemos as nossas atitudes como fez Ezequiel, em obediência! Um grande pensador disse certa vez: "O mundo ainda não viu o que Deus fará com, para, e pela pessoa que se entregar inteiramente a Ele". Pela obediência de Ezequiel os ossos reviveram, pela obediência de Cristo os mortos ganharam vida, e pela nossa obediência como Igreja, a chama não se apagará!

Para refletir:

Ser chamado para fora significa ser chamado para dentro.

POR JOÃO VÍCTOR STINGELIN SANTOS

DIA 274 — OLHO HUMANO, OLHAR DIVINO

"E Jesus, vendo este deitado e sabendo que estava neste estado havia muito tempo, disse-lhe: Queres ficar são?" João 5:6

O versículo de hoje revela uma grande verdade em suas primeiras palavras: "E Jesus, vendo...". Ora, analisar o olhar de Cristo vai além do nosso olhar e intelecto humano.

Quando olhamos para alguém, no máximo, conseguimos deduzir como está se sentindo pelas suas expressões faciais. Porém, na maioria das vezes essa dedução pode estar errada, não apresentando a realidade, afinal, nem sempre quem está chorando está triste.

O olhar de Cristo é diferente, é um olho humano, mas com um olhar divino. João retrata isso muito bem no texto sugerido: E Jesus "vendo" e "sabendo". Concluímos que Cristo não apenas nos vê, mas também sabe o que está acontecendo conosco.

Quando Cristo viu Zaqueu, em cima de uma árvore, o elemento-surpresa para o pequeno homem que, quem sabe, se arriscava pendurado em um galho, foi o de ser chamado pelo nome.

"E, quando Jesus chegou àquele lugar, olhando para cima, viu-o e disse-lhe: Zaqueu desce depressa, porque, hoje, me convém pousar em tua casa" (Lucas 19:5).

O questionamento de Natanael a Cristo: "de onde me conheces tu?" É seguido de uma resposta poderosa de Jesus: "Antes que Filipe te chamasse, eu te vi estando tu debaixo da figueira" (João 1:48).

Cristo nos vê e isso é fato. Quantas vezes no afã da emoção oramos questionando a Deus dizendo: "Não estás vendo essa situação?" Eu lhe respondo amigo leitor, Cristo não está somente vendo, mas também tem a solução para o seu problema.

"Eis que os olhos do SENHOR estão sobre os que o temem, sobre os que esperam na sua misericórdia" (Salmo 33.18).

Para refletir:

Cristo não está somente vendo, mas também tem a solução para o seu problema.

POR JADER GALHARDO DIAS

280 | **Chamados para Fora**

TUDO VAI FICAR BEM

DIA 275

"Pela fé Noé, divinamente avisado das coisas que ainda não se viam, temeu e, para salvação da sua família, preparou a arca, pela qual condenou o mundo, e foi feito herdeiro da justiça que é segundo a fé." Hebreus 11:7

Enquanto o coronavírus estava se espalhando pelo Brasil, você podia ver fotos desenhadas por crianças em fotos de perfil nas redes sociais e nas janelas de muitos prédios residenciais: elas mostravam um arco-íris combinado com a mensagem "Tudo vai ficar bem!".

O arco-íris desempenha um papel importante na Bíblia. As Escrituras relatam que milhares de anos atrás, as pessoas eram tão moralmente depravadas que, para conter o problema, Deus teve que infligir uma punição global: o dilúvio. Mas antes disso, o Senhor concedeu 100 anos como uma oportunidade para as pessoas corrigirem suas ações e voltarem-se para Deus.

Durante esse tempo, Noé estava construindo um grande navio, a arca, na qual as pessoas estariam a salvo do dilúvio vindouro. Mas apenas a família de Noé aceitou esta oferta de salvação e sobreviveu. Depois que as águas se foram, Deus fez uma promessa: Ele nunca mais usaria um dilúvio para destruir a humanidade. O arco-íris que aparecia toda vez que o sol brilhava por entre as nuvens da chuva era para lembrá-los disso. Esse arco é um sinal que reflete a paciência de Deus.

Mas mesmo este sinal é finito: a Bíblia deixa claro que em certo momento Deus destruirá a Terra com fogo e convocará a humanidade para prestar contas de toda maldade. Mas assim como fez com a arca, hoje, Deus nos dá a oportunidade de sermos poupados deste julgamento. A cruz toma o lugar da arca. Ali Deus executou o julgamento dos pecados da humanidade sobre Seu Filho. Aqueles que reivindicam isso para si mesmos estão tão a salvo deste último julgamento quanto Noé estava na arca.

Para refletir:

O que o impede de encontrar a salvação na "arca" de Deus, Jesus Cristo?

POR EVERTON RODRIGUES

DIA 276 — UMA ORDEM QUE VEM DE DEUS

"E, projetando ele isso, eis que, em sonho, lhe apareceu um anjo do Senhor, dizendo: José, filho de Davi, não temas receber a Maria, tua mulher, porque o que nela está gerado é do Espírito Santo." Mateus 1:20

Jamais receberemos de Deus alguma atribuição que seja irrelevante, o chamado de Deus em nossa vida, por vezes, é tão radical que poderá mudar o curso da nossa história.

Isso é tão verdade, que a Bíblia está repleta de exemplos de homens e mulheres que Deus chamou para desempenhar papéis importantes na história, e por mais que não tenham sido considerados grandes líderes ou profetas em suas épocas, a tarefa a eles confiada teve lugar significativo na história da Igreja.

É inevitável não se lembrar de José, o carpinteiro. Foi-lhe designado um importante papel ao receber o chamado de Deus para cuidar do menino Jesus, o Filho de Deus. Com isso, José aceitou correr todos os riscos que a nobre atribuição trazia consigo.

Ao recebermos o chamado de Deus, alguns sentimentos podem tomar conta do nosso coração, tais como: o medo e a incerteza. É natural sentirmos medo, vivemos em uma sociedade que se opõe constantemente aos princípios bíblicos e quando assumimos o chamado de Deus nos colocamos em posição de sermos ridicularizados por esse mundo. Mas quando o chamado vem de Deus, nada mais importa, o medo e a incerteza se tornam um detalhe pequeno e passageiro.

É preciso entender que, todo o chamado de Deus, vem acompanhado de uma ordem e toda ordem de Deus vem cheia de poder para que possa ser executada.

Se hoje o Senhor lhe der uma ordem, não olhe para si mesmo, atenda a ordem divina, pois junto a ela virá a sabedoria e a autoridade que você precisará para executar a ordem do Senhor.

Por menor que seja a ordem de Deus, sinta-se honrado, pois dentre muitos Deus o escolheu para, neste tempo, confiar-lhe a Sua soberana vontade.

Para refletir:

Todo o chamado de Deus vem acompanhado de uma ordem e toda ordem de Deus vem cheia de poder para que possa ser executada.

POR EVERTON RODRIGUES

Chamados para Fora

VALE TUDO EM NOME DA FELICIDADE?

DIA 277

"Sobrevieram-me pavores; como vento perseguem a minha honra, e como nuvem passou a minha felicidade." Jó 30:15

A idolatria da felicidade tem feito vítimas por toda parte. "Se te faz bem, que mal tem?", é o lema desta idolatria que ceifa vidas todos os dias.

A busca pela felicidade tornou-se a desculpa perfeita para alguém que exige todos os direitos e despreza todos os deveres. Tem sido a essência da irresponsabilidade, o fundamento da rebeldia, o bojo da inconsequência. Se tudo é válido em busca da felicidade, qual o problema em matar, estuprar, roubar, mentir e praticar tantas coisas ruins?

A felicidade é uma benção, mas toda benção que não tem como centro o Abençoador, torna-se uma idolatria. Se Jesus não for o centro, a busca por felicidade é ineficaz. Apenas quando buscamos o reino de Deus e a sua justiça, todas as demais coisas são acrescentadas, naturalmente.

O problema dessa idolatria é que ela lhe leva a buscar a felicidade em todos os caminhos, desprezando cada vez mais, todas as regras. A desordem se instala e cada vez mais as tentativas se tornam arriscadas no anseio de encontrar algo que insiste em não vir.

Nunca houve tanta atividade e liberdade sexual na história, também nunca houve tanto acesso à tecnologia e entretenimento como temos hoje. Em nenhuma civilização será encontrado meios de comunicação tão rápidos como os nossos. Mas também somos a geração mais doente, infeliz e suicida da história.

Porque a felicidade, que é uma benção, se tornou uma idolatria, e tem se tornado o alvo de muitos, que querem a benção, mas desprezam o Abençoador?

O alvo precisa ser Cristo!

Guarde essa verdade na sua alma agora mesmo. Em Cristo encontramos tudo o que precisamos e muito mais. Senão, correremos um sério risco de sermos eternos caçadores da felicidade, frustrados, abatidos e tristes, até que sejamos destruídos por um vazio que só pode ser preenchido por uma única pessoa: Jesus!

Para refletir:

Em Cristo encontramos tudo o que precisamos e muito mais.

POR DANILO UCHOA

DIA 278

O VÉU DO TEMPLO

"E eis que o véu do templo se rasgou em dois, de alto a baixo; e tremeu a terra, e fenderam-se as pedras." Mateus 27:51

O Santo dos Santos era o interior do Templo, seu coração, um quarto de tijolos e sem janelas. Apenas alguns metros quadrados vazios. A Arca da Aliança costumava estar lá. Ali o Deus de Israel tinha o Seu trono na Terra. Mas a arca se foi há muito tempo, apenas a sala em si permanecera. Mas ainda não havia nenhum lugar na Terra mais perto de Deus e do céu do que neste quarto vazio. Ele era santo. Ele era o santo dos santos. Um mero mortal nunca tivera permissão para olhar para esta sala. Por isso estava protegida dos espectadores. Através de uma cortina pesada e grossa, como uma peça de roupa, isso mantinha todos os olhos longe da sala como tal. A vestimenta do Santo dos Santos foi rasgada no momento em que Jesus morreu.

Havia um sinal de luto nos tempos bíblicos que não reconhecemos mais. Tradicionalmente, os enlutados vestem preto. Naquela época, não era a cor da roupa que indicava que alguém estava de luto, mas sim sua condição. Qualquer um que descobria a morte de um ente querido rasgava a sua roupa exterior, por tristeza e horror.

Naquela tarde de sexta-feira, Jesus morreu na cruz. E naquele momento o pano que revestia o trono de Deus se desfez. Isso parece uma dor esmagadora e de outro mundo. Parece que os anjos que cantaram e se alegraram com o nascimento de Jesus ficaram horrorizados. O Céu não é intocado pelos eventos da morte de Jesus. Deus não é o juiz impassível que friamente executou Jesus na cruz porque Ele foi ofendido pelo pecado humano e exigiu satisfação. Foi com grande dor e compaixão que Deus deu Seu Filho amado para que você e eu pudéssemos viver com Ele para sempre.

Para refletir:

O véu se rasgou e por intermédio de Jesus temos acesso livre ao Santo dos Santos.

POR EVERTON RODRIGUES

RENDIÇÃO

DIA 279

"Se alguém quiser vir após mim, renuncie-se a si mesmo, tome sobre si a sua cruz e siga-me..." Mateus 16:24

Um dos louvores que mais amo é: Eu me rendo do grupo *Renascer Praise*, que diz assim: "Eu me rendo aos Teus pés és tudo o que eu preciso para viver; Eu me lanço aos Teus braços onde encontro meu refúgio; Jesus, eis-me aqui... Jesus eis-me aqui...".

Toda vez que canto este louvor o meu coração se regozija no Senhor, pois entendo que tudo vem dele e tudo e tudo é para Ele.

Em seu livro *Rendição Absoluta*, Andrew Murray (Publicações Pão Diário, 2021) diz que: "A entrega voluntária e incondicional a Deus é fruto de um desejo genuíno de servir ao Senhor nos Seus termos e de não delimitar a Sua ação a apenas algumas áreas da nossa vida, enquanto nós cuidamos de outras".

Entendo que, render-se nem sempre parece uma boa atitude a tomar, uma vez que gera uma sensação de desistência.

Mas, sua vida mudaria completamente se você passasse a ver e a tratar Deus como Seu amigo mais próximo e íntimo e entregasse sem reservas tudo a Ele, confiando que o Senhor tem o melhor para você e que os Seus propósitos são maiores do que os nossos.

Quando descemos do trono da nossa vida podemos realmente ver o quanto Deus faz por nós.

Render-se a Deus é deixar a minha vontade de lado para viver a vontade de Deus. Render-se a Deus é ter coragem de renunciar quem eu penso que sou para ser quem Deus quer que eu seja. E quais os benefícios da rendição?

Ter Cristo na direção da sua vida e lutando as suas lutas por você.

Para refletir:

Não há espaço para você e Deus no trono do seu coração. É somente Ele, ou você.

POR JULIANA ANTUNES VALENTIM

DIA 280

SOGRA

"Disse, porém, Rute: Não me instes para que te deixe e me afaste de ti; porque, aonde quer que tu fores, irei eu e, onde quer que pousares à noite, ali pousarei eu; o teu povo é o meu povo, o teu Deus é o meu Deus." Rute 1:16

"**Q**uerida sogra," é um tema de piadas, alguns fóruns da internet estão cheios de queixas de pessoas sobre as suas sogras. Na cultura atual o termo sogra passou a significar algo pejorativo. Existe até uma planta chamada "língua de sogra", que se refere às línguas afiadas da sogra.

A história de Rute e Noemi no Antigo Testamento é impressionante. Noemi perdeu o marido e os dois filhos quando morava longe de sua terra de origem. Quando ela e suas duas noras moabitas, Orfa e Rute, voltaram para a terra natal de Noemi, Israel, ela quis mandar as noras ainda jovens para a casa e para suas próprias mães. Rute, no entanto, insistiu inflexivelmente em ficar com sua sogra Noemi e se mudar para Israel com ela. Por quê? Ela tinha ouvido de Noemi sobre o Deus dos israelitas. Ela queria conhecer esse Deus e buscar refúgio nele em sua difícil situação de jovem viúva (Rt 2:12). Além disso, Rute era muito apegada à sogra e não queria deixar Noemi só. Então essas mulheres seguiram juntas, e Deus deu a Sua bênção a esta decisão. Em Israel, Rute casou-se com um homem carinhoso e rico e deu à luz um filho.

Essa história mostra que existem relacionamentos plenos de amor entre sogras e noras. E deixa claro que quem busca refúgio em Deus não ficará desapontado. Com Sua ajuda, algo completamente novo surge inesperadamente de bons relacionamentos. A lealdade e a confiança entre as pessoas e com o Senhor agrada muito a Deus.

Para refletir:

Peça a Deus em oração por ajuda quando um relacionamento familiar o estiver incomodando!

POR EVERTON RODRIGUES

APENAS UMA LINHA

DIA 281

"...e foram julgados cada um segundo as suas obras." Apocalipse 20:13

Se você olhar para as lápides de um cemitério, verá que, apesar de todas as diferenças, quase todas têm uma coisa em comum: há uma linha curta entre cada data de nascimento e morte. Algumas pessoas pensaram, mais ou menos assustadas, no que significa esta linha. Entre as duas datas transcorreu toda uma vida com todos os seus altos e baixos, com todas as suas dores e alegrias, com todos os seus sucessos e falências e também com todos os seus relacionamentos bem-sucedidos e fracassados.

Tais lugares são geralmente chamados de "cemitérios", isso quer dizer que aqueles que estão lá lutaram e estão sendo deixados sozinhos apesar de tudo o que tiveram que lidar na vida.

Mas se lermos a passagem bíblica da qual o versículo diário foi tirado, veremos que há uma ressurreição para todos. O capítulo 20 do livro de Apocalipse trata sobre a ressurreição daqueles que não buscaram a paz com Deus durante a sua vida, cujas dívidas e obras, portanto, não foram perdoadas. Eles são todos somados e a linha de fundo é o resultado final.

É tão horrível isso, mas essa não precisa ser a sua história, pois Deus oferece insistentemente a Sua maravilhosa graça hoje e deseja perdoar todos os seus pecados, porque Cristo já pagou por eles na cruz do calvário. O que Deus requer é apenas uma admissão honesta de nossa parte. Isso realmente não deveria ser pedir muito, dado o que está em jogo.

Todo aquele que tem a sua culpa e os seus pecados perdoados pela graça de Deus terá a alegria eterna no glorioso reino de Deus ao final.

Para refletir:

A paz só é possível quando encontramos a paz oferecida pelo sacrifício de Jesus, o Filho de Deus e nosso Criador. Todo o restante é apenas temporário.

POR EVERTON RODRIGUES

DIA 282

REFÚGIO NO DIA DA ANGÚSTIA

"O Senhor é bom, ele serve de fortaleza no dia da angústia, e conhece os que confiam nele." Naum 1:7

Os terremotos podem ser realmente assustadores. É assustador quando o chão abaixo de você de repente treme ameaçadoramente. Você fica parado, incerto, por alguns segundos e pensa desesperadamente sobre para onde poderá fugir.

Em 2019 o chão tremeu em Curitiba com um abalo de magnitude 2.3 na escala Richter,. Eu vivi de perto esse fenômeno natural. O que eu poderia fazer nessa situação? Basicamente nada. Pelo menos nada que pudesse mudar minhas circunstâncias externas de alguma forma.

Mas foi-me permitido aprender o que significa estar nos braços de um amoroso Pai celestial. Reclamei com Deus dos meus medos e preocupações. Mas continuei me lembrando da promessa de que Deus está presente. Eu conscientemente acreditei em Sua palavra de que Ele é imutavelmente bom, como diz o versículo do dia. Que Ele quer usar qualquer circunstância para me aproximar dele. E eu realmente experimentei a proximidade de Deus no meio da adversidade de uma forma muito especial. Aprendi a dormir profundamente em meio aos tremores da vida porque nada é impossível para Deus.

O que você pode fazer quando tempestades e terremotos lhe causam medo? Quando você fica acordado noite após noite, incapaz de descansar e se sentindo impotente e pequeno? Acredite em Deus! Ele pode acalmar qualquer tempestade, seja ela interna ou externa! Sim, Deus realmente quer ser "fortaleza no dia da angústia" para você! Confie no Senhor, pois o cuidado dele em nossa vida é verdadeiro: lance "sobre ele toda a vossa ansiedade, porque ele tem cuidado de vós" (1Pe 5:7).

Para refletir: Onde você tem se refugiado nos momentos de dificuldades?

POR EVERTON RODRIGUES

SEJA INFLUENTE

DIA 283

"Vós sois o sal da terra..."
Mateus 5.13

Não precisamos ser pessoas notáveis aos olhos desse mundo para sermos considerados uma pessoa influente. Você pode exercer influência por meio do seu exemplo e testemunho cristão, e quando as pessoas o olharem poderão entender quem é o Senhor Jesus.

A Bíblia está repleta de exemplos de jovens que foram pessoas influentes em seu tempo.

Lembra-se de Daniel? Um jovem que demonstrava muita piedade e exercia influencia não só sobre os seus amigos, mas também tinha muito prestígio entre os reis babilônicos. Em sua mocidade demonstrou fidelidade inigualável ao Senhor. Quando lhe foi servido a comida da mesa do rei Nabucodonosor, Daniel preferiu jejuar com alimentos vegetarianos para manter sua pureza, ao invés de se deleitar com os manjares do rei. Sua lealdade ao Deus de Israel sobressaiu-se ao medo de sofrer uma retaliação por parte do rei Nabucodonosor por ter se negado a comer do banquete real (Dn 1.8). A atitude do jovem Daniel lhe garantiu a posição de governador.

No livro de Reis lemos sobre uma menina que a Bíblia não cita nem o seu nome, mas que foi a voz de Deus em uma terra estranha para mudar a história de um general sírio (2Rs 5.1-4). Essa jovem foi tirada do seio de sua família e amigos, tinha motivos para ser revoltada e frustrada com a situação em que se encontrava. No entanto, a história afirma que ela carregava consigo uma palavra de esperança e diante da primeira oportunidade influenciou positivamente o ambiente em que estava.

Talvez você não tenha a oportunidade no dia de hoje de influenciar grandes líderes, mas o seu exemplo de fidelidade ao Senhor pode impactar o ambiente em que você faz parte. Lembre-se de que você foi chamado por Deus para ser sal e luz do mundo.

Para refletir:

Em um mundo insípido, tenha uma vida inspiradora e pautada na Palavra de Deus.

POR EVERTON RODRIGUES

DIA 284

UMA MENSAGEM DE SEGURANÇA

"O Senhor é o meu pastor, nada me faltará."
Salmo 23:1

Hoje nossa reflexão é sobre o Salmo 23. Um poema aparentemente simples, mas que fala profundamente ao nosso coração.

Davi, um nobre pastor de ovelhas, comunica como Deus tem imenso cuidado sobre nós. Ao relatar sua experiência como cuidador de ovelhas, Davi nos mostra como Deus é o nosso Protetor..

O poema traz o tratamento individual de Deus para conosco: Ele é Meu pastor. Neste caso, ao invés de Davi empregar a expressão que Deus é um Senhor, Rei ou alguma outra palavra que causasse a impressão de Deus estar tão distante, ele traz um termo que remete à proximidade: pastor.

O pastor era alguém que passava o dia todo com as suas ovelhas e as cuidava, preocupava-se com a segurança delas, alimento e tantos outros itens que faziam parte das necessidades básicas de suas ovelhas. Ele era o guia, o médico veterinário, o provedor.

Você está precisando sentir-se cuidado, protegido e amado hoje?

Cristo é o nosso Pastor e Ele deu a vida por nós. Ele nos chama pelo nosso nome, conhece-nos individualmente (Jo 10:14).

Davi, como pastor, sabia das necessidades das ovelhas, e por ter essa relação de proximidade, identificava os sentimentos ao olhar para cada uma delas. O Pastor Eterno está a todo momento conosco. O Senhor conhece todas as nossas necessidades e Ele está pronto a suprir cada uma delas.

Do que você está sentindo falta?

Talvez você esteja sentindo falta de alguém para conversar, para abraçar ou precise de paz na sua alma. Hoje o Bom Pastor pode ir até você para trazer o que precisar, basta lhe pedir.

Para refletir:

Quando for orar hoje, amanhã e sempre, tenha Deus como alguém próximo a você e que conhece as suas necessidades. Ele é o nosso Pastor.

POR BRUNNA REGINA PICOTE

A MORTE

DIA 285

"...e livrasse todos os que, com medo da morte, estavam por toda a vida sujeitos à servidão." Hebreus 2:15

A humanidade realizou inúmeros feitos extraordinários ao longo dos séculos. Dividimos átomos, escalamos o monte Everest e cruzamos os limites do nosso próprio planeta. Algumas coisas que foram realizadas eram consideravam impossíveis pelas gerações anteriores. No entanto, há um problema para o qual mesmo as mentes mais brilhantes não conseguem encontrar uma solução hoje: a morte. Não importa como usemos o tempo que nos é dado, fatalmente, nossa vida chegará ao fim. Às vezes, esse fato é eclipsado pelas distrações de nosso tempo, mas isso não o torna menos verdadeiro. O fato de que a morte muitas vezes atinge a maioria das pessoas inesperadamente as assusta e, às vezes, chega a tirar a alegria da vida. Mas é ainda mais assustador quando não sabemos o que acontecerá depois que morrermos.

Deus permitiu que Seu filho Jesus Cristo viesse à Terra para morrer na cruz por nossos pecados. Todos os que ali estavam presentes achavam que a morte também o havia vencido. Mas, aquelas pessoas estavam erradas. Depois de três dias, Jesus ressuscitou dos mortos. Ao fazer isso, Ele provou que a morte é vencida. Agora Jesus quer não apenas tirar o medo da morte de quem acredita nele, mas também dar-lhes a certeza de que quando morrermos, estaremos com Ele no céu para sempre. Com esta firme confiança pode-se viver feliz e morrer em paz, sabendo que uma vida gloriosa ao lado de Deus nos aguarda.

Para refletir:

Não se deixe guiar pelo medo da morte, mas pela esperança da vida eterna que Deus quer dar a você!

POR EVERTON RODRIGUES

DIA 286 — JESUS, UM HOMEM DE ORAÇÃO

"E, levantando-se de manhã muito cedo, estando ainda escuro, saiu, e foi para um lugar deserto, e ali orava." Marcos 1:35

Já li sobre os heróis da fé e tantas outras biografias de homens que passavam horas e horas em oração. Já busquei referência em vários desses homens, inclusive até em pessoas que não são cristãos evangélicos que tinham uma vida de disciplina exemplar, acordavam cedo e agradeciam a Deus.

Mas sem dúvida, nossa maior referência é, e deve sempre ser Jesus. Sendo Ele o Cristo, o Filho do Deus vivo, jamais negligenciou Seu papel na oração. Ele tinha prazer em orar e investia muitas horas falando com o Pai.

Sem dúvidas, os homens de oração nos inspiram e nos motivam a buscar ao Senhor. Porém devemos entender que todos eles são frutos da oração de Jesus. Como Cristo, eles permaneciam no lugar secreto, orando incessantemente, fazendo desse momento o primeiro e mais importante do dia.

Os discípulos conviveram com Jesus e presenciaram Cristo se derramar várias vezes em oração. Talvez esse fato lhes tenha permitido que avaliassem a sua própria vida de devoção, a ponto de um dia pedir ao Senhor: Ensina-nos a orar!

Que esse também possa ser o nosso desejo: orar incessantemente. Assim como Cristo orava.

Para refletir:

Você está satisfeito com a sua vida de oração?

POR JADER GALHARDO DIAS

ADORAÇÃO

DIA 287

"Porque o Pai procura a tais que assim o adorem."
João 4:23

Em seu livro Face a Face com Deus, (Publicações Pão Diário, 2016) Jaime Fernández Garrido diz: "Posso conhecer o que significa adorar ao Senhor somente quando meu coração estiver apegado ao Seu coração: quando eu amar o que Ele ama, pensar como Ele pensa, e todo meu ser estiver totalmente fundido no ser de Deus."

Para que isso seja realidade é extremamente necessário que todo aquele que serve a Cristo e busca uma vida de intimidade com Deus procure observar todos os aspectos de sua vida, por menores que sejam, e que busque agradar ao Senhor nas mínimas coisas.

Muitas vezes pensamos que a adoração é aquele momento repentino de choro e expressões de louvor durante o culto, esquecendo-nos das atitudes que entristeceram a Deus durante a semana. No entanto, o culto do final de semana é apenas o resultado de vários cultos que prestamos ao Senhor durante os dias que antecedem o domingo.

O culto racional começa quando enfrento situações em que preciso escolher entre fazer o que quero ou obedecer ao Senhor. Cada decisão que tomo com o objetivo de agradar ao Senhor é como um sacrifício de adoração aos Seus olhos.

Adorar a Deus é buscá-lo em todas as situações; é reconhecer quem é o Senhor na minha vida e deixar que Ele reine e tome o Seu lugar no trono do meu coração.

A vida inteiramente ligada a Deus produz a verdadeira adoração. Esse viver expressa-se pelo relacionamento de íntima comunhão com Ele e pela sintonia total com a Sua Palavra, lembrando que a essência da adoração é o próprio Deus.

Adoração é um estilo de vida e nele é exigido um alto comprometimento com Deus e Sua Palavra.

Para refletir:

Somos capazes de tocar o coração de Deus com a nossa adoração?

POR JULIANA ANTUNES VALENTIM

DIA 288

EM BUSCA DE CONSTANTE CRESCIMENTO

"Mas a vereda dos justos é como a luz da aurora, que vai brilhando mais e mais até ser dia perfeito." Provérbios 4:18

A ausência de conhecimento bíblico sobre a salvação e do processo de transformação pode gerar a impressão de que, após entregar-se à Cristo e reconhecê-lo como Salvador não haverá mais nada a ser feito, a obra já está completa e um novo ser está pronto. Tal pensamento é um descaminho para o progresso e maturação do novo integrante do Corpo de Cristo, pois elimina a responsabilidade de uma busca constante pela transformação.

A Bíblia Sagrada apresenta algumas metáforas para facilitar a compreensão deste processo de reconstrução do indivíduo após a sua conversão. Entre eles, destaca-se a escrita do apóstolo Paulo em sua primeira missiva à Igreja de Cristo em Corinto. Ele registra a impossibilidade de lhes dar alimento sólido, pois eles ainda eram crianças em Cristo (1Co 3:1). O texto nos mostra que mesmo numa igreja repleta de dons espirituais ainda era possível identificar a imaturidade, ou seja, independentemente do que eles haviam experimentado era necessário a busca pelo aprimoramento.

Portanto, após o novo nascimento surgirá uma nova vida e como toda vida ela precisará se desenvolver. É dever de todo cristão olhar para si diariamente e identificar o seu progresso que deve ser medido não por suas experiências, mas pela semelhança ao caráter de Cristo. Essa semelhança ocorre por meio da prática da oração, leitura bíblica e submissão à vontade de Deus.

À medida que vamos amadurecendo em nossa fé, a luz de Cristo vai se tornando cada vez mais intensa e o testemunho de vida em Cristo vai sendo manifestado ao mundo.

Para refletir:

Você está disposto a deixar que a luz de Cristo brilhe ainda mais em sua vida?

POR ANDRÉ SANTOS

VIDA E MORTE ESTÃO SOB SEU DOMÍNIO!

DIA 289

"E, tendo dito isso, clamou com grande voz: Lázaro, vem para fora!" João 11.43

A morte sempre foi um tema delicado para muitas pessoas, pois ninguém está acostumado com a ideia de que tudo se acaba. Quando observo a narrativa sobre Lázaro, vem-me à memória a experiência que tive, a qual a ciência a chama de experiência quase morte.

Meu filho André tinha 3 anos quando o Senhor falou claramente comigo: "Estarei te levando desta terra!". Segurei essa informação por duas semanas e quando resolvi me abrir com a minha esposa Rosemari, de pronto, ela me respondeu em lágrimas: "o Senhor me falou isso também há duas semanas". Sentamos e choramos a dor de nossa separação terrena.

Uma semana se passou, era um domingo à tarde, no verão de 2007, e assim que me deitei na cama, surgiu uma luz à semelhança de raios solares que aparecem por trás de nuvens carregadas. Essa luz desenhou o meu corpo, senti uma forte dor no peito e eu, mesmo acordado, não via mais o que ocorria a minha volta. Por mais que minha esposa me chamasse, eu já não estava mais presente.

Fui subindo e vi uma dimensão que não sei explicar. Porém o sentimento de paz e dever cumprido eram inexplicáveis. Eu pensava: *a conversão a Cristo foi a minha melhor escolha*. Foi neste momento que o desejado da minha alma apareceu diante de mim, Jesus Cristo, eu sabia que era Ele. Mas por algum motivo eu não olhava para o Seu rosto.

Jesus me mostrou minha esposa e meu filho de mãos dadas chorando e olhando para meu caixão. Ao me deparar com esta cena eu clamei: "Senhor! Eu quero ver o meu menino crescer!". Ao pronunciar estas palavras a luz desapareceu e, também Sua presença gloriosa, a dor de me separar da minha família, tudo desapareceu e retornei ao meu corpo. Prossigo crendo que Ele virá novamente, para em definitivo, buscar-me de forma individual ou pelo arrebatamento da Igreja!

Para refletir:

"Bem-aventurados aqueles servos, os quais, quando o Senhor vier, achar vigiando! Em verdade vos digo que se cingirá, e os fará assentar à mesa e, chegando-se, os servirá." (Lucas 12.37)

POR IVAN LUIZ ROSA

DIA 290

SIGA O SEU CORAÇÃO

"Enganoso é o coração, mais do que todas as coisas, e perverso; quem o conhecerá?" Jeremias 17:9

Enganador? O nosso coração deve ser mau? Podemos ouvir muito sobre o nosso coração em nossa vida cotidiana, mas, certamente, não que não possamos confiar nele. Muito ao contrário! "Siga seu coração!", diz em muitas camisetas, canecas, cartões e em inúmeras canções e poemas. Esse ditado tornou-se tão popular nos últimos anos que agora o encontramos quase todos os dias. O princípio subjacente parece estar se espalhando cada vez mais em nossa sociedade: ouça o que você gosta. Faça o que você quiser. Ame quem ou o que você quer. Mas isso é realmente uma base confiável sobre a qual podemos construir toda a nossa vida?

A Bíblia nos diz o contrário disso, que não podemos confiar em nós mesmos. Lemos em Provérbios 3:5: "Confia no Senhor de todo o teu coração, e não te estribes no teu próprio entendimento". Podemos fazer isso de maneira muito prática, não deixando nossos desejos e vontades nos guiarem, mas alinhando a nossa vida com a Palavra de Deus, ou seja, a Bíblia.

Podemos acabar em um beco sem saída se seguirmos os desejos do nosso coração, e muitas pessoas já tiveram essa amarga experiência. O único que sempre nos acompanha e sabe o que realmente é melhor para nós é Deus, quem nos fez. Ele é tudo menos enganador: podemos confiar nele completamente em todos os momentos. Lembre-se de que em qualquer dispositivo é o fabricante quem sabe melhor como ele funciona.

Para refletir:

Em quem você confia? Se você não conhece a Deus, busque honestamente ouvir um conselho vindo dele. Ele certamente ouvirá você.

POR EVERTON RODRIGUES

QUANDO JESUS VEM?

DIA 291

"Mas, à quarta vigília da noite, dirigiu-se Jesus para eles, andando por cima do mar." Mateus 14:25

Quanto tempo dura uma dificuldade? Não sabemos responder. As vezes elas são passageiras, mas as vezes parece que elas vêm para ficar, porque nunca acabam.

Jesus havia pedido aos Seus discípulos que "entrassem no barco e fossem adiante" (Mt 14:22), para o outro lado, uma ordem simples, mas que veio acompanhada de uma grande tempestade.

As ondas açoitavam o barco, muito vento contrário. Os discípulos, que eram pescadores experientes, utilizavam tudo o que tinham aprendido para tentar se manterem firmes em meio ao vendaval.

E onde está Jesus? Longe, porém orando!

As vezes quando enfrentamos uma tempestade em nossa vida, também sentimos que Jesus parece estar bem distante. Quem sabe até reclamamos dessa distância, mas mesmo que o sintamos longe, Ele está intercedendo por nós.

Jesus aparece e dirige-se aos discípulos na quarta vigília da noite, isso quer dizer que era alta madrugada, uma vez que eles tinham saído no início daquela noite.

E é exatamente assim que Deus age, no momento mais escuro da madrugada, quando as esperanças quase estão acabando, quando utilizamos todos os nossos recursos e forças, Ele intervém.

Deus vai além do nosso limite, onde nós não conseguimos mais alcançar — Ele alcança. Tenha certeza de que independentemente do tamanho da tempestade que você estiver enfrentando, uma coisa é certa, Cristo irá em sua direção para o auxiliar.

Para refletir:

No meio da tempestade, você consegue perceber que Cristo vai em sua direção?

POR JADER GALHARDO

DIA 292

O VÍRUS CHAMADO PECADO

"Pelo que, como por um homem entrou o pecado no mundo, e pelo pecado, a morte, assim também a morte passou a todos os homens, por isso que todos pecaram." Romanos 5:12

No final de 2019, o coronavírus SARS-CoV-2 ganhou fama: na província chinesa de Wuhan, as pessoas adoeceram ao adquirir o COVID-19, a "doença do coronavírus". Embora este vírus tenha apenas um máximo de 160 nanômetros de tamanho (1 nanômetro é um bilionésimo de um metro), seus efeitos foram sentidos em todo o mundo. Como resultado da rede global de rotas de viagem e distribuição, o vírus se espalhou rapidamente por muitos países e continentes.

A pandemia estava aqui!

Proibições de entrada e saída foram impostas em todo o mundo e as rotas de transporte foram interrompidas. Os gargalos de entrega surgiram rapidamente, especialmente para produtos médicos importantes. A vida social foi massivamente restringida por proibições de contato etc. Por um lado, o vírus expôs a vulnerabilidade de uma economia globalizada, mas infelizmente, o coronavírus ceifou muitas vidas! Transformou-se num problema político também.

A pandemia de COVID 19 me lembrou de outra epidemia muito mais perigosa, muito mais difundida e com uma taxa de mortalidade muito maior: o pecado. O versículo do dia deixa claro que esse "vírus" não afeta apenas algumas pessoas, mas a todos no mundo. E o resultado do pecado é 100% morte. Mas enquanto a busca ainda continua por uma droga que elimine totalmente o coronavírus da Terra, o antídoto para as consequências do vírus do pecado foi encontrado há muito tempo: o sangue que Jesus Cristo derramou na cruz por uma humanidade pecadora neutraliza com muita eficácia as consequências do vírus "pecado" e garante a vida eterna a quem o recebe como Salvador pessoal.

Para refletir:

Aceite o sangue de Jesus como o antídoto eficaz contra os males do pecado.

POR EVERTON RODRIGUES

QUAL É A TEMPERATURA DO SEU CORAÇÃO?

DIA 293

"E, por se multiplicar a iniquidade, o amor de muitos se esfriará." Mateus 24:12

Há termômetros de todos os tipos. Quem diria que haveria um grande investimento em modernização de termômetros? Quando eu era criança só existia um tipo de termômetro para aferir a temperatura corporal, um aparelho simples de vidro e cheio de mercúrio. Recentemente, deparei-me com um termômetro que não precisa nem tocar na pessoa, simplesmente basta apontar para o paciente e em fração de segundos ele já indica qual é a sua temperatura corporal. Com o nosso Deus não é diferente, ele olha para nós e vê ou, melhor, avalia qual é a temperatura do nosso coração para as coisas do Senhor.

Como anda o nosso coração, está quente ou frio para o Senhor? Jesus falou para os Seus discípulos que nos últimos tempos o amor de muitos se esfriaria. Quando leio os jornais posso ver essa palavra se cumprindo na vida de muitos. A ilegalidade tem se alastrado em todo o mundo, portanto, vejamos o que o profeta Isaias escreveu: "Ai dos que ao mal chamam bem e ao bem, mal! Que fazem da escuridade luz, e da luz, escuridade, e fazem do amargo doce, e do doce, amargo!" Isaías 5:20.

Mas Jesus deu a boa notícia, que aqueles que perseverarem até o fim, alcançarão a salvação. Os que mantiverem os seus corações inflamados e aquecidos pela Palavra de Deus, certamente gozarão da graça eterna ao lado do Senhor.

Quem sabe hoje você se encontre desanimado por tantos percalços da vida, mas posso lhe afirmar que as lutas, os medos e as desilusões são normais. Encorajo você para, neste momento, orar ao Senhor e aquecer novamente o seu coração com a esperança viva de que Deus tem um lugar de descanso e repouso para os que perseverarem até o fim.

Para refletir:

Os que mantiverem os seu coração inflamado e aquecido pela Palavra de Deus certamente gozarão da graça eterna ao lado do Senhor.

POR EVERTON RODRIGUES

DIA 294
ESTAMOS NO MUNDO, MAS NÃO SOMOS DESTE MUNDO!

> "Dei-lhes a tua palavra, e o mundo os odiou, porque não são do mundo, assim como eu não sou do mundo." João 17:14

Vi uma cena que chamou demais a minha atenção durante um período no qual cooperamos louvando e dirigindo uma congregação na Ilha do Teixeira, em Paranaguá, estado do Paraná. Esse fato ocorreu durante os anos de 1995 a 2002. Participávamos de um grupo vocal cujo objetivo final era a evangelização. O agitar das ondas, o vento nos cabelos e o som do mar criavam um momento para reflexão. A travessia até o continente próximo ou a ilha onde iríamos servir ao Senhor durava aproximadamente uma hora. Era um tempo de reflexão sobre muita coisa. Navios, pequenas embarcações e botos davam uma beleza diferenciada à paisagem deslumbrante.

Ao passarmos próximo aos barrancos de areia — conhecidos como baixios, contemplei uma cena inusitada. Uma ave que estava comendo mariscos e pequenos peixes nas poças provocadas pela maré baixa, apesar de caminhar naquele ambiente lamacento, não se sujava. Depois descobri que era uma *Ardea alba*; a Garça-branca-grande. As penas dessa ave possuem uma alvura sacra. A garça permanece sempre bem limpa, pois suas penas possuem uma textura que impede que a sujeira se grude na sua superfície.

Nós trabalhamos, estudamos, temos contato com tanta gente e estamos presentes nos mais diversos ambientes da sociedade, mas jamais devemos nos esquecer: estamos no mundo, mas não somos deste mundo (João 17.14).

Para refletir:
Como Igreja de Cristo, estamos no mundo, mas não pertencemos a ele.

POR ADRIANO FERNANDES

RENOVANDO A NOSSA MENTE

DIA 295

"E não vos conformeis com este século, mas transformai-vos pela renovação da vossa mente..." Romanos 12:2 (ARA)

A renovação é um processo que tem por objetivo tornar algo velho em novo, restaurar o que foi rompido. Desta forma, quando a Bíblia nos ordena a "renovar a mente" temos que romper com os padrões que agradam a carne e nos conectarmos com Deus. O Senhor nosso Deus tem um plano melhor que: "Nem olhos viram, nem ouvidos ouviram, nem jamais penetrou em coração humano o que Deus tem preparado para aqueles que o amam" (1Co 2:9 ARA).

Quando buscamos a renovação entramos em um longo e árduo processo e somos submetidos a mudanças constantes, e por natureza, não gostamos disso. Uma das coisas que devemos abandonar é o pecado e seus padrões de ação e adotar as virtudes de um verdadeiro cristão. Em Gálatas 5 está a descrição sobre como vivemos em uma constante guerra entre a carne e o espírito, mas nos mostra que para alcançar a verdadeira mente cristã devemos nos aperfeiçoar em Deus.

Uma das consequências desse processo é a necessidade de reconhecer o erro e abandonar os velhos hábitos. Nesse quesito, Adão e Eva nos demonstram que quando somos confrontados, tendemos a transferir a nossa culpa ao outro e queremos nos esconder da presença de Deus (Gn 3:1-10).

Ao renovar a nossa mente somos confrontados com os nossos erros; no entanto, a Palavra de Deus nos ensina que nenhuma condenação há para os que estão em Cristo Jesus (Rm 8:1). Deus sabe de nossas fraquezas e nos diz que é para não pecarmos, mas se pecarmos temos que ter em mente que Jesus é o nosso fiel Advogado e o Eterno está pronto para nos perdoar!

Para refletir:

A renovação é um processo difícil. Devemos perseverar firmes e nunca desistir, tendo a certeza de que desfrutaremos da boa, agradável e perfeita vontade de Deus.

POR CHRISTIAN JOHN SILVEIRA DE CHAVES

DIA 296
DEUS QUER O SEU CORAÇÃO!

*"Entrega o teu caminho ao S*ENHOR*; confia nele, e ele tudo fará."* Salmo 37:5

Quem nunca ouviu esta frase? Apesar de ela não estar errada, muitas vezes é mal-entendida.

Vamos lá: Nossas ações são fruto de um padrão do pensamento que carregamos, e nosso padrão de pensamentos é fruto das nossas emoções. É claro que, o nosso lado racional e emocional, estão no cérebro, não no meio do nosso peito. No entanto, o coração, culturalmente, sempre esteve ligado aos nossos sentimentos.

Logo, ele domina as nossas emoções, define nosso padrão de pensamento, e consequentemente, nossas ações.

A frase "Deus quer o seu coração" muitas vezes é entendida como "Deus quer *apenas* o seu coração". Parece que Deus quer um *like*, um joinha, uma ida à Igreja para dizer: "ok, Deus, eu estou aqui, agora me deixe viver a semana do meu jeito". Do coração procedem as saídas da vida! Por isso, quando alguém diz que "Deus quer o seu coração", não está falando sobre uma aprovação interna acerca da figura de Deus, mas de um governo completo que Ele deseja ter sobre os nossos sentimentos, e consequentemente, estabelecer um padrão de pensamentos e ações. Deus não quer muito de nós, *ele quer tudo*!

Quando entregamos algo a Deus, estamos dando um *upgrade*, ou uma atualização naquilo que entregamos. Sei que muitas vezes dividimos a nossa vida em áreas (emocional, financeira, familiar, espiritual etc.) e dedicamos a Deus apenas a área "espiritual". Mas precisamos entender que Deus quer o nosso coração, com o objetivo de obter influência total sobre a nossa vida! Todas as áreas da nossa vida são espirituais, todas elas são parte do nosso altar, no qual cultuamos a Deus com a nossa submissão e entrega, em ações; decisões; padrões de pensamentos e sentimentos.

Para refletir:

Já não é mais tempo de viver pela metade!

POR DANILO UCHOA

INTIMIDADE, UMA VIDA DE COMUNHÃO COM DEUS

DIA 297

"Abraão creu em Deus, e isso lhe foi imputado para justiça; e: Foi chamado amigo de Deus." Tiago 2:23

A magnitude da fé de Abraão pode ser vista por toda a sua história. Na Palavra de Deus, nós temos o contexto no qual o Senhor faz uma promessa e dirige Abraão por um longo caminho até que chegue o dia em que o Eterno cumpriu todas as Suas promessas. Nesse caminho houve muitas provas de fé e isso forjou a intimidade e a comunhão de Abraão com Deus(12:1-20).

A Bíblia ensina que sem fé é impossível agradar a Deus (Hb 11:6), além disso, Jesus disse que somente seremos amigos dele se fizermos o que Ele nos manda (Jo 15:14). Portanto, para termos intimidade com Deus não bastam os breves momentos de comunhão, nós precisamos andar com Deus em todo momento e viver com Ele e para Ele.

"Ora, a fé é o firme fundamento das coisas que se esperam *e* a prova das coisas que se não veem" (Hb 11:6), sendo assim devemos praticar a nossa convicção de fé sempre que nos encontrarmos em situações adversas. E quando nos perguntarem: E agora o que vai fazer? Teremos a convicção em dizer: "o meu Deus já está tomando conta de tudo e tudo já está resolvido!".

A fé é o motor que move a vida dos cristãos e sempre que a exercitamos ganhamos a aprovação de Deus, pois além de ser o Criador ele também é o nosso Pai. Deus diz que "Se, vós, pois, sendo maus, sabeis dar boas coisas aos vossos filhos, quanto mais vosso Pai, que está nos céus, dará bens aos que lhe pedirem" (Mt 7:11).

Se nós sendo humanos e maus sabemos fazer coisas boas aos nossos filhos, quanto mais o nosso Pai celestial sabe nos recompensar com as coisas que são perfeitas!

Para refletir:

A fé gera intimidade, que por sua vez nos faz ser chamados amigos de Deus.

POR CHRISTIAN JOHN SILVEIRA DE CHAVES

DIA 298
HUMILDADE NO SERVIR

"De sorte que haja em vós o mesmo sentimento que houve também em Cristo Jesus..." Filipenses 2.5-8

A carta aos Filipenses é muito bela e pode-se perceber ternura e gratidão pelos destinatários. Ela também apresenta um diário das próprias experiências de Paulo e sua alegria triunfante, mesmo diante das muitas adversidades. A passagem compreendida no capítulo 2, entre os versos 6 a 11, é um hino cristão que Paulo usou para ilustrar os seus ensinamentos:. A missão de Cristo foi feita sem que Ele procurasse honra, o Cristo encarnado viveu como servo; o servo sofredor apresentado pelo profeta Isaías.

O hino apresenta a teologia cristã básica, e esta é a realidade que deve estar gravada diariamente em nossos olhos: seguir o exemplo de Cristo que rumou para a glória pelo caminho do amor, com humildade, serviço e obediência. E Jesus ao trilhar esse caminho nos desafia a seguir o Seu exemplo e ter o mesmo sentimento, negando-nos a nós mesmos, tomando dia após dia a nossa cruz e o seguindo, fazendo tudo sempre com amor! (Lc 9.23).

A palavra grega traduzida por humildade, *tapeinoó*, sugere um profundo senso de submissão. Devemos obedecer diariamente a Deus, sem reservas, sem medir esforços para cumprir a vontade divina! Como muitas vezes é desafiador pensar na comunidade, como é complicado deixar de lado a nossa força e acreditar fielmente nas promessas do Senhor! Então lembramo-nos de que o evangelho não nos traz conforto, mas nos confronta para uma transformação de vida! Assim nos tornamos grandes quando servimos de coração e nos mantemos humildes, sabendo que tudo é pela graça; podemos vislumbrar o reino que nos espera!

"Pelo que também Deus o exaltou soberanamente e lhe deu um nome que é sobre todo o nome, para que ao nome de Jesus se dobre todo joelho dos que estão nos céus, e na terra, e debaixo da terra, e toda língua confesse que Jesus Cristo é o Senhor, para glória de Deus Pai" (Fp 2.9-11).

Para refletir:

Sirva com alegria, amor e humildade no dia de hoje e faça diferença nesse mundo!

POR MARCELO PEREIRA DA SILVA

ADORAÇÃO COMO CHAVE DA VITÓRIA

DIA 299

"Os que confiam no SENHOR serão como o monte Sião, que não se abala, mas permanece para sempre." Salmo 125:1

A nossa vida é um constante enfrentamento de desafios e lutas, e nossa história é o resumo das vitórias e derrotas de nosso dia a dia. Entretanto, sendo cristão, como podemos ter uma vida plena de vitórias e como podemos garantir que seremos ouvidos por Deus em nossas aflições?

Na visão humana, somos levados pelas circunstâncias e tendemos a nos desesperar com situações de alta complexidade. Neste sentido, a Bíblia nos relata a história de um rei chamado Josafá que viu sua nação cercada por um grande exército de inimigos e diante da sensação de medo convocou a nação para orar e jejuar e buscar a face do Senhor. Pediram a Deus que lhes entregasse a vitória, e após grande clamor da nação, Deus ordenou que o rei apenas confiasse, pois, a sua vitória já estava garantida. O rei Josafá foi até o campo de batalha e lá localizou o exército inimigo derrotado e por três dias carregaram riquezas para o seu reino, e em todo momento, eles adoravam ao Senhor (2Cr 20:1-26).

O segredo da vitória do rei Josafá não estava em seu poder militar, mas na sua confiança em Deus. Dessa mesma maneira o cristão deve fazer a sua jornada de fé e adoração, pois o louvor abre portas de prisões, estremece os grilhões e liberta os cativos. Entregamos todo o nosso louvor e adoração Àquele que é Deus Todo-Poderoso, nosso Pai e Criador! (At 16:25-40).

Para refletir:

A vida de adoração e de confiança significa muito mais do que ter algum cargo ministerial ou chamado divino, é uma escolha e baseia-se na renúncia.

POR CHRISTIAN JOHN SILVEIRA DE CHAVES

DIA 300

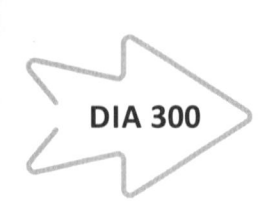

O PECADO E A RESTAURAÇÃO EM DEUS

"Portanto, agora, nenhuma condenação há para os que estão em Cristo Jesus..." Romanos 8:1

A Bíblia relata que o diabo é o tentador e que Cristo foi tentado, mas sendo incorruptível Jesus venceu a tentação e derrotou satanás. Apesar de sabermos plenamente que o pecado gera a separação entre o homem e Deus, muitas vezes somos levados ao erro e pecamos contra o nosso Pai celestial.

Jesus falou sobre um jovem que certo dia chega ao seu pai e lhe pede sua parte da herança, e ao recebê-la, ele vai para o mundo e gasta tudo o quanto tem em festas e prazeres. Vendo sua vida desmoronar, quando o jovem cai em si, ele está trabalhando com uma criação de porcos e chega a desejar as bolotas que os animais comiam. Este jovem saiu da sua casa como filho e agora estava sendo humilhado, tratado como escravo e não via solução para sua vida, a não ser retornar para sua casa como um servo para conseguir sobreviver e sair daquele caos.

O pecado rouba a nossa identidade, apaga a nossa perspectiva de vida e derruba os nossos sonhos, humilha-nos transformando príncipes em escravos de suas próprias escolhas. Geralmente nessas situações nos encontramos desesperados, sem qualquer perspectiva de restauração e de reencontro com o Pai.

Deus nos ama e tem uma nova vida para aqueles que o buscam, pois a Bíblia afirma que apesar de tudo nada pode nos separar do amor de Deus, o pecado pode até tentar roubar a nossa identidade, mas Deus nunca se esquece de seu filho e tem uma nova história para quem se perdeu no erro e no pecado! (Rm 8:35-39).

O filho pródigo retornou para sua casa, ganhou uma nova chance e sua vida foi restaurada, Deus nos ama e provou isto ao nos enviar Seu único filho para morrer por nossos pecados.

Para refletir:

Jesus é o plano perfeito para a nossa vida; no entanto, é preciso confessarmos a Deus os nossos pecados e teremos nova história!

POR CHRISTIAN JOHN SILVEIRA DE CHAVES

DEUS TEM PLANOS PARA NÓS

DIA 301

"Porque eu bem sei os pensamentos que penso de vós, diz o SENHOR; pensamentos de paz e não de mal, para vos dar o fim que esperais." Jeremias 29.11

Ouvimos repetidamente, que o Senhor tem um bom plano para nós. Somos instruídos a procurá-lo e abraçá-lo, acolhendo o Seu plano. Somos informados que Ele é a chave para o nosso futuro. Mas que vontade é essa? Que propósito é esse que Ele tem para nós? E será que estou cumprindo a Sua vontade?

Muitas pessoas têm se despertado com o desejo e a disposição de honrar a Deus, permanecer no caminho que Ele preparou para a nossa vida e de cumprir a vontade do Pai. Muitos buscam entender a vontade de Deus e como fazer para encontrá-la. Por isso, devemos lembrar uma verdade importante: nosso Deus nos criou para que cumpramos a Sua vontade. E Ele não nos criou para vivermos uma vida sem esperança e sem propósito.

Deus fez planos para você e para mim. Acredite, Ele escolheu o melhor para todos nós. Embora essa caminhada de buscar e viver a vontade de Deus às vezes não seja fácil, sempre valerá a pena.

Ouça a voz de Deus e siga a vontade dele em sua vida, você vai obter o melhor que Deus tem para você. É simples assim! Você sentirá a maior alegria e imensa satisfação jamais imaginada, porque você viverá o propósito para o qual foi criado.

Para refletir:

Você está pronto para aprender mais sobre a vontade de Deus e a seguir o grande plano dele para a sua vida? Vamos começar?

POR JUCYELI LINDSE PORTO RODRIGUES

DIA 302

COMPREENDENDO OS PLANOS DE DEUS

"...não andeis cuidadosos quanto à vossa vida, pelo que haveis de comer ou pelo que haveis de beber; nem quanto ao vosso corpo, pelo que haveis de vestir..." Mateus 6:25

A nossa vida é um conjunto de sonhos, desejos e vontades, mas, em meio ao aparente caos, Deus sempre tem um plano perfeito para a nossa vida e necessitamos entender quais são Seus planos e como devemos agir para que as Suas bênçãos nos alcancem.

Na visão humana, somos levados pela ansiedade e o desejo de criar atalhos para alcançar nossos objetivos, mas em vez de ganhar tempo, estas atitudes nos afastam da vontade de Deus. Nosso Pai não quer que entremos em desespero, mas quer que ao ouvirmos a Sua voz adotemos uma postura de fé.

Quando Deus chamou Abraão deu-lhe ordens que seriam condições para que as promessas de Deus se cumprissem na vida dele. Ao ouvir a voz de Deus, de modo imediato, ele deveria sair do seu lugar de estabilidade e ir para a uma terra que ainda seria revelada. Isso significa que Abrão teve que sair de sua zona de conforto, ir rumo ao desconhecido, para que no caminho Deus revelasse e cumprisse Sua promessa.

Deus nos ama e tem um plano perfeito para a nossa vida, e apesar de todas as dificuldades devemos permanecer firmes na fé, confiando no tempo e no propósito do Senhor para que possamos desfrutar da boa, perfeita e agradável vontade de Deus. A Bíblia declara que: "Deus é poderoso para fazer tudo muito mais abundantemente além daquilo que pedimos ou pensamos!" (Ef 3:20).

Para refletir:

Deus tem um plano para a nossa vida é infinitamente maior do que o nosso.

POR CHRISTIAN JOHN SILVEIRA DE CHAVES

CONFIE EM MIM!

DIA 303

"E sonhou ainda outro sonho, e o contou a seus irmãos, e disse: Eis que ainda sonhei um sonho." Gênesis 37:9

Lembro-me de uma narrativa bíblica que evidencia um homem chamado José. A maior vontade desse jovem era ficar junto ao seu pai, servindo com todo seu amor e dedicação à sua casa. Porém José teve um sonho que expressava a vontade e o propósito de Deus para a vida dele. Fico pensando, quantas vezes em nossos dias temos a orientação divina sobre os propósitos de Deus em nossa vida, e, no entanto, não temos a diligencia necessária para tomar decisões coerentes com a intenção do projeto de Deus.

José passou 13 anos afastado de suas próprias vontades e em nenhum momento murmurou da situação que viveu. Ao contrário, ele pautou a sua vida em princípios nos quais suas convicções e lealdade a Deus o levaram a acreditar que todo sofrimento teria sua recompensa. Cada atitude que ele tomou mudava a situação do seu cárcere e o aproximava dos seus sonhos. Lendo a história de José aprendo que a chave para a realização dos sonhos dele foi a confiança que ele depositou em Deus.

O que Deus espera de nós? Que confiemos em Seus planos, que nos entreguemos por completo a Ele, sem reservas. Por mais que possa parecer que as coisas estão indo ao contrário do que você sonhou, continue fazendo a vontade do Pai — , confie em Deus! Ouça o conselho do salmista: "Entrega o teu caminho ao Senhor; confia nele, e ele tudo fará" (Sl 37:5).

Lembre-se de que o seu sonho é o anestésico para as situações adversas da vida, pois servimos e vivemos por um propósito único e maior que vai além do nosso entendimento.

Para refletir:

Ore para que o Espírito Santo o ajude a confiar e entender os planos Deus em sua vida, assim como o Senhor fez com José.

POR LUIZ GUILHERME BASTOS

DIA 304 — UM SISTEMA DE NAVEGAÇÃO QUE NÃO FALHA

"Dirige os meus passos nos teus caminhos, para que as minhas pegadas não vacilem." Salmo 17:5

Hoje em dia existe um aplicativo de celular muito usado pela maioria das pessoas. Você diz a palavra casa e ele rapidamente calcula a rota para a sua casa. Independentemente da sua localização ele é capaz de traçar a melhor rota para o levar até o destino desejado. É extraordinária a sua capacidade, mas para que isso ocorra são necessários alguns requisitos. Eu preciso gravar no sistema o endereço da minha casa, o celular deve estar conectado a uma rede estável, a bateria do aparelho deve ter energia suficiente para direcionar todo o trajeto e durante o percurso estamos sujeitos a enfrentar um engarrafamento ou erro de trajeto.

Por mais que o aplicativo seja avançado em tecnologia, ainda assim, está sujeito a erros em seus comandos, porém com o nosso Deus é diferente, Ele jamais erra. Jesus disse aos Seus discípulos que prepararia um lugar para nós, ou seja, uma nova morada para os seus (João 14:2).

O Senhor conhece o caminho para chegarmos até essa nova morada, Deus não está sujeito a erros de navegação e nem mesmo está passível de lhe faltar energia para nos conduzir até a morada eterna. Ele nos ensina a vencer os obstáculos e nos direciona aos novos caminhos que nos conduzem ao destino certo. E se acaso saímos do caminho, o Senhor é longânimo para recalcular a rota.

Existe algo muito similar entre o aplicativo do celular e o Senhor. Em ambos, nós precisamos ligar a navegação e nos deixar ser conduzidos por ela. Se não nos entregarmos verdadeiramente ao Senhor, Ele não poderá conduzir a nossa vida pelos melhores caminhos que nos levam ao centro da Sua vontade.

Nessa vida podemos trilhar por diversos caminhos, porém somente em Jesus encontraremos a direção certa.

Para refletir:

Peça a Deus que revele a você os caminhos dele e por onde andar.

POR EVERTON RODRIGUES

UM DEUS DE REAÇÃO

DIA 305

"Pedi, e dar-se-vos-á; buscai e encontrareis; batei, e abrir-se-vos-á." Mateus 7:7

Falamos muito sobre a ação de Deus em nossa vida, porém existem momentos em que nada acontece e ficamos aguardando o agir de Deus em nossa vida.

Porém se analisarmos bem, Deus é um Deus de reação e não de ação. À medida que nós tomamos uma ação em direção ao Senhor, Ele reage.

Ele não dá simplesmente para quem não pediu e nem abre para que não bate, é necessário agir.

As vezes ficamos na inércia, sem ação, esperando que as coisas aconteçam ou se resolvam sozinhas, mas precisamos entender que Deus mais reage do que age.

Para quem pede, Ele dá. Para quem bate, Ele abre. Lembremo-nos dessas palavras: "Cheguem perto de Deus, e ele chegará perto de vocês " (Tg 4:7).

À medida que realizamos a ação de ir em direção a Deus, Ele reagirá, vindo em direção a nós.

Então, aja. Tome uma atitude. Vá em direção ao Senhor, busque a Sua presença com intensidade. Sem dúvidas Ele irá em sua direção e agirá a seu favor.

Para refletir:

"Você entende que é necessário colocar a sua fé em ação?"

POR JADER GALHARDO

DIA 306

DEIXE QUE RIAM

"E riam-se dele, sabendo que estava morta."
Lucas 8:53

Você já percebeu que Lucas faz questão de mostrar que riram de Jesus, no episódio da ressurreição da filha de Jairo? Esse é o capítulo que mostra Jesus acalmando uma tempestade, libertando um endemoninhado, curando uma mulher com 12 anos de fluxo de sangue e ressuscitando a filha de Jairo (Lc 8).Então, por que riram dele? Não seria mais fácil confiar ao invés de debochar? É simples:

Quem riu, não conhece o passado! Eles não conhecem a história, não viram os outros milagres!

Quem riu, não conhece o futuro! Não que precisamos saber do amanhã, mas ter uma esperança real de um futuro melhor nos motiva a confiar e não o desprezar.

Quem riu, só viu o presente! Eles riram, porque sabiam que a jovem "estava morta". O excesso de evidências desfavoráveis nos impedem de enxergarmos e acreditarmos no sobrenatural!

Quem ri, despreza a Palavra! Cristo havia afirmado: "não está morta, mas dorme" (Lc 8:52). Essa é a grande marca dos incrédulos, vivem pelo que veem e não pela fé no ouvir!

Entenda algo, os que riram porque sabiam que a menina estava morta, ficaram de queixo caído ao perceberem que não sabiam de nada!

A última palavra, sempre virá de Jesus!

Para refletir:

Você entende que mesmo que debochem da sua fé, tudo ainda está sob o controle de Deus?

POR JADER GALHARDO

LEMBRE-SE DISSO...

DIA 307

"Lembramo-nos, ó Deus, da tua benignidade no meio do teu templo." Salmo 48:9

Aposto que você lembrou de escovar os dentes hoje e que não se esqueceu ou vai se esquecer de almoçar. Nós temos a capacidade de nos lembrar de tudo aquilo que virou hábito e muita facilidade de nos esquecer daquilo que não faz parte da nossa rotina diária.

A benignidade ou o amor de Deus está todos os dias presentes no nosso dia a dia, a todo momento Ele está conosco, afinal Ele é o Emanuel — Deus conosco!

A pergunta é, porque em alguns momentos do nosso dia, por alguma circunstância desfavorável nos sentimos não amados por Deus? Se algo acontece e não nos é favorável ou não nos ajuda, sentimo-nos como desprezados por Deus, pensando: "por que eu?" ou "por que não eu?"

Meu convite é para que você se lembre do amor de Deus durante a sua rotina diária. Na verdade, lembre-se dele a todo momento. Se algo não aconteceu como você queria, é porque Ele o ama, se algo fugiu do seu controle é porque Ele o ama também.

O amor de Deus é para ser lembrado e celebrado.

Para refletir:

Você tem se lembrado do amor de Deus em sua vida?

POR JADER GALHARDO

DIA 308 — VOCÊ PERTENCE A DEUS

> *"Do Senhor é a terra e a sua plenitude, o mundo e aqueles que nele habitam."* Salmo 24:1

Você pertence a Deus, não só você, mas sua família também pertence a Ele.

A dimensão disso vai muito além de apenas pertencer a um Deus, na verdade você pertence Àquele que criou tudo, e como diz o apóstolo Paulo: Ele é Aquele que chamou tudo à existência e é o Criador de todas as coisas.

O problema é que, às vezes, não temos esse sentimento de pertencimento a Deus. Talvez pelo fato de imaginarmos que algo só pertence a alguém quando o indivíduo compra um objeto. Por exemplo, quando você vai a uma livraria, escolhe e compra um livro, ele pertence a você, e é seu.

Pois bem, Cristo o comprou e não foi com ouro ou prata, foi por um bom preço, com seu próprio sangue, que nos limpa do pecado.

Então, você pertence a Deus e isso significa que Ele sabe exatamente o que se passa em seu interior e com a sua família. Acalme o seu coração na certeza de que Ele está cuidando de tudo.

Para refletir:

Você sente que pertence a Deus? Percebe o cuidado do Senhor em tudo na sua vida?

POR JADER GALHARDO

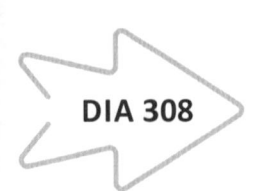

UM CEGO QUE VÊ ALÉM

DIA 309

"E, ouvindo que era Jesus de Nazaré, começou a clamar, e a dizer: Jesus, Filho de Davi, tem misericórdia de mim!" Marcos 10:47

Pode parecer simples a petição do cego para que Cristo tivesse compaixão dele. Mas esse pedido vai além da ânsia por misericórdia ou pela cura. Esse cego, apesar da sua deficiência visual, enxergava melhor do que a maioria das pessoas em volta de Jesus.

Os sacerdotes, fariseus e escribas, ensinavam que o Messias, seria conhecido como Filho de Davi. Lemos em Isaias 42 que o Messias viria para abrir os olhos dos cegos e, esse cego, enxergou isso e por isso exclamou: Jesus, Filho de Davi!

Quando o cego chama Jesus de Filho de Davi, na verdade, ele está dizendo: "Tu és o Messias prometido e eu acredito nisso! O Messias vem para abrir os olhos dos cegos, eis aqui um cego Jesus, tem misericórdia de mim".

Nós precisamos aprender a enxergar além das nossas limitações e a acreditar nas promessas e no poderio do Senhor. Esse cego estava chamando para si uma promessa feita sob Cristo, de que o Messias abriria os olhos dos cegos.

É nesse nível de fé que precisamos chegar. Crer no que a Palavra diz a respeito de Cristo e clamar por misericórdia, crendo que Ele é o Messias.

Para refletir:

Você consegue enxergar além das suas limitações?

POR JADER GALHARDO

DIA 310

TUDO FICA BEM QUANDO TERMINA BEM!

"A quem quer que tiver sede, de graça lhe darei da fonte da água da vida." Apocalipse 21:6

Se você quiser encontrar o versículo do dia de hoje, você tem que folhear sua Bíblia até a penúltima página. Quase chegando à palavra final, encontramos aqui está maravilhosa promessa de Deus, que foi escrita pelo apóstolo João.

A Palavra atemporal e eternamente válida de Deus nos mostra no Livro do Apocalipse que nossa existência humana terrena é apenas limitada. Outra razão pela qual o versículo se encaixa tão bem em nossos assuntos atuais é que mais e mais pessoas estão começando a suspeitar que já podemos estar nas últimas "páginas" de uma longa história em termos de história da humanidade.

Nesse ponto, porém, não temos que sentir um sentimento opressivo de insegurança, pois podemos saber que Deus anunciou há muito tempo que faria tudo novo quando este mundo chegasse ao fim. A injustiça será então substituída pela justiça, a tristeza se transformará em alegria e a paz será feita onde agora reina o ódio. Deus faz tudo novo e tudo bom! Apesar de toda a tristeza e todos os mal-entendidos de hoje, podemos estar felizes, pois um futuro maravilhoso nos espera. E é gratuito e ao seu alcance!

A todos os que têm sede de esperança, realização e sentido, Deus deseja dar a água da vida. As palavras do versículo de hoje deixam isso claro. E esta água é a água da vida eterna. Quem aceita este dom de Deus nunca mais sofrerá de carência e sede de paz, mas encontrará contentamento eterno e ansiará por um futuro maravilhoso com Deus.

Para refletir:
Cristo pagou tudo por nós, para que possamos esperar um grande "final feliz" sem ter que fazer nada por nós mesmos.

POR EVERTON RODRIGUES

A ESPERA

DIA 311

"Esperei com paciência pelo Senhor, e ele se inclinou para mim e ouviu o meu clamor." Salmo 40:1

Esperar por algo nunca é fácil. Se por algum motivo, nessa sua caminhada de espera, você se perdeu, como em Gênesis, no jardim do Éden, onde as duas primeiras pessoas desistiram do prazer da companhia de Deus, trocando-a pelos próprios interesses e pecando. Eles sentiram vergonha diante de Deus e perderam o relacionamento íntimo que tinham com Ele. Digo à você, ainda que por maior que tenha sido o dano causado pela falha de não conseguir esperar, não perca o foco, lembre-se de que você tem um Pai amável, perdoador, que lhe espera de braços abertos. Não desista de caminhar na presença de Deus, ainda que você tenha tropeçado pelo caminho, levante e volte ao início.

Esperar a promessa não é algo fácil. É na espera que Deus lhe prepara e ensina, é na espera que você cresce e amadurece, é na espera que você aprende a confiar e entender que Deus fará além daquilo que você já sonhou ou planejou. A espera é apenas um processo para preparar-lhe para algo que vai além do que sua mente planejou.

"Porque, assim como os céus são mais altos do que a terra, assim são os meus caminhos mais altos do que os vossos caminhos, e os meus pensamentos, mais altos do que os vossos pensamento". Isaías 55:9

Ainda que pareça longe o que o seu coração tem sonhado, creia que no tempo certo, em meio a sua busca e obediência o Senhor seu Deus o honrará, Ele o responderá e lhe concederá muito mais do que você tem pedido e sonhado, confie no Deus que escreve a sua história. Coloque as suas expectativas em quem escreve os seus dias, apenas confie, Ele manda lhe dizer: Confia em mim, és a menina dos meus olhos, Eu te amo, e para você Eu tenho o MELHOR.

"Guarda os meus mandamentos e vive; e a minha lei, como a menina dos teus olhos" (Pv 7:2).

Para refletir:

Compartilhe sobre as suas inquietações com o Senhor hoje e creia que Ele ouvirá o seu clamor.

POR LARIZA SABRINA DOS SANTOS

DIA 312

ENSINA-NOS A CONTAR OS NOSSOS DIAS

"Ensina-nos a contar os nossos dias, de tal maneira que alcancemos coração sábio." Salmo 90.12

Um dia desses antes de dormir veio à minha mente a ideia de que não seremos jovens para sempre. Uma hora esses cabelos vão ficar brancos, os olhos serão adornados por rugas. A mobilidade diminuirá e as dores. Ah, elas vão aparecer!

Enquanto isso não acontece, vocês já tentaram calcular quantos dias vocês viveram? Eu já. Até esse momento em que escrevi isso, eu tenho 8.194 dias de inexperiência.

Quando o salmista diz: "ensina-nos a contar nossos dias" não se refere a mero cálculo matemático, mas à necessidade do auxílio de Deus para conduzir sua vida com sabedoria. Porque de nós mesmos... Bem, somos um poço de pecados e iniquidades. E, mesmo assim, pela graça, Deus nos salva e enche o nosso coração da Sua maravilhosa verdade, dia após dia.

Mesmo tendo vivido centenas (talvez milhares) de dias difíceis entre esses 8.194, hoje eu tenho a convicção de que Deus me amou e guardou desde o ventre da minha mãe. E que cada dia de luta que estive na Sua casa, valeu mais do que mil em qualquer outro lugar.

Quem sabe daqui a 60 anos a gente até se lembre de nossos problemas atuais e pense por que nos preocupamos tanto. Talvez, atrás de toda vista cansada, apenas caia uma lágrima dos nossos olhos, fruto de um coração que depois de tudo só pode dizer: "Glória a Deus".

Para refletir:

"Seca-se a erva, e caem as flores, mas a palavra de nosso Deus subsiste eternamente." (Isaías 40.8)

POR LETÍCIA GUIMARÃES

DEUSES

DIA 313

"Porque sacrificou aos deuses de Damasco, que o feriram, e disse: Visto que os deuses dos reis da Síria os ajudam, eu lhes sacrificarei, para que me ajudem. Porém eles foram a sua ruína e de todo o Israel." 2 Crônicas 28:23

Recentemente eu estava lendo o Livro dos Reis no Antigo Testamento e me vi condenando os reis individualmente. Um após o outro eles construíram ídolos e os adoraram. Como você pode tão abertamente adorar uma figura de madeira esculpida e esperar que ela lhe traga vitória, glória e paz? Eu me perguntava.

O rei Acaz chegou ao ponto de bajular os deuses de seus inimigos, atribuindo suas próprias derrotas na guerra aos deuses superiores do inimigo. Para ele, a vitória de seus inimigos era uma prova clara do poder desses ídolos. Para nós, no mundo ocidental, esta é inicialmente uma ideia completamente ingênua.

Mas quando pensei mais sobre isso, fiquei chocado ao perceber que muitas vezes penso de maneira muito semelhante. Mesmo que eu não espere paz interior de figuras de madeira, pedra ou metal, muitas vezes acredito que a figura dos sonhos, minha própria casa ou um emprego bem pago me darão vitória sobre a inquietação, preocupações e medos em minha vida. Coisas e condições tornam-se meus deuses autoproclamados para perseguir.

É bastante claro que a satisfação desses anseios só pode satisfazer minha alma por um tempo limitado. Então eu tenho que continuar procurando por novos deuses, novos salvadores. No entanto, ao permitir que Jesus Cristo governe a minha vida, posso ter certeza da verdadeira paz e liberdade. Aquele que venceu a morte é poderoso o suficiente para superar todos os meus problemas.

Para refletir:

Confie em Jesus Cristo, que venceu a morte!

POR EVERTON RODRIGUES

DIA 314 — TORNANDO-SE ÍNTIMO DE DEUS

"O segredo do Senhor é para os que o temem; e ele lhes fará saber o seu concerto." Salmo 25:14

O salmo 25 retrata a vida como uma jornada difícil a qual não podemos completar com sucesso por nossa própria conta. O salmista clama a Deus por sabedoria para tomar decisões e deixa claro que o temor do Senhor nos leva para perto do Pai.

Temermos ao Senhor quando reconhecemos Sua soberania e nos sujeitamos ao Seu governo, quando aceitamos a Sua vontade.

A "intimidade" aqui não diz respeito à nossa religiosidade, mas refere-se a uma "conversa íntima, saber planos e propósitos", uma amizade com o Senhor, o tipo de relacionamento ao qual Jesus se referiu em João 15.15. Ao andarmos com o Senhor à luz da Sua Palavra, desenvolvemos uma comunhão muito próxima com Ele e entendemos melhor os Seus caminhos.

Ser íntimo de alguém requer tempo e esforço, é parte do processo num relacionamento para conhecer e ser conhecido como você realmente é. Intimidade é conhecer o outro profundamente: os anseios e os segredos do coração. Quando há intimidade e comunhão com Deus, há transformação de dentro para fora, porque você está em Deus e o Senhor está em você.

Há um "preço" a pagar, dispor de tempo, negar as coisas do mundo, ter um momento para parar tudo para sentir e ouvir o que Deus tem a dizer. Os que temem ao Senhor são atraídos a conhecê-lo, deixando-o agir em suas vidas não de forma limitada, mas em todas as áreas. Na intimidade, Deus tem liberdade para agir em qualquer área da minha vida, preciso então reconhecê-lo e entender, quem é Deus para mim!

Então conheçamos e prossigamos em conhecer ao Senhor! (Os 6.3a) Um relacionamento com Deus, não pode se desenvolver quando o dinheiro, o pecado, as atividades do dia a dia ou outros compromissos são colocados no topo da lista de prioridades.

Que possamos hoje ter um coração sincero e dependente de Deus, reconhecendo que Ele tem cuidado de nós!

Para refletir:

Quando meditamos na Palavra de Deus somos conduzidos à intimidade com o Senhor!

POR MARCELO PEREIRA DA SILVA

LUGARES SIMPLES, GRANDES OPORTUNIDADES

DIA 315

"Mas, quando fores convidado, vai e assenta-te no derradeiro lugar, para que, quando vier o que te convidou, te diga: Amigo, assenta-te mais para cima. Então, terás honra diante dos que estiverem contigo à mesa." Lucas 14.10

Cristo estava na casa de um fariseu para uma refeição, após curar um homem hidrópico, Ele começa a perceber que as pessoas buscavam os lugares mais próximos ao anfitrião da festa. Vendo isso, Jesus propôs um ensinamento gigantesco por meio de uma parábola.

A recomendação do Mestre foi a seguinte: "Quando você for convidado a um casamento ou festa, não busque os primeiros lugares, pois você poderá ser convidado a dar seu lugar a uma pessoa mais digna. Antes, procure o último lugar, para que a pessoa que o convidou, faça-lhe o convide para sentar-se nos primeiros lugares, honrando-o diante dos outros".

A verdade é que, desejamos sempre os primeiros lugares. Queremos ser vistos e considerados homens e mulheres dignos dos lugares que escolhemos. Porém, esquecemo-nos de que quando já ocupamos o primeiro lugar, não existe chances de subirmos a novos lugares acima do que estamos. Ficamos fadados ou a ficar estagnado nesse mesmo lugar ou simplesmente descer.

Mas Cristo nos mostra algo poderoso para nossa vida. São os lugares mais simples que revelam as grandes oportunidades. São os últimos lugares que têm a capacidade de o fazer subir.

Enquanto os irmãos de Davi estavam na sala com o profeta Samuel, ansiosos por saber quem seria ungido como futuro rei de Israel, o jovem Davi estava no lugar mais simples da casa, cuidando das ovelhas. O local era tão simples, que o seu pai Jessé, esqueceu-se dele. Mas naquele dia, Deus convidou Davi para sentar-se no primeiro lugar e o ungiu como rei.

Para refletir:

Por mais tentador que seja sentar-se no primeiro lugar, ainda que vago, procure sempre o último, pois lá surgirá a sua melhor oportunidade!

POR JADER GALHARDO DIAS

DIA 316

EM QUAL JESUS VOCÊ ACREDITA?

"Este é o verdadeiro Deus e a vida eterna."
1 João 5:20

Alguns vão se questionar sobre o que quero dizer com essa pergunta. Bem, há quase tantas opiniões sobre Deus quanto há pessoas. E existem tantas opiniões diferentes sobre a pessoa de Jesus. Portanto, a pergunta é válida.

Vamos comparar duas perspectivas diferentes:

Cremos em Jesus como um homem honrado que realizou milagres, restaurou a visão de cegos e fez os surdos ouvirem? Ele é para nós o homem que ensinou desafiadoramente a nos amarmos uns aos outros, até mesmo os nossos inimigos. No entanto, Jesus morreu na cruz!

Ele é não apenas alguém que viveu 2000 anos atrás? Ele é alguém que você não aceita? É alguém que você julga pelo fato de Ele ter sido uma boa pessoa? Alguém que, se você quiser, pode imitar da melhor maneira possível? Isso pode ter implicações morais e éticas para a nossa vida. Mas não mais do que isso.

Ou Jesus Cristo é para nós aquele que podemos aceitar como Senhor pela fé, como o próprio Deus, que se fez homem e ressuscitou dos mortos? É este Jesus para nós o Cristo, o Rei sobre todos os reis, que vive para sempre? Aquele que se oferece para viver em nós e nos dar a vida eterna com Ele?

Somente esta última visão de Jesus faz a diferença! Portanto, aceitemos o fato de que este Homem era e é o que Ele reivindicou de si mesmo e provou com muitos sinais e maravilhas sobrenaturais. Em Jesus, o único Deus vivo e invisível se tornou tangível e nos mostrou que Ele quer nos salvar do nosso pecado.

Para refletir:

Somente com confiança em Jesus a nossa vida pecaminosa é transformada e pode ser usada por Deus hoje e por toda a eternidade.

POR EVERTON RODRIGUES

QUANDO DEUS
FICA EM SILÊNCIO

DIA 317

"Então, chegou ela e adorou-o, dizendo: Senhor, socorre-me." Mateus 15:25

Se existe algo com o qual não sabemos lidar bem é o silêncio. Preferimos as palavras por mais que possam ser palavras duras de ouvir, mas ainda assim lidamos melhor com elas. O silêncio chega a ser constrangedor em alguns casos.

Já o silêncio de Deus vai além de ser constrangedor, é assustador! Principalmente quando estamos pedindo algo que não significa bens materiais ou conquistas pessoais.

Por isso, vamos aprender com o texto bíblico de Mateus 15:21-28. Ali há uma mãe desesperada, buscando ajuda, ela não pede bens materiais, não pede conquistas profissionais ou algo parecido, não pede algo para si, mas pede ajuda para sua filha que está endemoninhada.

Observamos que Jesus permanece em silêncio: "mas Ele não lhe respondeu palavra" (Mt 15:23).

Sabe, há dias em que o Senhor não nos responderá. Isso não significa crueldade por parte do Senhor e muito menos que Ele não está nos ouvindo, porém, Jesus usa o silêncio para trabalhar situações em nós de forma pedagógica.

Observe que essa mulher, em primeiro lugar, reconheceu que Jesus é o Cristo, enviado por Deus, dizendo: "Senhor, filho de Davi, tem misericórdia de mim" (Mt 15:22) e quando o reconhece, ela compreende que o Senhor é Deus de misericórdia, e por isso pede ajuda.

Seu pedido de ajuda é tão contundente que incomoda até mesmos os discípulos: "E os seus discípulos, chegando ao pé dele, rogaram-lhe, dizendo: Despede-a, que vem gritando atrás de nós" (Mt 15:23).

E assim, Cristo vai agindo em nosso interior, pois primeiramente precisamos pedir o que realmente importa para nossa vida, depois devemos persistir, compreendendo que no momento certo o Senhor nos responderá!

Para refletir:

> Não desista! Deus trabalha em nosso interior no silêncio.

POR ROGÉRIO L. MARCHIORE

DIA 318

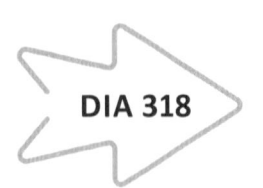

O PEDIDO DE UM PAI E A RESPOSTA DE UM FILHO

> *"E disse: Toma agora o teu filho, o teu único filho, Isaque, a quem amas, e vai-te à terra de Moriá; e oferece-o ali em holocausto sobre uma das montanhas, que eu te direi."* Gênesis 22:2

Talvez em uma das passagens mais conhecidas do Antigo Testamento temos o Deus Todo-poderoso pedindo ao seu servo Abraão que lhe desse o seu único filho em sacrifício. Sim, o mesmo Deus que havia prometido e cumprido Sua promessa para com o casal Abraão e Sara, agora numa verdadeira prova de fé, testava o seu servo.

Desde muito pequeno ouvia e admirava Abraão pela coragem de preparar tudo para o sacrifício e levantar o cutelo, até ouvir a voz do anjo lhe ordenando para que parasse. Ficava atônito com tamanha fé e logo me lembrava do "apelido" daquele homem; "o pai da fé".

Mas estes dias pensando nessa passagem me surpreendi por discernir que o verdadeiro "herói" dessa história na verdade era Isaque. Alguns estudiosos bíblicos afirmam que Isaque era jovem e, portanto, sabia exatamente o que estava acontecendo ali.

Aquela não era a primeira vez que o pai saía para oferecer a Deus um sacrifício, nem a primeira vez que subiam ao monte. Aquele não era o primeiro contato com o Soberano.

Isaque conhecia seu pai Abraão, mas também sabia que o Deus a quem serviam era o verdadeiro Deus. Ele poderia muito bem ter dado as costas ao seu velho pai, tê-lo chamado de louco e simplesmente tê-lo ignorado. Mas apesar de todas as circunstâncias, Isaque aceita o que Deus havia pedido ao seu pai e se deita sobre a lenha.

Anos mais tarde, agora num monte que fica a 48 quilômetros à noroeste, no monte Calvário temos "o Filho" que responde ao chamado do Seu Pai, sozinho, e Seu corpo sangrando é colocado sobre o madeiro, para que toda a humanidade fosse salva. No Moriá temos um Pai revelando o Seu pedido. No Calvário temos a resposta de um Filho. Ele se entregou e morreu em meu lugar e por você também.

Para refletir:

Você já agradeceu ao Senhor Jesus, em oração, por Seu tão grande amor por nós hoje?

POR ULISSES MILLER

A MENTE DE CRISTO

DIA 319

"Porque quem conheceu a mente do Senhor, para que possa instruí-lo? Mas nós temos a mente de Cristo." 1 Coríntios 2:16

O que o apóstolo Paulo quis dizer quando ao afirmar que nós temos a mente de Cristo? Primeiro é importante compreender o que significa a palavra "mente". É a parte inteligente, de onde fluem os pensamentos, região onde se tem entendimento e discernimento. Na mente formamos os pensamentos, raciocinamos sobre nossas ações e posteriormente as transformamos em atitudes. É por meio do entendimento dos questionamentos que conseguimos agir tendo discernimento do certo e do errado.

Paulo afirma que temos a mente de Cristo, pois a mudança na forma de pensar, agir e falar é uma das características da obra da regeneração produzida pelo Espírito Santo. Quem tem a mente de Cristo não pensa e não age como o mundo, não se apresenta com as características do mundo, mas reflete a presença de Deus e busca agir como Cristo agiria em cada situação.

Quem tem a mente de Cristo não negocia com o pecado, não engana, não calunia, não pratica o mal, não é fofoqueiro. Por outro lado, pratica o bem, fala o que edifica, tem a vida transformada, entende as coisas espirituais, tem compromisso com a verdade e com a Palavra de Deus.

O que tem a mente de Cristo vê tudo com a ótica de Deus, pois ela nos revela quem é Deus, gera o fruto do Espírito e promove a evangelização por nossas ações diárias.

Hoje, vemos muito o evangelho da "freguesia", segundo a vontade do cliente. É o cliente que faz o preço, que diz como deve ser o evangelho. Não se exige nada, nem mudança na forma de pensar e agir, as pessoas são atraídas pela semelhança na forma de viver e pensar!

Mas, lembre-se de que o verdadeiro cristianismo provoca em nós a metanoia; mudança de mente; mudança na forma de pensar; mudança na forma de agir; mudança na forma de existir. As pessoas são atraídas pela diferença! É o Espírito Santo que faz esta diferença em nós! Busque-o, você precisa mais dele do que o próprio ar que respira.

Para refletir:

Suas atitudes são produtos da sua mente ou da mente de Cristo? Que o Senhor molde a nossa mente diariamente!

POR ROGÉRIO L. MARCHIORE

DIA 320

FIDELIDADE DO SENHOR

"Pois quê? Se alguns foram incrédulos, a sua incredulidade aniquilará a fidelidade de Deus? De maneira nenhuma! Sempre seja Deus verdadeiro, e todo homem mentiroso." Romanos 3:3-4

O que é fidelidade? O dicionário descreve como a característica ou qualidade, do que respeita alguém ou algo; também pode ser similar à lealdade. Pode ser um compromisso de não trair alguém ou um compromisso rigoroso com o conhecimento ou com a verdade, ainda, uma constância de ações e hábitos ou constância nas vocações e nos compromissos assumidos com pessoas ou instituições. Além disso pode estar associada ao alto grau de semelhança entre um original e sua reprodução. No entanto, existe um único tipo de fidelidade que o dicionário não consegue explicar, a fidelidade do Senhor.

Um personagem bíblico que expressa isso é o profeta Daniel. Ele é honrado entre reis e príncipes, pois serve a Deus e Deus é com ele. Havia em Daniel um espírito excelente e ele se destacava por causa da sua fidelidade ao Senhor, todavia, por causa dessa qualidade, os próximos a ele o invejavam, pois, o rei daquele tempo o tratava de maneira especial. Portanto, queriam ver Daniel morto e planejavam lançá-lo na cova dos leões. Mesmo Daniel correndo risco de morte, ele permaneceu calmo e descansou no Senhor, pois reconhecia que Deus é fiel e nunca abandona aquele que crê nele. Em Salmos está escrito que o amor do Senhor chega até os céus e Sua fidelidade até as nuvens. Deus é fiel em tudo que faz. Se formos infiéis, Ele permanece fiel. A Sua fidelidade é nossa proteção como um forte escudo. O Senhor nunca erra e tudo o que Ele faz é justo e bom, nenhuma pessoa é perfeitamente fiel, mas Deus, o Senhor, é. Contudo, o Senhor, não apenas é fiel para proteger, amar e fazer em prol de Seus filhos, mas também para perdoar os pecados que eles cometem.

Sem dúvidas, a fidelidade do Senhor é algo inexplicável. O Senhor nos mostra isso de incontáveis maneiras e em diversas citações na Bíblia. Em meio às adversidades da vida e nos períodos mais conturbados, Ele nos prova que está conosco e que jamais nos deixa sozinho em meio à tribulação.

Para refletir:

Mesmo nos dias mais tristes, ainda que não mereçamos, o Senhor está próximo.

POR MATHEUS EDUARDO CAMARGO DA SILVA

SOMOS O MISTÉRIO REVELADO

DIA 321

"...para que, agora, pela igreja, a multiforme sabedoria de Deus seja conhecida dos principados e potestades nos céus..." Efésios 3:10-11

Toda criança gosta de ouvir sobre 'mistérios'. Não sobre algo oculto, mas algo que ainda não tenha sido exposto ou revelado. No início do capítulo 3 da carta aos Efésios, Paulo destaca a Igreja como um mistério oculto em Cristo, revelado aos homens pelo Espírito Santo.

Não podemos dizer que somos apenas uma união de pessoas. Como em um ônibus lotado indo para a mesma direção. Não somos um grupo de adeptos a uma ideologia que defende um ponto de vista, com base em algum filósofo ou pensador. Somos o mistério oculto em Cristo, agora revelado. Alvo de um amor imensurável, demonstrado em Sua cruz.

Somos a Igreja que tem a missão de tornar conhecida, através de Jesus, a multiforme sabedoria de Deus. Evidenciando, é claro, cada vez mais, um Cristo ressurreto e cumprindo sempre os Seus propósitos.

Temos capacidade de enfrentar dificuldades, pelo poder de Deus. Somos uma Igreja poderosa, que não se acovarda diante das intempéries desse mundo, que sempre evidencia as marcas de Cristo como maior prova de que andamos por fé e não por vista.

Para refletir:

A união estabelecida é um instrumento de Deus para nos fazer mais fortes.

POR AUZIAS PAULO NAZARIO RODRIGUES

DIA 322

O FOGO DE DEUS

"E foram vista por eles línguas repartidas, como que de fogo, as quais pousaram sobre cada um deles." Atos 2:3

Mais do que nunca precisamos do fogo de Deus. O fogo que enche os cristãos, que habilita os chamados, que forja os escolhidos e que levanta os profetas. Precisamos do fogo de Deus queimando no altar do nosso coração, levando-nos a uma intimidade de filhos. Voltemos à oração, aos devocionais, às vigílias, aos porões e salas de oração de nossas igrejas. Busquemos de novo a presença do Espírito Santo e sejamos marcados por Ele. Que o nosso coração esteja tão sedento por Deus, como estava Cornélio ao ouvir as palavras de Pedro. Que haja amor e paixão em nossa vida pela presença de Deus, assim como havia em Davi diante da arca da aliança.

Que Deus acenda em nós aquele fogo que Ele acendeu em Jeremias, e quando a apatia e o desânimo tentarem tomar conta de nosso coração assim como aconteceu com o profeta, possamos também dizer: "Então, disse eu: Não me lembrarei dele e não falarei no seu nome; mas isso foi no meu coração como fogo ardente, encerrado nos meus ossos..." (Jeremias 20.9).

Que Deus tire do nosso coração toda a distração e todo o estrelismo. Que sejamos a sarça que foi incendiada por Deus no deserto, não incendiada para consumir, mas incendiada para consumar, para cumprir. Que as pessoas que passarem por nós sejam atraídas pelo fogo que queima e não consome, e que por meio de nós o Espírito Santo fale alinhando os corações e propósitos. Que a letra da canção de Alessandro Vilas Boas seja uma verdade em nós: "Eu tenho um fogo cerrado em meu peito, que não me dá descanso, eu não tenho descanso... Deixa queimar, deixa queimar..."

Disse Charles Spurgeon: "É necessário fogo para fazer música".

Não haverá verdadeira adoração em nós se o fogo do Espírito Santo não estiver queimando em nosso coração. Que haja um reavivamento, que haja corações sedentos, e que haja um fervor de Deus em nossa alma.

Mas que haja agora. Amém?

Para refletir:

Que sejamos a sarça que foi incendiada por Deus no deserto, não incendiada para consumir, mas incendiada para consumar, para cumprir.

POR FRANKLIN COUTINHO

O FOGO REVELA

DIA 323

"O crisol é para a prata, e o forno para o ouro; mas o Senhor prova os corações." Provérbios 17:3

Quem dentre nós não está sujeito a provações e momentos de dificuldades? Quem pode afirmar que Deus lhe poupará de ventos e tempestades? Com certeza apenas aqueles que não conhecem os caminhos do Senhor.

Aprendemos muito quando olhamos atentamente para a vida de grandes homens e mulheres de Deus, que apesar de suas dores e dificuldades mantiveram sua fé inabalável e não perderam de vista o Salvador. Pois quanto mais a madeira estrala, mais o fogo queima.

Susannah Spurgeon por exemplo, mulher do grande pregador Charles Haddon Spurgeon, passou os 10 anos mais produtivos do ministério do marido confinada a uma cama. Uma noite, enquanto o pregador estava sentado no quarto dela, a lenha da lareira emitiu um som semelhante a uma nota musical, produzido pelos gases presos na lenha. Spurgeon disse a Susannah: "É necessário fogo para produzir música".

Sim, Spurgeon reconheceu que Deus estava usando aquele momento de dor para criar uma atmosfera de milagres tão grande, que aqueles dias não poderiam ser esquecidos.

A graça de Deus se manifesta justamente em nossa incapacidade, em nossa pequenez. Pois ela é justamente a graça de Deus em nós, e não a graça de nós mesmos. E por ser de Deus, essa graça que opera tudo em todos, torna incrivelmente possível o Senhor nos trazer luz exatamente quando só vemos dor e escuridão.

Nossa querida irmã Frida Vingren já nos ensinou no hino 126 da Harpa Cristã, que os mais belos hinos e poesias foram escritos em tribulação, e do Céu as doces melodias se ouviram na escuridão.

"Não há escuridão, por mais densa que seja, capaz de ofuscar a luz de uma simples candeia." Eleanor L. Doan

Para refletir:

Estes são os caminhos de Deus. São caminhos aos quais Ele nos leva para se revelar a nós, e para gerar em nós valores que só poderão ser gerados no fogo.

POR FRANKLIN COUTINHO

DIA 324

O LUGAR ONDE DEUS RESPONDE

"Clama a mim, e responder-te-ei e anunciar-te-ei coisas grandes e firmes, que não sabes." Jeremias 33:3

O ambiente de oração é de entendimento. Quando entramos nele adentramos a sala dos anúncios de Deus e lá recebemos do Senhor informações que não receberíamos em outros lugares. Em oração você pode discernir o que demoraria a compreender: "os que buscam o SENHOR entendem tudo" (Pv 28:5).

A oração é tão importante que o evangelho de Lucas é chamado de "evangelho da oração". Nele, Deus respondeu Zacarias enquanto o povo orava e o céu se abriu (Lc 1:10; 3:21). Jesus escolheu Seus apóstolos após passar a noite orando (Lc 6:12-13) e ensinou sobre a oração (Lc 11). Jesus recebeu convicção sobre a Sua obra enquanto orava (Lc 9:28-36) e ensinou que a oração deve ser persistente (Lc 18:1-14). Pedro recebeu a revelação sobre quem é Cristo enquanto Jesus orava (Lc 9:18).

Na oração, Deus "autentica" as dádivas que Ele mesmo dará para você. Nunca deixe de orar, mesmo que haja um momento em que os seus sentimentos estejam enfraquecidos. As emoções podem oscilar, mas a verdade da Palavra jamais oscila e por causa delas Deus responderá. Às vezes não progredimos em oração porque antes de orarmos meditamos no que estamos sentindo e não nas verdades da Palavra ou na importância da oração. Deus estabeleceu que mediante a oração Ele dará coisas extraordinárias a nós. Na oração, Deus transforma as verdades bíblicas em experiências.

Muitas vezes as lutas nos param; as decepções e perdas nos paralisam e as palavras nos faltam. Como orar em dias assim? Fiz esta pergunta a Deus e após meditar escrevi essas palavras em meu diário de oração. "Cada dádiva um assunto; cada prova uma razão, cada lágrima um ponto; cada dor uma verdade; cada milagre meu motivo. E assim não falta diante de ti razões para estar contigo. 'E assim tu terás tudo de mim'".

Para refletir:

Ore. Faça da vitória ou derrota a sua razão, sempre em comunhão com Deus.

POR JESIEL LÍDIO

QUANDO DEUS CONVERTE A CORREÇÃO EM BENEFÍCIO

DIA 325

"...o homem não viverá só de pão, mas que de tudo o que sai da boca do Senhor..." Deuteronômio 8:3

Pouco mais de um ano, após passar alguns meses de muita sequidão em minha vida, aprendi que uma das coisas mais preciosas para um cristão é possuir uma convicção interna do cuidado de Deus. Como desejei receber de Deus uma convicção de seu cuidado e de Suas promessas.

Muitas vezes orei, não para que Ele falasse comigo, mas para que Ele fortalecesse dentro de mim um testemunho do Seu amor. Aprendi muitas coisas neste período e depois dele.

Notei que quando o Senhor falava comigo, Sua doçura era mais aguda e intensa. Notei também que muitas verdades sobre as quais eu pregava não estavam apenas em minha mente, mas tinham descido e sido registradas nas tábuas do meu coração. Elas ficaram mais fortes dentro de mim. Não há dúvidas de que Deus fez isso.

Pareceu que alguns louvores ganharam um tom que até então não tinham. Algumas mensagens que ouvi pareciam-me que foram ministradas por minha causa.

Aprendi que para os filhos, o sofrimento aumenta o volume "das Sagradas Escrituras". Muitas coisas que Deus me concede hoje valorizo como nunca as valorizara antes.

Se você está passando por um período no deserto, espere mais um pouco e note que o brilho de Deus ficará mais forte sobre você.

Quem já foi provado, ouve o semelhante por inteiro e seus conselhos são mais livres de retórica e mais cheios de compaixão. Há um tom inconfundível na fala de quem já foi provado. Quem está sob provação está fazendo "teologia viva" experimental.

Para refletir:

O Sol fica muito mais brilhante em climas secos e solos desérticos. Que o Sol da justiça brilhe sobre nós.

POR JESIEL LIDIO

DIA 326

A BATALHA DAS EMOÇÕES

"E disseram uns aos outros: Eis lá vem o sonhador-mor! Vinde, pois, agora, e matemo-lo, e lancemo-lo numa destas covas, e diremos: Uma besta-fera o comeu; e veremos que será dos seus sonhos." Gênesis 37:19-20

Com o coração acelerado e falta de ar, tremor, cansaço total, vontade de chorar, gritar, correr sem rumo e morrer. Na mente, o filme reprisa uma história que não deveria ser roteiro de ninguém. A mente questiona e busca por respostas, mas o tempo passa e elas não chegam.

As vozes internas repetem: você não é ninguém, nada dará certo, não devia ter nascido, faz tudo errado, vai fracassar, não será amado, não serve para nada, nasceu para ser infeliz. E o desejo de lutar não é mais opção.

Antes de desistir confronta a sensação pequena e quase escondida que pulsa e se transforma em grito da alma, pedindo socorro. Imagino se não seria assim que José se sentiu ao ver sua vida mudar tanto. Era jovem e cheio de vida, planos, sonhos e recebeu de quem mais amava: traição, rejeição e ódio. Para José era importante estar com os familiares, ser filho exemplar e honrar a Deus. Ele era feliz assim. Traído pelos irmãos, quantos questionamentos permearam a mente dele. Já não era mais o sonhador com bonita túnica, amado de seu pai. Seu status de sonhador, mudara para "o escravo".

Sua jornada trouxe sofrimento, traição, esquecimento, humilhação e tristeza. Seu coração tinha tudo para se revoltar, desistir e abandonar a fé na vida e em Deus. Porém, José foi fiel aos princípios aprendidos com seu pai e foi resiliente nas adversidades, dando a volta por cima.

Ao mascarar seus sentimentos, pensou que estivesse curado, mas ao confrontar seus irmãos entendeu que o tempo e a distância não curam a dor. É preciso reconhecer que a ferida aberta necessita de cuidados especiais (Gn 45:1-4).

A cura começou quando José revelou sua mágoa aos irmãos. Ele escolheu perdoar e seguir juntos, permitindo-se viver os sonhos de Deus para ele. Talvez você seja um "José" ferido, angustiado que mascara sentimentos, emoções e conflitos. Lembre-se, o Senhor o conhece desde o ventre da sua mãe e planejou a sua história.

Para refletir:

Confronte o que tem lhe causado dor e você viverá a plenitude dos planos de Deus para você.

POR MARESSA ALMEIDA

APARÊNCIA E REALIDADE

DIA 327

"E, no dia seguinte, quando saíram de Betânia, teve fome." Marcos 11:12

Jesus pôde demonstrar toda a decepção que sentia a respeito da missão de Israel: a sua improdutividade e vida de aparências. A figueira sem frutos representou o que a religião havia se transformado. A árvore produzia figos duas vezes ao ano. Um dos sinais para saber que havia bons figos era o ressurgimento das folhas. No curso normal, deveria aparecer a beleza dos frutos depois da folhagem. A figueira mostrava lindas folhas sem fruto algum, não progredindo no processo natural apenas enganava. As folhas anunciavam frutos que não existiam. Sua existência tornara-se falsa, fingida e hipócrita, não possuía mais significado algum. Ao tentar estabelecer uma existência mentirosa, Cristo ordenou que secasse.

"Figueiras folhosas, mas infrutíferas." Não temos muitos problemas em entender o texto. No panorama religioso atual vemos um aspecto peculiar: não é muito pequeno de "figueiras" frondosas, mas nelas não se veem os frutos. Veem-se pessoas que aprenderam a lucrar, e muito, com a utilização do sagrado.

Alguém como Geazi no ato da cura de Naamã (2Rs 5:20) se envaideceria com todo o valor que Eliseu rejeitou. A relação do jovem Geazi com o sagrado foi a sua desgraça, não havia mais devoção, amor, responsabilidade. O seu coração já estava perdido mesmo vivendo nos bastidores da religião.

Necessitamos de uma espiritualidade que nos aproxime da dor do próximo, que nos torne capazes de responder como Elias o fez quando Acabe quis saber onde ele estava (1Rs 18:11). Elias vivia a dor do povo, estava onde tudo acontecia: no olho do furacão, vendo os conflitos e agonias do seu povo. Que Deus nos tire dos nossos ambientes confortáveis onde é fácil fazer teologia, a teologia de sacada, que não passa de belo discurso e vê a vida e a dor do outro à distância, recusando-nos a nos envolver com as realidades duras, com o objetivo de transformá-las.

Para refletir:

Que as nossas *folhas* não revelem mentiras, mas o testemunho de que estamos cumprindo a nossa missão.

POR FABIO PINHEIRO

DIA 328

SOZINHO SERÁ IMPOSSÍVEL!

"O enfermo respondeu-lhe: Senhor, não tenho homem algum que, quando a água é agitada, me coloque no tanque; mas, enquanto eu vou, desce outro antes de mim." João 5:7

Um homem e a sua paralisia que já durava 38 anos. A esperança de que o anjo descesse e ele tivesse a oportunidade de entrar nas águas, afinal, segundo a crença, quando o anjo descia e as águas se agitavam, o primeiro que nelas entrasse seria curado.

Quando Cristo se aproxima para falar com esse homem, a pergunta óbvia espanta: Queres ficar são? (Jo 5:6). Ora, 38 anos esperando a cura, a resposta mais esperada seria: É lógico!

A resposta foi diferente, ao invés de afirmar o seu desejo de ser curado, o homem justifica o motivo pelo qual não consegue alcançar. Não tenho ninguém! Ele estava sozinho, e a solidão o impedia de avançar. Não conseguimos galgar novos lugares ou posições, porque dependemos de pessoas que nos conduzam aos nossos objetivos. O ser humano não foi feito para andar sozinho e se estamos onde estamos hoje foi graças a pessoas que nos deram e nos dão oportunidades.

Em contraste a esse paralítico, temos o de Cafarnaum (Mc 2), que cultivou suas amizades e permitiu ser carregado por eles. O pastor Natanael Silva em seu livro carregadores, afirma: "Quem vive o extraordinário de Deus se deixa ser carregado, tem amigos carregadores!".

O homem paralítico continua a responder: "Enquanto eu vou", nas entre linhas ele dizia: enquanto me arrasto sozinho, entra outra pessoa em meu lugar. A falta de amigos, e de conhecer Jesus, fez esse homem se arrastar sozinho em busca de seu objetivo.

Aprenda algo: Arrastar-se com as suas próprias forças tornará praticamente impossível alcançar suas metas. Entregue os seus sonhos, objetivos e metas ao Senhor Jesus, e permita que Ele o conduza às suas conquistas. Entenda, Cristo é o protagonista de nossa vida, não é sobre eu me arrastar e conseguir, mas sim sobre Ele me conduzir e me fazer alcançar aquilo que é da vontade de Deus.

Para refletir:

Entregue os seus sonhos, objetivos e metas ao Senhor Jesus, pois Ele nos ouve e nos mostra o caminho que a Ele conduz.

POR JADER GALHARDO DIAS

LOGO EU?

DIA 329

"Então, disse Moisés ao SENHOR: Ah! Senhor! Eu não sou um homem eloquente, nem de ontem, nem de anteontem, nem ainda desde que tens falado ao teu servo; porque sou pesado de boca e pesado de língua." Êxodo 4:10

Sinto-me aliviado por não ter sido o único que tentou convencer a Deus da não aptidão para a tarefa que Ele concedeu. Um dia, disse a Deus: "O Senhor tem certeza de que devo fazer isso ao Senhor?". Perguntei isso, porque mal me conheço. Às vezes pensamos que Deus mal nos conhece, e, na verdade só Ele nos conhece realmente.

Moisés falou com Deus sobre a sua dificuldades em falar, mas Deus já sabia disso. Eúde, era canhoto, e considerado deficiente, e Deus também sabia disso. Débora era mulher e Deus sabia disso. Gideão era o menor da casa de seu pai e Deus sabia disso. Jefté era filho de uma prostituta e Deus sabia disso. Davi era ruivo e desprezado, mas Deus também já sabia. Jeremias disse a Deus que não passava de uma criança, e você acha que Deus já não sabia disso? Sim, Ele conhece todas as nossas desculpas, pois Davi disse: "Sem que haja uma palavra na minha língua, eis que, ó SENHOR, tudo conheces" (Sl 139:4).

Ouvi a definição sobre o *chronos* e o *kairós*, o nosso tempo e o de Deus. No tempo *chronos*, as coisas acontecem e lembramo-nos de quem fomos, a realidade de quem somos, e a esperança de quem seremos. Deus está no *kairós*, o tempo em que tudo já aconteceu. Você consegue entender que ao Deus lhe dar uma missão ou promessa é porque no tempo de Deus isso já se cumpriu? Não lembre a Deus quem você é. O Senhor lhe mostrará em quem Ele o tornará.

Os grandes homens de Deus na história dos avivamentos e na Bíblia eram todos improváveis. George Whitefield era estrábico, John Wesley quase morreu aos 5 anos. A voz de Jonathan Edwards era inexpressiva, mas ele pregou o famoso sermão: "Pecadores nas mãos de um Deus irado". Spurgeon sofria com a doença conhecida por "gota", William Seymour era cego de um olho. Daniel Berg e Gunnar Vingren eram dois jovens missionários, solteiros ao fundar a Assembleia de Deus no Brasil. Por quê? "Temos, porém esse tesouro em vasos de barro, para que a excelência do poder seja de Deus e não de nós" (2Co 4:7).

Para refletir:

Levante-se e cumpra o propósito que Deus tem para você!

POR FRANKLIN COUTINHO

DIA 330 — POR QUE SOFRE O JUSTO?

"...tende grande gozo quando cairdes em várias tentações, sabendo que a prova da vossa fé produz a paciência." Tiago 1:2-3

Temos uma frase polêmica: "Se Deus é bom por que Ele permite o sofrimento?". Essa pergunta deveria questionar: "Como Deus, sendo bom, importa-se com o mal?". A visão humanista afirma que o sofrimento não pode estar onde Deus está, porém, onde há sofrimento aí Deus está. Em vez da ausência mútua, a presença recíproca.

O Antigo Testamento preconiza o sofrimento como resultado da desobediência do homem às leis de Deus. Isso rompeu a comunhão e as promessas de proteção e bençãos divinas, ficando o homem à mercê da própria sorte e vulnerável à ação dos inimigos carnais e espirituais.

Os amigos de Jó imputavam a Deus o sofrimento dele dizendo-lhe que era castigo divino por alguma falha cometida, e que precisava ser punido. Porém Jó, sem negar a fé vaticinava: "Eu sei *que* o meu redentor vive e *que* por fim se levantará..." (Jó 19:25) e dizia: "*Ainda que* Ele me mate, nele esperarei..." (Jó 13:15). Jó enfrentou perdas financeiras, saúde debilitada, crise familiar e a morte dos filhos, acusação, juízo, a condenação dos seus amigos e o silêncio de Deus. Ele permaneceu fiel a Deus sem imputar-lhe culpa, jamais deu moral a satanás e adorou o Senhor em meio à adversidade. Na perspectiva de Jó, a solução era permanecer na presença de Deus, e mesmo em Sua ausência, ele buscou as respostas de Deus e a mudança da situação.

Enfrentar o sofrimento destaca a nossa finitude e reafirma o compromisso com o Deus da vida. Submeter-se a Ele, é olhar para a cruz, não como fim, mas começo. Para o que crê em Cristo o sofrimento é uma tarefa, uma prova que enfrentamos com a promessa da bem-aventurança: "...tende grande gozo [...] vossa fé produz a paciência[...] para que sejais perfeitos e completos" (Tg 1:2-4).

Para refletir:

Respondamos ao chamado de Deus com o "Eis-me *aqui*, envia-me a mim" (Is 6:8).

POR MANASSÉS MATOS

VOCÊ GOSTA DE DESCANSAR?

DIA 331

"Deitar-me faz em verdes pastos, guia-me mansamente a águas tranquilas." Salmo 23:2

Você já se deitou na grama ou até mesmo ao lado de um rio e ficou ouvindo o som dos pássaros? Como é gostoso poder ouvir a natureza e sentir o descanso.

Davi sabia que o tempo de descanso era algo importante para as ovelhas. Não somente porque por vezes caminhavam longas distâncias com o pastor, mas porque como qualquer ser vivo, suas forças físicas precisavam ser renovadas. Ele narra sobre a relva verde, mostra um lugar fofo e aconchegante, onde as ovelhas poderiam efetivamente, descansar ao deitar.

Como todos os animais, nós também nos cansamos. As vezes as preocupações do nosso dia a dia nos deixam muito agitados, correndo de um lado para o outro, tentando buscar solução para as nossas preocupações. Há pessoas que até perdem o sono pensando em como devem reagir.

Jesus, nosso supremo Pastor, sabia que nós também nos sentiríamos cansados, por isso, além de Ele permitir que fossem relatados fatos de Seu cansaço físico (Jo 4:6), a Sua tristeza por seu amigo ter morrido (Jo 11:35) permitiu o relato de outras características humanas. Ele também nos ensinou que é importante descansar, dizendo: "Não andeis, pois, inquietos, dizendo: Que comeremos ou que beberemos, ou com que nos vestiremos?" (Mt 6:1).

Claro que não é fácil descansar quando temos situações difíceis para resolver, contudo, nada podemos fazer quando há situações que são impossíveis de resolvermos.

Deus é o Pastor que cuida do nosso repouso, Ele nos leva a um lugar confortável para descansar: Seu colo. Hoje, Ele nos pede para que descansemos em Seus braços: "Eu me deitei e dormi; acordei, porque o SENHOR me sustentou" (Sl 3:5).

No momento em que você ler este devocional, programe-se para fazer este exercício: deitar-se na grama e simplesmente relaxar. Você poderá se surpreender com o resultado. Se assim o fizer, tente imaginar como Davi cuidava das suas ovelhas e pense sobre como Deus cuida de cada um de nós.

Para refletir:

O desafio de hoje é ter fé para ir além, mas além do quê? Da sua própria incredulidade e a descansar em Deus.

POR BRUNNA REGINA PICOTE

DIA 332

OÁSIS NO DESERTO

"Como um cacho de Chipre nas vinhas de En-Gedi, é para mim o meu amado." Cantares 1:14

O Comentário Bíblico de Champlin (Ed. Hagnos, 2014) descreve En-Gedi a "Fonte do Cordeiro" como um oásis à costa do mar Morto. Nessa região desértica, Deus colocou uma fonte de águas quentes que fez surgir um pequeno paraíso cheio de vegetação e belíssimas palmeiras e vinhas. É bem assim que a sulamita descreve o seu amado, um oásis no deserto. O livro de Cantares retrata o amor do noivo para sua noiva, simbolizando o amor de Jesus por sua Noiva. Como a noiva declarou sobre o seu amado, também declaramos: "Jesus é a nossa Fonte do Cordeiro, nosso oásis no meio do deserto". O deserto que é sempre representado pela morte devido à sequidão, ou às lutas por causa de sua escassez, ou representado pelo mundo que devemos atravessar até chegar a nossa Canaã. Agora floresce diante do poder da vida. O Cordeiro plantou um lugar de delícias em meio ao nosso deserto. Os murmuradores reclamaram contra Deus no deserto dizendo: "Poderá Deus, porventura, preparar-nos uma mesa no deserto?" (Sl 78:19).

Nós respondemos a eles dizendo; Sim, Deus nos preparou não apenas uma mesa, deu-nos um lugar de segurança e descanso, de delícias sem fim. O deserto foi visitado pelo príncipe da vida que transforma a lei da morte em oportunidades para novos começos. Foi assim com a escrava Agar, fugindo da ira de Sara. Ela ficou esgotada de tanto andar, sem comida e bebida; restaram apenas ela, seu filho Ismael e um deserto. Porém ela colocou seu filho sentado sob uma árvore, e ficou à boa distância para não ver ele morrer de fome e sede, de longe ela chorou. Deus é especialista em intervir nos nossos desertos, apareceu e fez romper águas em terra seca (Gn 21:14). O que para Agar parecia ser o fim, foi o recomeço de Deus na vida dela e de seu filho. Não há desertos que a Fonte do Cordeiro não possa fluir. As águas de Deus, são águas de vida e cura (Ez 47:8), e em nós se transformam numa fonte que jorra para a eternidade (Jo 4:14).

Para refletir:

Não há desertos em que a Fonte do Cordeiro não possa fluir.

POR FRANKLIN COUTINHO

PARA ONDE DEUS OLHA?

DIA 333

"Porque, quando Deus fez a promessa a Abraão, como não tinha outro maior por quem jurasse, jurou por si mesmo..." Hebreus 6:13

Quando Deus faz uma promessa para onde Ele olha? Qual fundamento Ele usa? Ao fazermos uma promessa pensamos se teremos condições de a cumprir. E quando Deus fala que estará presente e fará uma grande obra, como Ele a garante? Para onde Ele olhava quando disse ao nada: "Haja Luz?!".Ao falar que uma mulher estéril seria mãe? Quando ao cego disse: Veja?

Diante da grandiosidade das obras de Deus, não há dúvida de que ao prometer Ele olhava a si mesmo, pois Ele é a garantia de Sua promessa. Seu caráter é a Sua garantia. Por causa disso tenha sempre em mente que Ele mesmo é a nossa condição favorável.

Somos portadores de uma promessa. Talvez, após ter recebido uma promessa, algo tenha dado errado em sua vida e hoje você questiona como Deus a cumprirá. Deus quis se tornar o fundamento da promessa do Seu povo e se interpõe por causa da grandeza da promessa. A Palavra de Deus e as Suas promessas são a extensão do Seu próprio ser. Ter fé sugere que podemos crer que diante das promessas divinas, Ele se torna a matéria-prima da palavra profetizada.

Os milagres são fundamentados em Sua vontade. Quantos milagres Deus operou mostrando que se Ele olhasse a si mesmo, eles não tinham como deixar de acontecer? Lázaro ressuscitou quando Jesus olhou para o céu e disse: "Lazaro, vem para fora" (Jo 11:42-43). A segurança do povo de Deus não é pautada em nossa performance, mas na Palavra de Deus (Mt 16:18-19).

O apóstolo Paulo era ousado ao cumprir seu ministério. Ele sempre descansou na verdade de que sua vida e ministério foram estabelecidos sob a vontade de Deus — (1Co:1:1; 2Co 1:1; Gl.1:1; Ef 1:1; Cl 1:1; 1Tm 1:1). Paulo sabia que Deus era o fundamento de toda promessa feita a ele.

Deus é especialista em fazer promessas a pessoas improváveis e em situações improváveis, para que estas pessoas glorifiquem o Seu nome.

Para refletir:

Deus é a garantia das Suas promessas para que o Seu poder e glória sejam mais abundantes.

POR JESIEL LÍDIO

DIA 334

POR QUE VOCÊ NÃO VOLTA?

"Se tu conheceras o dom de Deus e quem é o que te diz: Dá-me de beber, tu lhe pedirias, e ele te daria água viva." João 4.10

Muitas pessoas estão insatisfeitas com a vida de oração que levam porque não entenderam que a oração não é apenas uma busca, é voltar a Deus, é o reflexo da revelação que motiva o coração. Ao aumentar o tempo de oração e leitura da Palavra de Deus o seu discernimento das coisas de Deus aumentará.

A mulher samaritana não pedia porque não conhecia quem lhe falava. Muitos não buscam ao Senhor porque não o conhecem. Quantas orações não foram feitas porque não procuramos conhecê-lo?

O apóstolo Paulo ao escrever sobre as obras de Deus, parou para adorar a Deus e orar, porque o conhecimento que lhe fora revelado o "conectava" a Deus. Davi ao voltar a Deus, disse; "Porque tu, Deus meu, revelaste ao ouvido do teu servo que lhe edificarias casa; pelo que o teu servo achou *confiança* para orar em tua presença" (1Cr 17:25). O texto literalmente diz que, a revelação que Davi ouviu, criou o desejo, a energia e a força para orar.

Sua visão determina o nível da sua busca. Um dos propósitos da Palavra de Deus é apresentar o Senhor corretamente. Você precisa crer no que a Palavra de Deus diz a respeito dele. Certa vez, um homem muito sábio disse: "Existem muitas religiões que servem a um Deus morto e oram como se estivesse vivo, e nós servimos a um Deus vivo, mas oramos como se Ele estivesse morto". Infelizmente, isto acontece por termos uma visão errada de Deus. Alinhe a sua visão à Palavra e você revigorará a sua vida de oração. Você ficará convencido deste amor e saberá que Deus está ansioso para ouvi-lo.

Quando você lê, medita e ouve constantemente a Palavra de Deus, percebe que muitas orações que você faz, foi o próprio Deus que iniciou, quando na meditação "emprestou" a você a força para orar.

"Deus nos fala em Sua Palavra e nós respondemos em oração, e passamos a participar da conversa divina em comunhão com Deus" (Tim Keller).

Para refletir:

A energia que você precisa para orar provém do conhecimento e intimidade com a Palavra de Deus.

POR JESIEL LIDIO

PROPÓSITOS SIMPLES

DIA 335

"E disse Jessé a Davi, seu filho: Toma, peço-te, para teus irmãos um efa deste grão tostado e estes dez pães e corre a levá-los ao arraial, a teus irmãos." 1 Samuel 17:17

Quantas vezes você já ficou irritado por tarefas simples que foram passadas pelos seus pais, ou superiores? Pedidos como: "Busque meu sapato", "traga-me um café", "leve esse documento até aquele lugar e etc,". Quantas vezes você se questionou achando que a tarefa simples que estava cumprindo não tinha relação alguma com o seu propósito de vida?

Davi havia sido ungido como futuro rei de Israel e recebeu uma demanda muito pequena diante do tamanho do cargo que ele assumiria, levar alimento para os seus irmãos.

A cena parece cômica, o filho Jessé, já com a unção de rei, tendo que cumprir atividades de um servo. Talvez alguns de nós não aceitaria fazer tal coisa, bateríamos o pé com nosso pai argumentando algo do tipo: "Eu sou o futuro rei de Israel, peça a outro".

Porém, Davi entendia que era o menor de sua casa, o mais novo de seus irmãos, ele sabia quem ele era e por isso cumpriu o propósito proposto por seu pai, sem questionar.

Entenda algo, saber quem você é o ajuda a definir o seu propósito, por mais simples que ele seja.

Antes de ser rei, Davi era filho, irmão e pastor de ovelha. Isso estava muito bem definido em sua mente e foi por meio do cumprimento de um propósito simples que Deus tornou realidade uma grande promessa. Davi desafiou o gigante, venceu a batalha e a cada dia que passava, mais ele se confirmava como futuro rei de Israel.

Para refletir:

Não despreze os propósitos simples entregues a você, porque eles são capazes de cumprir grandes promessas.

POR JADER GALHARDO DIAS

DIA 336
O PROFETA QUE NÃO CONSEGUIA SENTIR COMPAIXÃO

"Levanta-te, vai à grande cidade de Nínive e clama contra ela, porque a sua malícia subiu até mim." Jonas 1:2

Jonas foi o último passageiro a embarcar no porto de Jope. Cansado, decide dormir no porão. Deitado, pensa nas pessoas que perdera de maneira cruel. Que terríveis eram os ninivitas, ele dizia em sua mente: saqueadores, assassinos. Quantos profetas mataram, quantas atrocidades. Como pode Deus querer que eu vá até aquele lugar? É inaceitável, e desta forma adormeceu.

Mas despertou com o pavor e gritos dos tripulantes que pediam intercessões às divindades para serem poupados do mar furioso. Jonas se surpreende ao ver o céu enegrecido, o mar revolto e ventos furiosos que poderiam partir o navio ao meio. A explicação para a tempestade era a ira de Deus. Ele lhes revela que era causada por ele estar fugindo de Deus, o Criador dos céus, terra e mar. Apavorados e temendo o Deus de Jonas, o lançaram ao mar, e o mar se acalmou.

Jonas era profeta, temente a Deus, porém cheio de revolta, rancor e ódio. Quando a ordem recebida o confrontou, faltou-lhe estrutura emocional, e preferiu "fugir para longe de Deus" (Sl 139:7).

Foi difícil para Jonas profetizar que o Senhor desejava perdoar os ninivitas. Mas Deus em Sua misericórdia, permitiu que Jonas ao passar pela "fuga frustrada" e pelo ventre do peixe por três dias, revisasse suas prioridades. Ele obedeceu e o povo se arrependeu. Revoltado, Jonas pediu que Deus lhe tirasse a vida.

Quantos Jonas existem hoje, fugindo da vontade de Deus porque a vontade dele confronta a sua. Quando servimos ao Senhor devemos lançar ao mar nossas bagagens, entregar-lhe nossas inquietações e sentimentos controversos, pedindo ao Espírito Santo, que nos livre do rancor, amargura e ódio. Jonas não conseguia perdoar, e desejou a morte ao ver que os seus inimigos agora eram "seus irmãos em Deus".

Para refletir:

Faça a vontade do Pai, revisite o seu íntimo, e lance fora o que pode lhe levar para longe do Céu.

POR MARESSA ALMEIDA PINHEIRO

QUE NÃO NOS FALTE AZEITE

DIA 337

"Vigiai, pois, porque não sabeis o Dia nem a hora em que o Filho do Homem há de vir." Mateus 25:13

Jesus foi Mestre em ensinar e usou as melhores ferramentas para facilitar a compreensão daquilo que queria transmitir. Ele vai trabalhar de forma pedagógica com Seus ouvintes e nessa ocasião Ele usou a simbologia do casamento judeu. Falou de uma noiva ansiosa esperando pelo noivo, entretanto o noivo demora um pouco a chegar. A noiva seguia ao encontro do noivo, porém, o sono recai sobre ela fazendo-a adormecer. Contudo, ao ouvir sobre a chegada do noivo, a noiva corre ao encontro dele. E nós, como noiva de Cristo, como estão nossas lâmpadas? Se ouvirmos a voz dizendo "o noivo vem aí", temos azeite em nossas lâmpadas?

Na correria diária acabamos nos esquecendo da maior promessa que Jesus fez a Sua Igreja: "Vou preparar vos moradas", e, por isso "vamos perdendo o amor". Ele nos deu profundo afeto, não um amor superficial, passageiro ou condicional. É o mais puro e verdadeiro amor. O autor dessa passagem continua nos ensinando como devemos amar a Jesus e nos convida a amar com "todo o nosso entendimento" e razão.

Isso nos ensina o grau mais intenso que se é possível amar. Só assim poderemos amar ao Senhor de forma singular: amando-o com tudo o que temos e com tudo o que somos. Entretanto, existem maneiras práticas de demonstrar todo nosso amor por Cristo.

Vejamos: "Se vocês me amam, obedeçam a meus mandamentos" (Jo 14:15). Obedecer nesse texto não é ter uma Bíblia em casa e lê-la de vez em quando, obedecer é praticar os mandamentos, ou seja, a melhor maneira que demonstramos a Deus que o amamos é colocando em prática Seus ensinamentos. Vejamos o que está no evangelho de João: "Aqueles que aceitam meus mandamentos e lhes obedecem são os que me amam" (14:21) e ainda, "Quem me ama faz o que eu ordeno" (Jo 14:23) e por fim, "Quem não me ama não me obedece" (Jo 14:24).

Amar a Deus e obedecer Seus mandamentos são coisas inseparáveis, portanto a maneira correta de demonstrar que amamos a Deus é praticando a Sua Palavra.

Para refletir:

Tenho amado a Deus como deveria?

POR ROGÉRIO L. MARCHIORE

DIA 338 — NÃO DEIXAMOS DE SER BARRO AO CARREGARMOS O TESOURO

"Temos, porém, este tesouro em vasos de barro, para que a excelência do poder seja de Deus, e não de nós." 2 Coríntios 4:7

Meu pai sempre diz que a vida é como uma "falsa baiana": um exercício em que nos propomos a mover de um ponto a outro usando apenas duas cordas. Se fixarmos nossos pés apenas na corda de baixo, deixando as mãos livres, perderemos o equilíbrio e cairemos. No entanto, se não apoiarmos nossos pés e fixarmos as mãos na corda de cima, nossos braços se cansarão e poderemos cair.

Temos essas duas cordas: a vida eterna e a terrena. Lembremo-nos de que Deus nos proveu ambas. Paulo nos convida a buscarmos as coisas que são de cima, que são o nosso verdadeiro tesouro. "Portanto, se já ressuscitastes com Cristo, buscai as coisas que são de cima, onde Cristo está assentado à destra de Deus" (Colossenses 3:1). Mas lembremo-nos de que ainda somos potes de barro.

Embora sejamos espirituais, também somos humanos. Embora vivamos experiências sobrenaturais com Deus; agimos na base do estímulo e resposta; somos osso, músculo e gordura. Somos pó, ainda somos pó. Enquanto vivermos aqui, assim seremos. Temos prazo de validade, limites e vulnerabilidades. E algumas coisas acontecerão, porque somos seres humanos. Não somos superiores por servirmos a Jesus e buscar o Céu. Não somos imunes à morte, doenças, tragédias e sofrimentos.

É sensato refletir sobre isso: para não pecarmos e nos irarmos contra Deus quando as limitações batem à porta. E também para assumirmos nossas responsabilidades por ainda sermos barro.

As pessoas precisam trabalhar para comer e, para trabalhar precisam estudar e aprimorar seus conhecimentos. Podem ou não ser saudáveis dependendo dos hábitos e qualidade de vida. Somos seres sexuados e precisamos viver essa sexualidade como Deus quer. Não esqueça, Deus o fez assim e tudo o que Ele faz é bom. O barro também glorifica a Deus. A corda de baixo nos dá o suporte, para avançarmos com menos sofrimento, mas é finita e tem seu propósito: mostrar que a excelência do poder pertence a Deus e não a nós.

Para refletir:

Ser igreja é buscar o tesouro, sim.
— mas sem se esquecer do barro.

POR THAMIRES HADASSA

LUGAR DE INTIMIDADE

DIA 339

"Mas tu, quando orares, entra no teu aposento e, fechando a tua porta, ora a teu Pai, que vê o que está oculto; e teu Pai, que vê o que está oculto, te recompensará." Mateus 6:6

Todos nós precisamos ter um lugar de intimidade no qual nos lancemos na presença de Deus sem constrangimento. Nesse lugar, as críticas ou presunções não nos impedem de rasgar nossa alma e mostrar nossas feridas a Deus.

Feridas, quem não as têm? Mas há um lugar de intimidade que também é de cura.

Você nunca encontrará o seu lugar de intimidade pronto. Você pode entrar no lugar de intimidade de outra pessoa e se sentir bem, acolhido por Deus e ser ministrado por Ele. Mas nada substitui o seu próprio lugar que pode ser seu quarto, sua sala, sua dispensa, seu porão e até sua garagem. Mas precisa ser um lugar de oração, preparado exatamente para você receber o Senhor, é o seu cenáculo pessoal. Preciso confessar-lhes que as maiores experiências que tive com Deus foram em meu quarto, meu cenáculo pessoal. Quantas madrugadas frias em Curitiba fui aquecido pela presença do Espírito Santo, sem que ninguém soubesse, Deus desenterrou tesouros em mim que nem eu poderia imaginar. Em meu quarto, com um louvor tocando bem baixinho, alguns minutos de oração, abraçado com minha Bíblia, o Pai me deu sonhos sobre o meu futuro. Sonhos que se cumpriram, estão se cumprindo e ainda se cumprirão. Nada substitui o seu lugar de intimidade.

Eu gosto de uma história que E. Lawson conta sobre Spurgeon. Lawson diz que certa vez, o Príncipe dos pregadores, orava em seu lugar de intimidade com Deus, quando um visitante inesperado chegou. Quando a ajudante abriu a porta, o visitante pediu que Spurgeon o recebesse. Spurgeon pediu que avisasse o visitante de que não recebia ninguém em sua hora de oração. O visitante insatisfeito respondeu: Diga-lhe que um servo do Senhor Jesus Cristo deseja vê-lo imediatamente. Ela assustada levou a mensagem, mas Spurgeon respondeu: "Diga-lhe que estou ocupado com seu Mestre e no momento não posso falar com os seus servos".

O momento mais importante na vida de um homem e de uma mulher de Deus é seu momento de oração.

Para refletir:

Valorizemos o nosso lugar de intimidade com Deus?

POR FRANKLIN COUTINHO

DIA 340

O ESCULTOR

"Amados, agora somos filhos de Deus..."
1 João 3:2

Em Florença, a escultura de Davi não passa despercebida. Michelângelo a esculpiu em 1501 e estando pronta, alguém lhe perguntou admirado como ele fizera algo tão perfeito? Ele respondeu que vira Davi na pedra bruta, e havia tirado tudo o que não era Davi. Esse é o extraordinário trabalho de um escultor, cujo dom maravilhoso vem de Deus. "Todo dom perfeito vêm do alto" (Tg 1:17) diz que: Deus é a origem de todo dom perfeito. Não conheço melhor escultor do que Deus, nem maior artista, melhor pintor, autor, professor, matemático, engenheiro, arquiteto, filósofo, psicólogo ou advogado. Todos os dons incríveis e a habilidades majestosas têm origem em Deus e Sua infinita criatividade.

Deus é um escultor maravilhoso que esculpiu do barro a coroa da Sua criação, e o fez à Sua imagem e semelhança. Ele é escultor de caráter e de destinos poderosos transformando pecadores em santos, derrotados em vencedores, covardes em heróis e rebeldes em líderes.

A Bíblia afirma que Jesus ao andar pelas margens do mar da Galileia disse aos pescadores: Sigam-me e eu os tornarei pescadores de homens e não de peixes. Quem outro conseguiria ver naqueles homens o potencial que Jesus viu? Quem poderia esculpi-los para que se tornassem servos do Senhor? Só Cristo poderia fazer e o fez. E a boa notícia? Ele continua fazendo!

O processo para sermos quem Deus quer é doloroso. A renúncia diária do ser, o difícil ato de perdoar, a coragem de renunciar ao que fomos e aceitar a obra do Escultor em nós são decisões dolorosas e necessárias. Deus está removendo os excessos e, aos poucos, a imagem de filhos e filhas de Deus é revelada. E quando o Senhor terminar, seremos semelhantes a Ele!

"Cristo nos aceita como somos e nos transforma no que devemos ser."
—Walter B. Knight.

Para refletir:

Deus sabe o que está fazendo.

POR FRANKLIN COUTINHO

TESOUROS ETERNOS

DIA 341

"Mas buscai primeiro o Reino de Deus, e a sua justiça..."
Mateus 6:33

Deus não se preocupa com seguidores, *likes*, *views* ou número de pessoas que vão às suas reuniões e conferências. Na verdade, quem se preocupa com essas coisas somos nós. Deus não tem problema com o público, Ele está interessado nas intenções do nosso coração. Essas recomendações não têm a ver somente com "aparecer", mas mostram que tudo que buscamos em Deus deve partir e convergir de um lugar de intimidade (secreto): "...teu Pai que vê o que *está* oculto; te recompensará" (Mt 6:6).

Muitas vezes por fazermos coisas que "agradam" a Deus, achamos que nos tornamos merecedores das Suas bênçãos. Mas, se intimidade com Deus for fruto só do nosso esforço pessoal, deixa de ser intimidade e se torna orgulho religioso. Não devemos praticar as boas obras visando as recompensas dos homens, mas a eterna. É preciso avaliar de onde temos esperado nossas recompensas e onde depositamos nossas esperanças.

Jesus nos mostra que "onde estiver o vosso tesouro, aí estará também o vosso coração" (Mt 6:21), ou seja, onde estamos depositando nossa vida. Esse capítulo é muito interessante, Jesus começa falando sobre coisas espirituais — jejum, oração e, logo em seguida, passa para assuntos terrenos (dinheiro, vestes, comida). Não que essas coisas sejam um assunto mundano, mas Ele nos mostra que não precisamos nos preocupar com isso.

Quando Jesus nos fala: "Busquem, pois, em primeiro lugar o Reino de Deus" (Mt 6:33) achamos que devemos largar tudo para fazer a "obra", mas Ele fala "em primeiro lugar", não significa que você precisa esquecer do restante.

Para refletir:

Nosso Pai conhece as nossas necessidades e nosso foco deve ser buscar as coisas do alto.

POR DANILO UCHOA

DIA 342

PERMANEÇAM ASSIM, FIRMES NO SENHOR.

"...no mundo tereis aflições, mas tende bom ânimo; eu venci o mundo." João 16:33

Em nossa caminhada cristã, nossos problemas não acabam quando nós nos entregamos a Cristo, pois o próprio Senhor disse que no mundo teríamos aflições (Jo 16:33). Às vezes as lutas parecem que não cessam e nos fazem pensar em desistir, parar pelo caminho. Mas, você já se deu conta que pessoas oraram para que você estivesse onde está? E que ainda há pessoas orando para que você vença todas as batalhas que está enfrentando?

Para alguém, você é motivo de alegria e até mesmo como uma coroa, pois sabem o valor que possui e sabe o quanto foi difícil chegar até onde você chegou. Alguém pode olhar para você e dizer: minha alegria é ver você caminhando! Você é minha coroa! Não uma coroa de ouro ou uma coroa de grande valor financeiro, mas uma coroa com a qual os vencedores eram e são coroados. Ainda existem pessoas que se sentem vencedoras por ajudar e acompanhar outras pessoas a vencerem também.

Sendo assim, estar firme na fé significa não olhar para as dificuldades do presente momento, mas lembrar-se de que existe uma eternidade de glória que o espera com Cristo. Não recue diante das dificuldades, pois é preciso avançar!

Lembre-se: em meio às dificuldades Cristo está conosco e Ele é a razão da nossa alegria, mesmo em tempos difíceis jamais estaremos sós. Não condicione sua alegria ao bem-estar momentâneo, a alegria deve ser ultra circunstancial, pois toda provação causa em nós o aperfeiçoamento. É preciso compreender e aceitar isso, crendo que Deus está no controle de tudo e provoca em nós alegria, mesmo em dias de aflições.

Perto está o Senhor! Sempre que precisar fale com Ele, conte-lhe suas ansiedades em oração. A ansiedade em alguns casos gera a incredulidade e o antídoto eficaz para isso é, e sempre será, a oração. Ela nos oferece um abrigo onde podemos nos ocultar das preocupações, nesse abrigo encontramos a paz de Deus, que excede todo o entendimento.

Para refletir:

O Deus de paz está conosco!

POR ROGÉRIO L. MARCHIORE

NO REINO NÃO EXISTE PLANO B

DIA 343

"Porque necessitais de paciência..."
Hebreus 10:36

A maioria de nós tem um plano B: "se não der certo nisso eu faço aquilo". No mundo dos negócios, o plano B é quase uma obrigação. Ao se abrir uma empresa, recomenda-se que primeiro ela comece como um plano secundário até que venha a tornar-se a sua fonte de renda principal.

Porém, no reino de Deus não existe plano B, a recomendação é: persevere, permaneça. De muitas formas, o inimigo tenta nos fazer desistir e parar. Vivemos uma geração de pessoas que desistem, recuam, começam algo e simplesmente não concluem. Pare para pensar em quantas vezes você renovou sua inscrição na academia e foi apenas duas vezes em um mês, ou quantas vezes começou a estudar uma nova língua e por conta das dificuldades, desistiu.

Você parou para pensar onde estaria se tudo o que você começou na vida já tivesse terminado? No reino de Deus não deve existir plano B, desistência ou parada. Ao contrário, você deve sempre perseverar. "Ninguém que lança mão do arado e olha para trás é apto para o Reino de Deus" (Lc 9:62).

Um corredor ao completar uma maratona será, sempre premiado com uma medalha, independentemente do lugar em que chegar, a única forma de não ganhar é não cruzar a linha de chegada.

Na vida cristã também é assim, todos nós seremos premiados no fim, a única forma de perdermos a premiação é se abandonarmos a corrida. Existe uma recompensa para quem não desiste. " Estai em mim, e eu, em vós; como a vara de si mesma não pode dar fruto, se não estiver na videira, assim também vós, se não estiverdes em mim " (Jo 15:4).

Se vós permanecerdes na minha palavra, verdadeiramente, sereis meus discípulos" (Jo 8:31).

Para refletir:

Só dá frutos quem permanece.

POR JADER GALHARDO DIAS

DIA 344

O AMOR A DEUS REQUER O AMOR AO PRÓXIMO

"...porquanto vos digo que importa que em mim se cumpra aquilo que está escrito..." Lucas 22:37

Amar a Deus parece ser uma tarefa bem mais fácil do que amar ao próximo. Dificilmente nos entristecemos com Deus. Quando olhamos para Sua maravilhosa graça só encontramos motivos para agradecer por tudo que o Senhor fez, faz e continuará a fazer por nós. Mas é possível amar a Deus verdadeiramente sem amar ao próximo?

João escreveu: "Nós o amamos porque ele nos amou primeiro." (1Jo 4:19). Sendo assim, fica evidente que o amor ao próximo é incondicional. Os mandamentos do Senhor não funcionam como um supermercado, que você vai à prateleira e escolhe qual produto quer levar para casa. Os mandamentos são imperativos deixados por Cristo e não são opcionais. Nada pode ser colocado entre o amor a Deus e o amor ao próximo, pois o amor a Deus só é verdadeiro se amarmos ao próximo também.

Jesus nos ensina como devemos amar ao próximo: "como a ti mesmo", sem restrições para amarmos uns aos outros, ninguém em plena razão coloca questões para se amar, mas apenas se ama. Assim deve ser o amor ao próximo: eu não posso condicionar o amor às minhas ideias ou aos meus conceitos, simplesmente tenho que amá-lo. O amor que Jesus os ensina não trata de um sentimento, mas de uma ação, fazer algo por alguém que está próximo a mim. Portanto, o contrário do amor não é o ódio, mas sim, a indiferença.

Só seremos imagem de Cristo quando aprendermos a amar aos outros como amamos a nós mesmos. O apóstolo Paulo nos ensina que o amor é a maior de todas as virtudes cristãs (1Co 13:12-13), mais importante que a fé ou a esperança, e ele ainda nos ensina que o amor é o solo onde brotam e desenvolvem as demais virtudes espirituais (Gl 5:22-23).

Deus é amor e o amor vem do próprio Deus. Jesus disse: "O meu mandamento é este: Que vos ameis uns aos outros, assim como eu vos amei" (Jo 15:12).

Para refletir:

O amor é o resultado do novo nascimento em Cristo Jesus.

POR ROGÉRIO L. MARCHIORE

A COMPAIXÃO E A MISERICÓRDIA, COMO MARCAS DO POVO DE CRISTO

DIA 345

"E ele lhes propôs esta parábola..." Lucas 15:3

A parábola do "filho pródigo" revela o misericordioso Deus que procura, encontra, convoca, partilha e se alegra com a recuperação de uma única pessoa perdida.

Na *Vulgata*, está "de filio prodigo". A TEB prefere "A parábola do filho reencontrado." O personagem central é o pai "e por sua atitude generosa, e convite final (vv.24-32) a participar de sua alegria (nos leva a evitar o título usual: 'o filho pródigo')." Bovon prefere "os dois filhos", mas talvez o melhor seja: "A parábola do amor do Pai" (J. Jeremias).

O termo "filho" em grego é υἱός (uiós), e no v.31, o pai o chama de τέκνον (tekno que também significa filho, com sentido mais forte — gerado das entranhas (aqui se aproxima do verbo *splagxnizomai*, "ser movido de compaixão" (v.20). *Teknon* exprime compaixão (Mt 9:2).

O verbo *splagxnizomai*, entrou na literatura cristã vindo de povos cruéis. Ao imolar a vítima expunham os órgãos internos das entranhas e fundamentais para a vida para serem oferecidos aos seus deuses. O Cristianismo aplicou esse termo a Jesus, no sentido de Ele ser o Deus que sente em Suas entranhas a dor do próximo. Isso é compaixão, é sentir com as entranhas a dor do irmão. É mais do que simpatia e empatia, é aproximar-se e mover-se a fazer algo.

Jesus moveu-se de íntima compaixão pela viúva que perdera o filho (Lc 7:13) e o ressuscita, como o pai que corre ao encontro do filho. Jesus se move e vai ao encontro perdoá-lo. Ele se compadece pelas ovelhas sem pastor e as salva. Ele se aproxima das mulheres, crianças, pescadores e pobres e as inclui em Seu projeto e, finalmente na cruz, socorre o ladrão movendo-se de íntima compaixão por ele.

Deus é misericordioso e os evangelhos ensinam sobre a misericórdia e compaixão que devem nortear os cristãos: sentir a dor do próximo e agir para minorá-la. "Sede misericordiosos...". (Lc 6:36). Sigamos o Mestre e pratiquemos isso, sintamos a dor dos aprisionados no pecado e dos que nos cercam.

Para refletir:

A misericórdia e a compaixão marcam uma comunidade como cristã.

POR OZÉIAS VIEIRA DOS SANTOS

DIA 346

COM JONAS NO BARCO VAI TUDO MAL!

"Estou há tanto tempo convosco..."
Jo 14:9

"Com Cristo no meu barco, tudo vai muito bem e passa o temporal". Essa canção infantil cantada por décadas é uma alusão ao episódio em que Jesus foi despertado pelos discípulos quando uma repentina tempestade assolou o barco em que estavam. O Mestre levantou-se e: "repreendeu o *vento* e disse ao *mar*: Cala-*te*, aquieta-*te*. E o *vento* se aquietou, e *houve* grande *bonança*" (Mc 4:39). Assombrados os discípulos comentam entre si: "Quem é este que até o vento e o mar obedecem?". Tempestade nenhuma afundará o barco em que Deus está no controle.

A Bíblia relata a fuga do profeta Jonas, que ao ser convocado por Deus a pregar em Nínive, comprou uma passagem para o sentido contrário ao que Deus queria, em clara desobediência à ordem divina. Tal qual a explanação anterior, algo sai fora do controle no meio do mar, a tempestade se abate e traz desespero aos tripulantes e passageiros. Dormindo no porão, alheio ao perigo, Jonas é despertado e trazido para cima, onde é interrogado e inquirido a rogar ao seu Deus por socorro. Diante da situação, Jonas revela sua identidade e procedência, e assume a culpa pela tempestade e garante que se o lançarem ao mar, este se acalmará. Após tentativas infrutíferas para não praticar este ato extremado, os marinheiros pedem perdão a Deus e o lançam ao mar e a tempestade cessa.

As lições são evidentes: Quem estamos levando no nosso barco pode determinar as condições para chegarmos ao outro lado? Os discípulos entraram no barco a convite de Jesus que propôs que fossem ao outro lado. Quem atende o Seu convite não perece no meio do caminho.

Já o profeta, inegavelmente, intencionava desobedecer o convite de Deus tomando caminho oposto à ordem recebida. Ele não só não chegou ao seu destino, como causou significativos prejuízos aos tripulantes atraindo sobre eles terror e desespero.

Em que barco você está navegando? Naquele que tem Jesus e Seu poder, ou no barco que abriga a rebeldia, a desobediência e as incertezas.

Para refletir:

Com Cristo tudo vai muito bem!

POR MANASSÉS MATOS

FAMÍLIA: COMERCIAL DE MARGARINA?

DIA 347

"Bem-aventurado aquele que teme ao SENHOR e anda nos seus caminhos!" Salmo 128:1

Vivemos uma geração que cada vez mais tem problemas para se comunicar. Muitos não conseguem conversar ao redor de uma mesa. As refeições em família são cada vez mais raras.

O Salmo 128 é sobre a família, sobre um pai temente a Deus e que pode alegrar-se com o fruto do seu trabalho. Ele é descrito como o sacerdote do lar. Se teme a Deus, sabe que o seu dever é guiar sua família nesse mesmo temor. Ele zela pelas disciplinas espirituais em sua casa: oração, leitura bíblica, meditação, jejum. O seu temor é tão nítido, que faz o salmista dizer que a mulher dele é uma árvore frutífera, e seus filhos ao redor da mesa são como vasos.

Não poderia ser a família do comercial de margarina? Na verdade, é a família que Deus deseja que todos os seus servos estruturem: uma família temente a Deus. Contudo, cada vez mais a cena que se repete não é essa. Infelizmente muitas casas não preservam o temor ao Senhor.

Lemos e sabemos que: "O temor do SENHOR é o princípio da sabedoria" (Pv 9:10). Como é feita à busca de sabedoria em seu lar? Busque conduzir sua família no temor do Senhor. E se você é solteiro como eu, ore para que no momento que Deus lhe entregar um lar, você seja uma mulher sábia ou um verdadeiro sacerdote. Anseie por viver a promessa: "E verás os filhos de teus filhos..." (Sl 128:6).

Nunca é tarde para iniciar uma nova fase em seu lar. Comece convidando os seus filhos a orar antes de dormir e das refeições. Vá ampliando os momentos de boa comunhão.

É importante guiar a família no temor do Senhor e é importante é conduzi-los à salvação em Cristo também. Ao iniciar um relacionamento, tenha como objetivo principal ter a família guiada no temor do Senhor. Sonhe, isso é possível!

Para refletir:

Nunca é tarde para iniciar uma nova fase em sua vida.

POR BRUNNA REGINA PICOTE

DIA 348
VOCÊ AMA A DEUS? DE VERDADE? SINCERAMENTE?

"E, respondendo ele, disse: Amarás ao Senhor, teu Deus, de todo o teu coração, e de toda a tua alma, e de todas as tuas forças, e de todo o teu entendimento e ao teu próximo como a ti mesmo." Lucas 10:27

Quando nos perguntam se amamos a Deus não precisamos consultar o nosso coração. Respondemos sim. E por que respondemos "sim"? Talvez por medo da reação se a resposta for diferente. Talvez porque frequentamos a igreja ou porque os pais eram cristãos e daí sou: "crente desde o berço". Para Deus o que importa: o que respondemos ou o que praticamos? Como comprovamos que amamos a Deus?

Jesus nos dá esta resposta em Lucas 10:27. Precisamos amar a Jesus com todas as nossas forças. Lucas descreve que precisamos amar de "todo o coração", e entendemos que isso representa as emoções, desejos, vontades. O amor a Deus não pode ser apenas uma resposta da boca para fora, mas uma vontade que parte do coração e salta aos nossos lábios como verdade inquestionável. Na sequência observamos que precisamos amar com a alma "de toda a tua alma", do mais profundo afeto. Não é amor superficial, passageiro ou condicional, é o mais puro e verdadeiro amor. Lucas continua nos ensinando como é amar a Jesus, convida-nos a amar com todo o nosso entendimento, a usarmos a nossa razão.

Isso nos exemplifica o grau mais intenso que devemos praticar o amor. Só assim poderemos amar ao Senhor de forma singular: com tudo que temos e que somos. Entretanto, existem maneiras práticas de demonstrar nosso amor por Cristo. A Bíblia ensina: "Se me amardes, guardareis os meus mandamentos" (Jo 14:15). Guardar aqui no texto não é ter uma Bíblia em casa lendo de vez em quando. Guardar é praticar os mandamentos, ou seja, a melhor maneira que demonstramos a Deus que o amamos é colocando em práticas os Seus ensinamentos. "Aquele que tem os meus mandamentos e os guarda, este é o que me ama" e ainda: "Se alguém me ama, guardará a minha palavra" e por fim, "quem não me ama, não guarda as minhas palavras" (Jo 14:21, 23-24).

Amar a Deus e guardar Seus mandamentos são coisas inseparáveis, portanto a maneira correta de demonstrar que amamos a Deus é praticar sempre a Sua Palavra.

Para refletir:

Amo o Senhor Deus como Jesus ensina que devo?

POR ROGÉRIO L. MARCHIORE

VAMOS DEIXAR SAUDADE?

DIA 349

"Era da idade de trinta e dois anos quando começou a reinar, e reinou oito anos em Jerusalém..." 2 Crônicas 21:20

O rei Jeorão foi um dos reis de Judá (tribos do sul, Judá e Benjamim). Era tão ruim que ao morrer não deixou saudades. Não foi enterrado junto a outros reis por não merecer ser lembrado. Ao subir ao trono matou todos os seus irmãos e alguns dos príncipes de Israel" (2Cr 21:5). Seguiu o exemplo de um rei que Deus desaprovava, pressionou o povo a pecar e foi malsucedido em guerras.

Em Atos 9 temos um cenário bem diferente: "E havia em Jope uma discípula chamada Tabita [...] enfermando ela, morreu..." (vv.36-37). Pedro chegou ao local e "as viúvas o rodearam, chorando e mostrando as túnicas e vestes que Dorcas fizera quando estava com elas" (v.39). Dorcas deixou saudades, era estimada e útil onde estava a ponto de valer a pena ressuscitá-la.

Embora a saudade seja sentida apenas depois que partimos dessa vida ou de um momento já vivido, ela é construída muito antes disso. Talvez nas pequenas escolhas do dia a dia, na forma como nos relacionamos com as pessoas, no quão impactante é a nossa presença na vida delas e nas memórias que deixamos.

Há quem diga que a saudade é o amor que fica. Outros dizem que só há existência onde há amor. A saudade é a mistura das duas coisas, do amor e da existência. Quem é que, indo embora, não quer saber que foi amado e existiu? Que bom que alguém me deixou saudade, também espero ter deixado e ainda deixar.

Pense sobre o texto de hoje: "Será que realmente deixaremos saudade aos que nos conhecem?". Eu os convido: "Vamos nos esforçar para deixar saudade por onde passarmos?".

Para refletir:

Vamos? Isso também é ser Igreja!

POR THAMIRES HADASSA

DIA 350

A ORAÇÃO

"E, quando orares, não sejas como os hipócritas, [...] Porque, se perdoardes aos homens as suas ofensas, também vosso Pai celestial vos perdoará a vós." Mateus 6.5-14

Este texto, sem dúvida, é um dos mais conhecidos da Bíblia. Todos nós já o lemos alguma vez, ou ouvimos alguém ler, alguns o conhecem decor. A oração do Pai Nosso, sabem recitar, outros deixam em suas casas a Bíblia aberta neste texto, por pensarem que é um texto "mais inspirado" que os outros. Mas por ser um texto muito conhecido acabamos lendo-o automaticamente, sem notar o que realmente ele quer falar conosco.

Jesus está orientando Seus discípulos a não praticarem as atitudes dos hipócritas e por isso lhes passa orientações sobre como devem se comportar desde o processo de ajuda aos necessitados até a como devem ser suas orações.

Neste ensino, Ele nos mostra como trazer Deus para dentro da nossa casa, mostrando que o Senhor deseja se relacionar com Seus filhos. Deus está pronto a ouvir nosso clamor, e Jesus nos mostra que o Senhor tem o canal mais eficiente, igualitário e humanizado de comunicação.

Para a oração não há necessidade de uma ferramenta que lhe custe algo, apenas um coração desejoso de falar com Deus. O Criador não busca encontrar pessoas com palavras pomposas, uma excelente oratória, cheio de métodos para se aproximar. A oração da pessoa com o mais alto grau de instrução humana tem o mesmo valor do que o mais iletrado desta Terra. A oração de um arquimilionário tem o mesmo valor que a de uma prostituta que busca a Deus. A oração é, sem dúvida, a ferramenta mais eficiente de comunicação.

Não se preocupe como se achegar a Deus, apenas se aproxime dele de forma sincera, e lembre-se de que Ele sabe todas as coisas. Não precisa importar com a forma que você falará, fale como sabe e Deus compreenderá o que você necessita.

O Pai (*Aba*) em quem podemos confiar plenamente está sempre pronto a nos ouvir, e o mais importante, no meio de bilhões de pessoas neste mundo, Ele conhece o timbre da sua voz e quer estar com você em seu momento de adoração!

Para refletir:

Ele está nos Céus, acima de todas as coisas e quer também estar no seu quarto, ouvindo-o e o ajudando.

POR ROGÉRIO L. MARCHIORE

ENRAIZADOS NELE

DIA 351

"Como, pois, recebestes o Senhor Jesus Cristo, assim também andai nele, arraigados e edificados nele e confirmados na fé, assim como fostes ensinados, crescendo em ação de graças." Colossenses 2:6-7

É incrível como a Bíblia nos compara às árvores. Quer seja uma palmeira, oliveira verdejante ou aquela junto ao ribeiro de águas. O fato é que essa comparação realmente existe.

O apóstolo Paulo usou a árvore como referência para trazer-nos à mente o que é a parte essencial dela, suas raízes e, subjetivamente, ele nos ensina algumas lições:

Ter raízes é entender que o processo de crescimento é inverso, crescem primeiro as raízes, e depois a árvore. Em geral esse crescimento é invisível aos nossos olhos, você dificilmente verá uma raiz crescendo, porque esse processo acontece abaixo do solo num ambiente profundo e secreto.

Ter raízes em Cristo, é crescer longe da vista de todos, na presença somente daquele que o vê, a todo o momento. É crescer no profundo do seu ser, entendendo que quem se humilha, será exaltado.

Ter raízes é entender que são elas que sustentam a árvore. Quanto maior e forte a raiz, mais firme será a árvore.

No reino de Deus não é diferente, quanto mais firmado estou no Senhor, mais eu cresço. No evangelho de João, Cristo nos convida a permanecer: *"... se vós permanecerdes na minha palavra, verdadeiramente, sereis meus discípulos"* (8:31). O que o separa de ser ou não um discípulo, ou uma árvore frutífera? Está sob a sua capacidade o permanecer nele e, em Cristo, só permanece quem está firmemente fundamentado, enraizado, nele!

Por último, Paulo foi além da árvore e da raiz, ele também falou do solo: Enraizados em Jesus Cristo. Porque o que garantirá que o seu fruto seja bom ou ruim é a qualidade do solo onde você está plantado.

A árvore extrai o nutriente do solo onde ela está. Então reflita comigo, primeiro, que solo você está? E, segundo, que tipo de nutriente você tem extraído dele?

Para refletir:

Só produziremos bons frutos, se estivermos em um solo bom e o melhor solo que você pode estar é em Jesus!

POR JADER GALHARDO DIAS

DIA 352

A FIGUEIRA VAI BROTAR

"Quando já começam a brotar, vós sabeis por vós mesmos, vendo-as, que perto está já o verão." Lucas 21:30.

Essa parábola faz parte do discurso escatológico. Jesus utiliza uma imagem e elementos conhecidos do cotidiano. Na região da Galileia, a figueira era uma árvore comum na vegetação local, florescia na primavera e era típica da região da Palestina.

O inverno era rigoroso em partes da Palestina. A neve cobria as folhas das árvores que secavam e caíam, espalhando-se em meio à sequidão. Em muitas árvores restavam somente os galhos, mas ao se aproximar o verão, a primavera anunciava as folhas que começavam a brotar revelando que a vida estava se renovando e o verão chegando! O inverno nos meses de novembro a março é frio, chuvoso, rigoroso, longo e castiga a vegetação durante 5 meses por ano.

Quando Deus pergunta a Jeremias sobre o que ele podia ver, ele afirmou: "Vejo uma vara de amendoeira" (Jeremias 1.11). Disse-lhe o Senhor: "Viste bem, pois eu velo sobre a minha palavra, para a cumprir" (v.12). Ao verter para a língua portuguesa perde-se a ligação da raiz das palavras "velar" e "amendoeira'. Elas são paralelas e interligadas. No hebraico se percebe melhor quando se analisa šā·qêḏ; e šō·qêḏ- o verbo velar. Percebe-se que os vocábulos vêm da mesma raiz, do verbo velar. Ou seja, assim como a amendoeira é guarda, vela, é uma espécie de vigilante, que brota e, nesse momento a guarda amendoeira anuncia a chegada do verão.

Do mesmo modo, Deus vela por Sua Palavra, para a cumprir. Assim como é certo que a amendoeira vai brotar no final do inverno, assim também é certo que as palavras de Deus se cumprirão na sua vida

Não percamos a esperança. A figueira brota e anuncia a chegada da esperança, da vida, da alegria, do fim do longo inverno. Pensemos no fim das injustiças, do pecado e da prevalência dos maus. O reino de justiça chegará e devemos nos alegrar em anunciar essa verdade.

Para refletir:

Olhemos para a figueira até que se cumpram todas as verdades divinas.

POR OZÉIAS VIEIRA DOS SANTOS

QUAL TEM SIDO
O MEU FRUTO?

DIA 353

"Mas o fruto do Espírito é: amor, gozo, paz, longanimidade, benignidade, bondade, fé, mansidão, temperança." Gálatas 5:22

Por diversas vezes, questionamos o Senhor sobre a Sua vontade e Ele sempre nos responde por intermédio da Sua Palavra. Entretanto erramos por não nos aprofundarmos na Palavra de Deus como deveríamos. Em Gálatas 5, o apóstolo orientou os irmãos, fazendo um contraponto entre a lei e os seus jugos e a liberdade do Espírito. Nesse texto, fica claro que a lei não é capaz de promover uma vida na plenitude da vontade de Deus.

Quando permitimos que o Espírito Santo habite em nós, cumprimos o imperativo que Paulo deixa aos irmãos em Corinto: "Portanto, procurai com zelo os melhores dons" (1Co 12:1). Quando nos rendemos a Cristo, somos incentivados a buscar o batismo com o Espírito Santo, dons de cura entre outros.

Quando somos transformados por Cristo, o Espírito Santo nos regenera, gerando o fruto do Espírito, mas nós precisamos cultivá-los para que fiquem patentes em nossa vida. Precisamos desejar que o Espírito Santo aja em nós tornando-nos à imagem e semelhança de Deus. Precisamos viver de maneira que honre a Cristo. As pessoas precisam ver em nós algo diferente, é preciso atrair as pessoas a Cristo pela diferença e não pela semelhança e para isso é essencial uma vida marcada pela presença do Espírito Santo.

O fruto não é o fim por si só, ele está ligado à árvore, a qual está plantada na terra, e esta terra precisa ser cuidada, regada, adubada, tratada, para que os frutos sejam realmente saborosos. É por meio do fruto do Espírito Santo em nossa vida que as pessoas virão a Cristo. É por intermédio de uma vida transformada que não apenas falaremos de Jesus, mas demonstraremos Jesus vivendo em nós.

As pessoas precisam ver Cristo agindo na sua vida e na minha! Viva a plenitude do Espírito Santo e produza bons frutos.

Para refletir:

Que os nossos frutos sejam dignos de um verdadeiro cristão.

POR ROGÉRIO L. MARCHIORE

DIA 354

A DÁDIVA DO DESCANSO

"O Senhor é o meu pastor; nada me faltará..."
Salmo 23

O nosso inimigo sabe que nunca vencerá o nosso Deus e mesmo assim continua a atacar os propósitos do Senhor. Ele tenta perturbar o povo de Deus como Golias perturbava a nação de Israel. Os horários da afronta eram estratégicos. De manhã para perturbar lhes a mente durante o dia e no final da tarde para perturbar lhes à noite. Há grandes possibilidades de a agitação do inimigo aumentar quando a sua vitória estiver próxima.

Em Salmos, está escrito: "Aquietai-vos e sabei que eu sou Deus" (Sl 46:10). Os salmistas cantaram muito sobre descanso e refrigério. Neste salmo, a canção sugere que devemos sair de cena para que Deus se manifeste, e todos, inclusive você que confiou nele, ficarão sabendo que Ele é o Senhor. O inimigo sabe que a ovelha se alimenta perto de águas tranquilas e faz o possível para agitar tudo ao nosso redor. Uma das dádivas que recebemos do nosso Deus foi de entrar no descanso. Hoje podemos confiar nele e descansar.

Saiba sempre, que o desespero não apressa o nosso Deus. Ele se move por causa do seu descanso. Quando você resolver desfrutar da obra de Cristo e descansar no Senhor haverá uma grande chance de parecer que você não está fazendo nada. Mas estar confiante no Senhor é algo que Cristo conquistou para você. Confie sempre no Senhor.

Se o seu inimigo não o parar, ele tentará perturbar a sua alma; para que você não desfrute da comunhão com Deus. Ele sabe que nossa alma experimenta refrigério quando estamos confiantes e descansando no Senhor.

Descanse no caráter de Deus e lembre-se sempre deste conselho: "Confia no Senhor de todo o teu coração e não te estribes no teu *próprio* entendimento". "Deleita-te também no Senhor e ele te concederá o que deseja o teu coração. Entrega o teu caminho ao Senhor, confia nele, e ele tudo fará" (Pv 3:5; Sl 37:4-5).

Para refletir:

Lembre-se sempre: Deus se move por causa do seu descanso.

POR JESIEL LÍDIO

A VITÓRIA É NOSSA PELO SANGUE DE JESUS!

DIA 355

"E eles o venceram pelo sangue do Cordeiro e pela palavra do seu testemunho." Apocalipse 12.11

A Palavra de Deus diz que o sangue de Jesus tem poder sobre os que aceitam a obra dele na cruz do Calvário para:

1. *Perdoar*: "temos a redenção pelo seu sangue, a remissão das ofensas" (Ef 1:7); "e o sangue de Jesus, seu Filho, nos purifica de todo pecado" (1Jo 1:7). Quando clamamos pelo sangue de Jesus, a primeira coisa que precisamos é do seu perdão. Jesus morreu na cruz para nos perdoar os pecados (Ap 7:14). Somente pelo sangue de Cristo, somos lavados de nossas culpas e podemos voltar para Deus. Não há condenação "para os que estão em Cristo Jesus" (Rm 8:1). Clame por perdão.

2. *Santificar*: Jesus veio para: "santificar o povo pelo seu próprio sangue" (Hb 13:12) e para purificar: "as vossas consciências das obras mortas, para servirdes ao Deus vivo" (Hb 9:14). Para o ser humano é impossível ser santo, mas pelo poder do sangue de Jesus somos lavados e purificados por Deus. Quando recebemos Jesus como Salvador, "as coisas velhas já passaram" (2Co 5:17). A libertação de vícios, dos maus hábitos e quaisquer pecados acontece por meio do sangue de Jesus. Clame por santificação.

3. *Prover comunhão*: "todos participamos de um único pão" (1Co 10:16-17). O pecado separa o ser humano de Deus e do próximo. Graças ao poder do sangue de Jesus, podemos desfrutar da convivência santa com o próximo: "pelo sangue de Cristo chegastes perto" (Ef 2:13). A Ceia do Senhor relembra o sacrifício de Jesus para termos comunhão com Deus e com os irmãos (Mt 26:26-29). Clame por comunhão.

4. *Levar à adoração*: "entrar no santuário", Jesus abriu um novo e vivo caminho" (Hb 10:19-20) para sermos "adoradores" (Jo 4:24). Clame como verdadeiro adorador

Para refletir:

A vitória é nossa pelo sangue de Jesus!

POR MARCIO VINÍCIUS RODRIGUES

DIA 356

CORPO, ALMA E ESPÍRITO

"Porque a palavra de Deus é viva, e eficaz, e mais penetrante do que qualquer espada de dois gumes..." Hebreus 4-12

Parece que o nosso corpo tem menor valor, mas isso não é verdade. Somos templo e morada do Espírito Santo e vamos dar conta da nossa alma. O nosso corpo é temporal. mas nossa alma viverá para sempre (1Ts 5:23).

Quanto mais alimentamos a nossa alma, mais ela cresce, como no crescimento de um bebê. Onde você colocar sua alma ela permanecerá, quanto mais você a alimentar mais ela crescerá, expressará suas vontades e desejará mais e mais daquilo que lhe é dado. Qual o alimento da sua alma? Por que há tantas pessoas afastadas e sem forças para voltar aos caminhos do Senhor? Talvez não tenham sido alimentadas corretamente, não tenham recebido o alimento necessário para se fortalecer na fé, não tenham conseguido seguir a Palavra de Deus e crescer em "graça e conhecimento" (2Pe 3:18). Cuidemos então do que é posto diante de nós, dos nossos pensamentos, mente, corpo e coração, pois a alma costuma nos levar a lutar por nossas vontades e desejos. A alma é tudo que sentimos.

Só você e Deus sabem o que se passa em seu interior: desejos, medos, incertezas. Você não está sozinho. O Espírito Santo conhece cada indagação e dúvida e tem todas as respostas. Busque nele o conhecimento e a misericórdia do Senhor. Seja pleno da presença de Deus, una o corpo ao espírito. É assim que podemos controlar a nossa alma e evidenciar o Espírito Santo em nosso testemunho.

"Por que estás abatida, ó minha alma, e por que te perturbas em mim? Espera em Deus, pois ainda o louvarei na salvação da sua presença" (Sl 42:5-6). Quantas vezes não nos sentimos assim? Quando isso nos acontecer, sejamos fortes para repetir as palavras desse salmista.

Para refletir:

Que tal pedir ao Senhor que Ele nos conduza e que possa agir em nós?

POR RAILA MAIELE SANT'ANA

ANSIEDADE

DIA 357

"Não estejais inquietos por coisa alguma..."
Filipenses 4:6

Certa vez, eu estava tão ansiosa e desesperada por não conseguir ter sucesso na minha área profissional. Em meio a tantos "nãos" recebidos, comecei a me frustrar de tal maneira que questionei minha capacidade intelectual, minhas crenças e até minha confiança em Deus. Quando eu estava no chão, percebi que percebi que deixei a ansiedade me consumir e que sozinha não conseguiria resolver aquela situação. Foi quando dobrei meus joelhos e entreguei tudo nas mãos de Deus. Parei de me preocupar com o "quando" e com o "e se" e apenas confiei que Deus já tinha o melhor para mim.

A partir do momento que parei de confiar nos meus recursos e intelecto e comecei a confiar em Deus, Ele me mostrou que o que Ele havia reservado para mim era muito maior e melhor do que havia imaginado e que, na verdade, o que Ele me deu foi exatamente do jeito que havia pedido em anos anteriores.

Muitas vezes, ficamos ansiosos, querendo algo, e isso nos aflige. Essa ansiedade poderia ser evitada se confiássemos em Deus. Faça todo dia uma oração pedindo a Deus para "tomar as rédeas" da sua vida, e que tudo ocorra de acordo com a sua vontade. Entregue seus planos, sonhos e objetivos para Deus e confie que Ele fará o melhor para você.

Para refletir:

Tenhamos a tranquilidade e a convicção de que, no tempo certo, Deus fará!

POR FRANCYELLE NASCIMENTO

DIA 358

MENTE TRANSFORMADA

"E não vos conformeis com este mundo, mas transformai-vos pela renovação do vosso entendimento..." Romanos 12:2

Nesta passagem, o apóstolo Paulo nos ensina a andarmos na contramão do mundo, porém de acordo com a vontade de Deus. A nossa volta vemos e vivemos com variadas opções, sejam elas carnais ou espirituais, que nos levam a ter uma mente transformada. Quando vivemos sob um sistema já corrompido e andamos conforme os padrões do mundo, perdemos lentamente a intimidade e a comunhão com Deus.

Por alguns anos vivi conformado com as situações indesejáveis que aconteciam a minha volta. As circunstâncias e a aceitação do que parecia ser bom ou que traziam o alívio momentâneo me levaram ao mundo das drogas e consequentemente às ruas e à prostituição.

Somente o nosso Deus tão grandioso e a renovação da minha mente puderam me restaurar.

Quando a nossa mente é transformada por Deus vamos além do simplesmente crer no Senhor Jesus. É entregar verdadeiramente de forma integral a Deus, a ponto de que a Sua vontade se torne uma bússola para a sua vida. A Bíblia nos orienta a pensar em tudo o que é bom, em tudo o que vem dele. *"Quanto ao mais, irmãos, tudo o que é verdadeiro, tudo o que é honesto, tudo o que é justo, tudo o que é puro, tudo o que é amável, tudo o que é de boa fama, se há alguma virtude, e se há algum louvor, nisso pensai"* (Fp 4:8). Parafraseando o apóstolo Paulo hoje vivo uma vida eficaz, edificada em Deus e começo a observar que tudo que vem de Deus é verdadeiro, honesto, justo, puro e amável. Minha conduta é baseada naquilo que entendo como instrução do Senhor a mim. A Bíblia nos instrui a pensar no que é reto, levando-nos a ter o comportamento de uma mente construída pelo Pai.

Para refletir:

Permita que o Senhor Deus guie os teus passos e tudo te irá bem!

POR HENRY WILLIAN NUNES BATISTA

O CUIDADO DE DEUS NO DIA A DIA

DIA 359

"E o Senhor ia adiante deles, de dia numa coluna de nuvem, para os guiar pelo caminho, e de noite numa coluna de fogo, para os alumiar..." Êxodo 13:21

Quando Deus tirou o povo de Israel do Egito, vários milagres extraordinários aconteceram como as 10 pragas que não atingiram o povo hebreu, a abertura do mar Vermelho, a água que saiu da rocha. Esses são alguns dos maiores milagres dos quais nos maravilhamos ao ler até os dias de hoje. Outros milagres aconteciam diariamente com o povo de Israel no deserto, como a coluna de nuvens que guiava e os cobria de dia, a coluna de fogo que iluminava e os esquentava de noite, o maná que caia dos céus pela manhã, as codornas que voavam ao alcance das pessoas, entre outros.

Esses feitos eram rotinas para o povo, e com o passar do tempo, eles se acostumaram e passaram a não mais reconhecer esse cuidado de Deus que estava presente no seu cotidiano. Eles deixaram de admirar e agradecer por essas maravilhas, buscaram adorar outras coisas, construíram um bezerro de ouro e desagradaram a Deus.

Mas em momento algum, Deus deixou de prover o necessário para eles enquanto estavam peregrinando pelo deserto.

Às vezes quando algo entra na nossa rotina nós deixamos de perceber o seu valor, acostumamo-nos com tal feito que nem o notamos, até o momento que isso seja retirado de nós e somos confrontados. Paulo nos lembra de que devemos "em tudo" dar graças, "porque esta é a vontade de Deus" (1Ts 5:18). Devemos ser gratos a Deus por todas as provisões que Ele nos concede todos os dias sustentando-nos com carinho e cuidado, dando-nos sempre o necessário.

Para refletir:

Você tem notado o cuidado de Deus diariamente na sua vida?

POR JULIANA PARDINHO DOS SANTOS

DIA 360

PENSAMENTOS DE DEUS

"Porque eu bem sei os pensamentos que penso de vós, diz o Senhor; pensamentos de paz e não de mal, para vos dar o fim que esperais." Jeremias 29:11

Q uando os hebreus estavam cativos na Babilônia, tinham uma certa dúvida. Eles questionavam se Deus realmente os amava. Eles viviam numa terra estrangeira sob o árduo jugo de Nabucodonosor. Eles já não conservavam mais a esperança de rever a terra de Canaã.

Porém, Deus sondou o coração aflito do Seu povo e levantou o profeta Jeremias para os consolar, dizendo: "Porque eu *bem* sei os pensamentos que penso de vós" (Jr 29:11).

Naquele momento, Deus mostrava aos hebreus que Ele não estava no anonimato, mas que o Senhor contemplava todo o sofrimento de Seus filhos e que apesar das angústias, Deus tinha planos de bonança para o Seu povo.

Os planos de Deus para nós, nos dias de hoje, não são diferentes dos pensamentos de paz que Ele tinha quando os israelitas estavam na Babilônia. O Senhor tem pensamentos de paz, alegria, vitória e consolo para nós também. Assim como o povo hebreu foi o objeto dos mais belos pensamentos de Deus, você também o será.

Para refletir:

Você crê que Deus tem pensamentos de bonança para a sua vida?

BRUNO LETRINA

VOCÊ TEM UM CHAMADO

DIA 361

"...e ser-me-eis testemunhas tanto em Jerusalém como em toda a Judeia e Samaria e até aos confins da terra." Atos 1:8

Lendo um comentário bíblico, em especial na parte que fala sobre a ascensão de Jesus que ocorre no livro de Atos descobri que para o judeu a ascensão mais importante foi a de Elias quando ele sobe aos céus através de um redemoinho deixando Eliseu em seu lugar. (2Rs).

É interessante notar que a mesma "substituição" ocorre no livro de Atos, na ascensão de Cristo aos Céus. Cristo sobe e quem fica em Seu lugar é a Igreja a qual pertence a responsabilidade de levar as boas-novas. A Igreja é você e eu. Somos a Igreja de Cristo na Terra.

Entenda, você tem um chamado. Cristo deixou sobre você a responsabilidade de levar as boas-novas e fazer discípulos.

Não negligencie o seu chamado, aceite-o e siga a mesma orientação que Paulo deu aos efésios: "andeis como é digno da vocação com que fostes chamados" (Ef 4:1).

Eu sei do seu desejo de ouvir da voz de algum desconhecido que existe um ministério para a sua vida. No entanto, aquele que é a Palavra, que estava no princípio lhe diz: "ide, ensinai todas as nações [...] ensinando-as a guardar todas as *coisas* que eu vos tenho mandado" (Mt 28:19-20).

Para refletir:

Você entende que existe um chamado sobre a sua vida?

POR JADER GALHARDO

DIA 362

DEUS ESTÁ CONOSCO

"O Senhor dos Exércitos está conosco; o Deus de Jacó é o nosso refúgio." Salmo 46:7

Gott mit uns, essa expressão alemã quer dizer "Deus está conosco". Essas palavras foram escritas nas armaduras dos soldados alemães durante o período da Segunda Guerra Mundial, mas de nada isso adiantou. Muitas vezes, dizemos que Deus está conosco quando na realidade Ele não está mais ao nosso lado. Podemos passar a falsa ideia de comunhão com Deus quando usamos adornos com frases cristãs ou quando simplesmente deixamos uma Bíblia aberta em algum cômodo da nossa casa, mas isso não passa de pura aparência.

Estamos em guerra constante! As Escrituras são claras ao afirmar que a nossa guerra não é contra carne e sangue e sim contra os principados e potestades. Nossa constante batalha não é contra meros seres humanos, e sim, contra um exército de seres malignos que, constantemente, labutam contra os filhos de Deus. É bem verdade que esses espíritos malignos já foram derrotados na cruz do calvário, porém, isso não significa que eles seguem inoperantes, muito pelo contrário, são espíritos malignos derrotados que trabalham incansavelmente contra a Igreja do Senhor.

Pedro nos adverte para que sermos vigilantes nessa batalha, pois o nosso inimigo anda ao nosso derredor, buscando a quem possa devorar (1Pe 5:8-9).

Será que podemos afirmar com autoridade que Deus está conosco hoje? Será que nossas atitudes para com Deus revelam isso? Se a resposta for negativa, alegre-se, pois, hoje Deus está de braços abertos para o receber de volta ao centro da Sua vontade.

Para refletir:

Se Deus está conosco, não há o que temer.

POR EVERTON RODRIGUES

TEMPO DE SER CHAMADO PARA FORA

DIA 363

"Tudo tem o seu tempo determinado..."
Eclesiastes 3:1

O livro de Eclesiastes traz reflexões que abordam o amadurecimento na vida cristã. Quando Deus nos escolhe Ele age em nosso interior e nos direciona ao que preparou para nós. O apóstolo Paulo ensina sobre a transformação da nossa mente. Quando entendemos que Deus nos transforma de dentro para fora, que Ele gera frutos do Espírito, isso muda o nosso pensamento e caráter. Percebemos que estamos cada vez mais prontos para viver o propósito designado por Deus (Rm 12).

Na caminhada cristã, passamos por processos que contribuem para o nosso crescimento e nos direcionam para o que Deus nos tem preparado. Ao olharmos para o início da caminhada e observarmos o que éramos, perceberemos que, além de não estar prontos embora desejosos de viver os planos do Pai, Deus em Sua infinita misericórdia, permite-nos viver os planos dele na hora certa.

O tempo é significativo, e nosso crescimento espiritual pode ser comparado a um agricultor que cultiva sua plantação: não há colheita logo após o plantio. Se você não cuidar da sua planta não haverá colheita. Se você colher antes da hora, não terá o tamanho e sabor esperado.

A Bíblia mostra que os homens de Deus viveram o tempo de preparação para o propósito designado pelo Pai. Deus prometeu a Abrão que ao ser chamado e capacitado, Ele prepararia o caminho e daria as estratégias (Gn 12:1-3). Deus chamou Elias e o preparou para a missão que tinha para ele (1Rs 19:11-14). Daniel obedeceu ao Senhor e foi abençoado (Dn 1:15). Jonas rebelou-se contra Deus, mas depois entendeu a vontade de Deus (Jn 2).

Como os homens que Deus escolheu, você também está sendo moldado por Aquele que sabe o que é melhor para a sua vida. Quando você pensar que a sua caminhada é dura e difícil, lembre-se de que os planos do Senhor são sempre os melhores e o tornarão uma pessoa melhor.

Para refletir:

Você é ferramenta poderosa nas mãos do Pai!

POR LEONARDO RIBEIRO

DIA 364

HÁ UM "MAS" NA SUA VIDA

"Em tudo somos atribulados, mas não angustiados; perplexos, mas não desanimados; perseguidos, mas não desamparados; abatidos, mas não destruídos." 2 Coríntios 4:8-9

"**M**as" é uma simples palavra de três letras que na língua portuguesa é uma conjunção coordenativa que traz oposição ou restrição ao que foi dito. Ela pode mudar a maneira como você enxerga as suas lutas.

Sabemos que o fato de seguirmos a Cristo não nos isenta de problemas. Não somos favorecidos, nem especiais a ponto de não passarmos por desertos em nossa vida. Até porque a nossa coroa está no sacrifício de Jesus, que mesmo sem merecermos Ele nos tornou filhos e coerdeiros com Cristo.

Paulo nos traz uma percepção interessante sobre as dificuldades que enfrentamos e que estão por vir. O uso da palavra "mas" faz todo o sentido e nos mostra uma perspectiva nova sobre os problemas.

Somos atribulados? Sim, *mas* não angustiados.

Perplexos? Também! *Mas*; não desanimados.

Sofremos perseguição? Claro, *mas* não somos desamparados.

Ah, então tudo isso o deixa abatido? Sem dúvidas, *mas* não destruído.

Entenda, sofreremos sim. Teremos dificuldades, *mas* Cristo está do nosso lado e com Ele junto a nós, passaremos tranquilos.

Para refletir:

Você entende que não estamos isentos das lutas?

POR JADER GALHARDO DIAS

PARE AGORA, INSPIRE FUNDO E EXPIRE!

DIA 365

"Que darei eu ao SENHOR por todos os benefícios que me tem feito?" Salmo 116:12

Pense no fato de que você pode ler esse texto devocional, tê-lo em suas mãos, acordou bem hoje, talvez tenha tomado um bom café da manhã, almoço ou jantar. Pense nisso.

Você já agradeceu a Deus por tudo que constatou no parágrafo anterior? Agradeceu pelo ar que respira, pelo alimento, pela vida e por sua salvação?

Lemos na passagem sobre os 10 leprosos no evangelho de Lucas 17, que depois que todos foram curados no caminho, somente um voltou para agradecer. O texto é bastante claro em dizer que: "E um deles, vendo que estava são, voltou glorificando a Deus em alta voz" (Lc 17:15).

Você percebeu? O que voltou para agradecer viu que estava curado. O processo de gratidão está ligado diretamente à sua capacidade em ver aquilo que Deus está fazendo ou já realizou em sua vida.

Quando o salmista olha para o seu interior e vê tudo que Deus fez em sua vida exclama: "Que darei eu ao SENHOR por todos os benefícios que me tem feito?".

Para refletir:

Quais motivos você tem para agradecer a Deus?

POR JADER GALHARDO